Jan Schmidt
Das neue Netz

W0066203

Jan Schmidt

Das neue Netz

Merkmale, Praktiken und
Folgen des Web 2.0

2., überarbeitete Auflage

UVK Verlagsgesellschaft mbH

Diese Publikation wurde gefördert von der Deutschen
Forschungsgesellschaft.

Weblog zum Buch: www.dasneuenetz.de

Bibliografische Information der Deutschen Nationalbibliothek
Die Deutsche Nationalbibliothek verzeichnet diese Publikation in der
Deutschen Nationalbibliografie; detaillierte bibliografische Daten sind
im Internet über http://dnb.d-nb.de abrufbar.

ISBN 978-3-86764-343-6

1. Auflage 2009
2. Auflage 2011

© UVK Verlagsgesellschaft mbH, Konstanz 2011

Einband: Susanne Fuellhaas, Konstanz
Printed in Germany

UVK Verlagsgesellschaft mbH
Schützenstr. 24 · 78462 Konstanz · Deutschland
Tel.: 07531-9053-0 · Fax: 07531-9053-98
www.uvk.de

Inhalt

Vorwort zur 2. Auflage

Ich gestehe: Für einen kurzen Moment habe ich gezweifelt, ob der Titel dieses erstmals 2009 erschienen Buches auch für die erweiterte Neuauflage im Jahr 2011 noch passend ist – immerhin ist das neue Netz gar nicht mehr so neu, sondern eher ein etablierter Bestandteil unserer alltäglichen Medienwelt. Aber zum einen hätten Alternativtitel wie „Das ganz normale Netz" Wiedererkennbarkeit und Verkaufschancen wohl deutlich verringert, und zum anderen (und ernsthafter) zeigen viele Entwicklungen der letzten zwei Jahre, dass nach wie vor Bedarf an einer kommunikationssoziologischen Analyse und Einordnung des Neuen in bestehende Strukturen und Praktiken besteht. Ein subjektiv erlebter Indikator dafür sind Anfragen zu Interviews oder nicht-wissenschaftlichen Vorträgen, die mich über die Jahre erreichten und die sich um Themen drehten wie Cyber-Mobbing und Lästerportale, Personalrekrutierung via Twitter, die Revolutionen in Nordafrika, „Digital Natives" oder doch „Null Blog-Generation"?, das Guttenplag-Wiki, Facebook-Parties, Pseudonyme und Geschlechterungleichheiten in der Blogosphäre, digitaler Exhibitionismus, Google+, und Chatroulette (eine unvollständige, nicht systematisch sortierte Auswahl).

Dieser Fülle an Phänomenen, Themen und Fragestellungen steht eine ebensolche Fülle an neuen wissenschaftlichen Studien, Daten und Erkenntnissen gegenüber, die seit Verfassen der ersten Auflage verfügbar wurden. Hinzu kommt, dass einige Anwendungen inzwischen nicht mehr existieren oder ihre Funktionsweise grundlegend geändert haben; andere haben sich zwischenzeitlich (zumindest in Deutschland) erst so richtig durchgesetzt – man denke nur an Facebook und Twitter. Bei der Bearbeitung der Neuauflage stellte sich daher das Problem, mit dieser hohen Dynamik des Gegenstandsbereichs umzugehen, ohne ein komplett neues Buch zu verfassen.

Letztlich habe ich mich für einen Mittelweg aus „Durchsehen" und „Erweitern" entschieden: Wo verfügbar, habe ich Zahlen und Daten aktualisiert; wo nötig, URLs angepasst; wo beim ersten Mal versäumt, Rechtschreib- und andere Fehler korrigiert. Zudem habe ich Rückmeldungen aus Rezensionen und anderen Quellen aufgenommen und an verschiedenen Stellen versucht, die roten Fäden noch etwas deutlicher zu machen. In diesem Zuge habe ich auch einige Gedanken, Argumente und Differenzierungen eingefügt, die ich in den letzten zwei Jahren in unterschiedlichen Kontexten entwickeln und diskutieren konnte. Dies betrifft insbesondere das Kapitel zum Journalismus, das am stärksten umstrukturiert wurde, sowie das Kapitel zu persönlichen Öffentlichkeiten und Privatsphäre. An vielen anderen Stellen sind neue Verweise oder Beispiele hinzugekommen; zudem wurden einige Abbildungen ausgetauscht oder neu erstellt. Doch keine Überarbeitung ohne weitere Lücken: Entstehen, Strukturen und Prägekraft von Software-Code hat im Buch zwar seinen Platz, doch hier scheint mir am stärksten Bedarf für weiteres analytisches Bohren und empirisches Forschen zu sein – das wird dann aber wohl Thema eines anderen Buchs sein.

Auch den Dank, den ich im ersten Vorwort geäußert habe, kann und möchte ich aufrechterhalten, sogar bekräftigen! Dieses Buch bündelt Erkenntnisse aus einer Reihe von Forschungsprojekten, die ich in den letzten sechs Jahren bearbeitet habe. Im Lauf dieser Zeit wurde ich selbst Teil eines neuen Netzes von Kolleg/innen und Organisationen, ohne die meine wissenschaftliche Tätigkeit nicht denkbar wäre.

Zunächst möchte ich der Deutschen Forschungsgemeinschaft danken. Sie förderte nicht nur das Projekt „Praktiken des onlinegestützten Netzwerkens", das mir in Bamberg zwischen 2005 und 2007 als Sprungbrett in die PostDoc-Phase diente, sondern auch den Workshop „Das neue Netz" im September 2007, bei dem erstmals der Titel des Buches auftauchte. Nicht zuletzt unterstützte sie die Drucklegung dieses Manuskripts finanziell. Ich freue mich sehr, dass dieses Buch wieder beim UVK-Verlag erscheinen kann. Die Zusammenarbeit mit Rüdiger Steiner klappte bei der Erst- wie der Zweitauflage wunderbar, dafür mein Dank.

Im Rahmen des erwähnten PostDoc-Projekts habe ich einen Großteil der begrifflich-konzeptionellen Grundlagen und empirischen Befunde erarbeiten können, die dieses Buch ausmachen. Mein herzlicher Dank gilt den studentischen Mitarbeitern, die zum Gelingen des Projekts beitrugen: Tom Binder, Matthias Paetzolt, Florian Renz, Oda Riehmer, Lisa Werdnig und Martin Wilbers. Die Forschungsstelle „Neue Kommunikationsmedien" in Bamberg bot mir ein ideales Umfeld für das selbstbestimmte Arbeiten; für diese Freiheit danke ich Anna Maria Theis-Berglmair sowie den übrigen Kollegen des Instituts für Kommunikationswissenschaft: Florian L. Mayer, Gabriele Mehling, Johannes Raabe, Rudolf Stoeber und Kristina Wied.

Mit dem Wechsel an das Hans-Bredow-Institut in Hamburg betrat ich nicht nur einen Kreis vieler netter und stets diskussionsbereiter Kollegen, sondern konnte auch insbesondere im Rahmen des Projekts „Jugendliche und Web 2.0" meine Gedanken erweitern und empirisch überprüfen. Herzlichen Dank dafür an das Projektteam: Thomas Brüssel, Uwe Hasebrink, Claudia Lampert, Ingrid Paus-Hasebrink und Christine Wijnen. Die studentischen Mitarbeiter Nils Dargel, Marius Drosselmeier, Julia Gutjahr, Hendrik Holdmann, Jessica Kunert, Norman Reuter, Wiebke Rohde, Mareike Scheler, Christiane Schwinge, Nevra Tosbat und Stefanie Trümper waren in verschiedenen Phasen ebenfalls an Facetten dieses Buches beteiligt, wofür ich mich herzlich bedanke.

Ein Schlüsselbegriff dieses Buches ist die „persönliche Öffentlichkeit" – ich konnte meine eigene persönliche Öffentlichkeit im Lauf der Arbeit an diesem Buch immer wieder anzapfen, um spezifische Informationen oder ein allgemeines Feedback auf meine Gedanken zu erhalten. Dafür geht mein Dank an: Jens Best, Christoph Bieber, Thies Böttcher, Steffen Büffel, Andreas Cavaliere, Sebastian Deterding, Tobias Eberwein, Michael Eble, Jessica Einspänner, Martin Emmer, Tina Guenther, Regine Heidorn, Benjamin Joerissen, Christian Katzenbach, Benedikt Köhler, Nils König, Christoph Neuberger, Jan-Hendrik Passoth, Christian Pentzold, Johannes Pütz, Leonard Reinecke, Alexander Richter, Hermann-Dieter Schröder, Michael Seemann, Christian Stegbauer, Christian Stöcker, Monika Taddicken – und all die Vortragsbesucher und Workshop-Teilnehmer, Blog-Kommentatoren und Twitterati, Gesprächspartner und Social-Web-Nutzer, denen ich die Gedanken zwischen den Buchdeckeln verdanke. Ganz besonders aber danke ich Ariane für ihre Geduld und ständige Unterstützung.

Das Entstehen des Buches sowie Reaktionen und Rezensionen wurden und werden unter http://www.dasneuenetz.de begleitet. Ganz herzlichen Dank für die dort hinterlassenen Kommentare und Aufmunterungen, die mir während des Schreibens sehr geholfen haben. Doch für alle Unstimmigkeiten im vorliegenden Buch bin ich selbst verantwortlich.

Hamburg, im August 2011   Jan Schmidt

1 Einleitung

In einer Folge des Video-Podcasts „Elektrischen Reporters" argumentiert der amerikanische Medienprofessor Clay Shirky: „The assumption that things can be linked, that they can be found easily wherever they are, that they can be accessed easily, and that they can be shared easily, these are all metaphors that are moving from the (...) electronic layer up into the social layer. They are just expectations now that people have of their lifes with one another. People are rebuilding their social lifes around those kinds of assumptions".[1]

Shirkys Zitat, bereits im Jahr 2008 gefallen, berührt die zentrale These dieses Buches: Das Internet ist in den letzten Jahren immer stärker mit unserer Gesellschaft zusammengewachsen. Seine Architektur ist eng mit Formen sozialer Organisation verbunden – das neue Netz ist Metapher, Ergebnis und Voraussetzung von vernetzter Individualität und vernetzten Öffentlichkeiten zugleich, weil es einerseits Informationen, andererseits Menschen untereinander und miteinander verknüpft und füreinander auffindbar macht. Dafür sind aber nicht allein technische Innovationen verantwortlich, sondern es handelt sich um zutiefst soziale Prozesse. Erst die Art und Weise, wie Menschen mit dem Internet umgehen und es in ihren Alltag einbinden, schafft das neue Netz.

Dieses Buch widmet sich den Merkmalen, den Praktiken und den Konsequenzen des gegenwärtigen Internets. Es geht dazu wie folgt vor: Kapitel 2 beschreibt die grundlegenden Merkmale des Phänomens „Web 2.0" und argumentiert, warum der Begriff „Social Web" vorzuziehen ist. Es stellt zudem die wichtigsten Anwendungsgattungen vor und resümiert aktuelle empirische Befunde zu deren Nutzung und Verbreitung. Kapitel 3 skizziert ein theoretisch-begriffliches Modell, um Nutzungspraktiken des Social Web aus einer kommunikationssoziologischen Perspektive zu analysieren und dabei die wechselseitige Abhängigkeit von individuellem Handeln und rahmenden Strukturen zu begreifen. Kapitel 4 beschreibt die drei zentralen Komponenten dieser Praktiken – Identitäts-, Beziehungs- und Informationsmanagement – sowie ihre Einbettung in allgemeine Trends des sozialen Wandels.

---

[1] Vgl. http://www.elektrischer-reporter.de/site/film/61 [15.08.2011]; Zitat ab Min. 11.30.

Die zweite Hälfte des Buches widmet sich verschiedenen Konsequenzen, die aus der Verbreitung von Anwendungen und Praktiken des Social Web folgen. Kapitel 5 argumentiert, dass sich dort persönliche Öffentlichkeiten manifestieren, in denen Menschen Themen und Informationen von individueller Relevanz mit ihrem erweiterten sozialen Netzwerk teilen können. Dies berührt unter anderem auch unser Verständnis von den Grenzen zwischen Privatsphäre und Öffentlichkeit. Kapitel 6 diskutiert, was diese Entwicklung für professionell bearbeitete Öffentlichkeiten bedeutet, wobei der Fokus auf dem Journalismus und der politischen Kommunikation liegt. Kapitel 7 widmet sich mit dem Tagging und der Wikipedia zwei Phänomenen des onlinebasierten Informationsmanagements, die für veränderte Praktiken stehen, Wissen kollaborativ herzustellen, zu ordnen und zu verbreiten. Kapitel 8 fasst abschließend die Gedanken zusammen, und zwar sowohl im Stil von Twitter als auch in ausführlicher Form.

2 Das neue Netz: Entwicklung und Dienste[2]

Dieses Kapitel widmet sich dem Gegenstand zunächst phänomen-orientiert aus drei verschiedenen Perspektiven, um die Grundlagen für die Folgekapitel zu legen. Abschnitt 2.1 diskutiert die Geschichte des „Web 2.0", jenem prägnanten Schlüsselbegriff zur Charakterisierung des gegenwärtigen Internets. Abschnitt 2.2 skizziert die Merkmale verschiedener Software-Anwendungen, die als prototypisch für das neue Netz gelten. Abschnitt 2.3 schließlich fasst den aktuellen Stand der empirischen Forschung zur Nutzung und Verbreitung dieser Anwendungen in Deutschland zusammen.

2.1 Die Geschichte(n) des Web 2.0

Eine Geschichte des Web 2.0 kann bei der Karriere des Begriffes selbst ansetzen: Im Oktober 2004 organisierte der amerikanische Verleger Tim O'Reilly die erste „Web 2.0 Conference", die sich an „leading figures and companies driving innovation in the Internet economy"[3] wandte. Der Zusatz „2.0" spielt auf die Benennung von Software-Versionen an; der Sprung auf eine neue Version ist dort mit grundlegenden funktionalen Veränderungen und Erweiterungen gleich zu setzen. Auf das Web übertragen, legte der Begriff einen tief greifenden Wandel des Internets nahe und sollte das Gefühl von Veränderung und Aufbruch charakterisieren, das die Internetbranche nach den Post-New-Economy-Jahren wieder zu verspüren begann.

Im Anschluss an die Konferenz zirkulierte der Begriff zwar unter den Teilnehmern, doch erst ein Essay, den O'Reilly (2005) etwa ein Jahr später veröffentlichte und der einige Grundprinzipien und Annahmen klärend aufgriff, verhalf ihm zum Durchbruch. Trotz oder gerade aufgrund einer gewissen begrifflichen Unbestimmtheit wanderte der Begriff in der Folgezeit aus den spezialisierten Kreisen der internetaffinen Entwickler, Berater und Unternehmer in den breiteren gesellschaftlichen

---

[2] Eine in Teilen gekürzte Fassung dieses Kapitels ist auch in der Zusammenfassung des Projekts „Jugendliche und Web 2.0" erschienen (vgl. Schmidt 2009b).

[3] Vgl. http://conferences.oreillynet.com/web2con. [15.08.2011]

Diskurs, wo er seitdem als zusammenfassende Chiffre für eine Reihe von Veränderungen gilt, die die gegenwärtige Gestalt des Internet prägen.[4] Die journalistische Berichterstattung, aber auch weitere Branchentreffen und akademische Tagungen[5], Handreichungen (z.B. Panke 2007; Danch 2007; Hochschulrektorenkonferenz 2010) und sogar staatliche Förderrichtlinien[6] haben den Begriff etabliert, sodass er – ungeachtet seines tatsächlichen Gehalts – gesellschaftliche Wirkung entfaltet.

Der Blick auf das Web 2.0 ist dabei oft positiv, wenn nicht gar euphorisch, weil es mit Hoffnungen verbunden wird, die Zusammenarbeit zwischen Menschen oder die Distribution von Inhalten zu verbessern: „Es gibt viele Namen für das neue Web: Web 2.0, das lebendige Web, das Hypernet, das Mitmach-Web, das Schreib-Lese-Web. Nennen Sie es, wie Sie wollen – der Inhalt ist derselbe. Wir alle haben Teil an der Entstehung einer globalen, allgegenwärtigen Plattform für die Zusammenarbeit mit vernetzten Computern, die beinahe jeden Aspekt menschlichen Austausches revolutioniert" (Tapscott/Williams 2007, S. 19). Doch genauso lassen sich dystopische Positionen finden, die vor einer Erosion der Privatsphäre (z.B. Gaschke 2009) oder der Entwertung von Expertenwissen (z.B. Lanier 2006) warnen und für die im Web 2.0 die „Stunde der Stümper" (Keen 2008) geschlagen hat.[7]

Aufgrund dieser Wirkmacht der Kurzformel vom Web 2.0 erscheint eine Begriffskritik aus wissenschaftlicher Sicht umso nötiger, gerade um Vorstellungen eines abrupten Versionssprungs oder gar revolutionärer Brüche in der Entwicklung des Internet zu überprüfen. Die folgende kritische Geschichte des Phänomens „Web 2.0" orientiert sich dazu an

---

[4] Vgl. beispielsweise das „Spiegel Special 3/2007" mit dem Titel „Leben 2.0 – Wir sind das Netz – Wie das neue Internet die Gesellschaft verändert".

[5] Im Jahr 2008 fanden unter anderem Fachgruppentagungen der Deutschen Gesellschaft für Publizistik und Kommunikationswissenschaft zu den Themen „Medienethik 2.0" und „Politik 2.0" statt, die die Chiffre „2.0" aufgriffen.

[6] Vgl. z.B. die 2008 veröffentlichte Ausschreibung des BMBF für „Vorhaben zur Weiterentwicklung und zum Einsatz von Web 2.0 Technologien in der beruflichen Qualifizierung" unter http://www.bmbf.de/foerderungen/12128.php. [15.08.2011]

[7] Diese parallele Existenz von optimistischen Hoffnungen und pessimistischen Warnungen über die vermeintlichen Folgen der neuen Technologie ist selbst nicht neu, sondern zieht sich durch die Geschichte des Internets. Schulz (1997) arbeitete bereits in der Frühphase der Internetdiffusion eine Reihe von positiven wie negativen Szenarien für die gesellschaftlichen Folgen von Informations- und Kommunikationstechnologien heraus, gegliedert nach Folgen für Wirtschaft und Arbeit, Wissenschaft und Bildung, Kunst und Unterhaltung sowie Öffentlichkeit und politische Prozesse. Rössler (2001) untersuchte dagegen retrospektiv, wie die drei Nachrichtenmagazine Spiegel, Focus und Stern in den Jahren 1995 bis 1998 über das Internet berichteten. Demzufolge dominierte in diesem Zeitraum eine positive, gelegentlich sogar euphorische Berichterstattung, die vor allem die befreienden Potenziale der Technologie für das Individuum betonte.

O'Reillys Essay, der drei große Bereiche unterscheidet, in denen sich Veränderungen vollziehen: Software-Technologien und –Anwendungen, das onlinebasierte Wirtschaften sowie die damit korrespondierenden Leitbilder.

Zum ersten Punkt: In Bezug auf die Software-Technologien und – Anwendungen zeichnet sich das gegenwärtige Internet durch veränderte Mechanismen (a) der Software-Bereitstellung und (b) der Software-Entwicklung aus. Ersteres fasst O'Reilly mit der Formel „The web as platform" zusammen. Er spielt damit auf den Umstand an, dass eine wachsende Zahl von Anwendungen über den Webbrowser erreicht und genutzt werden kann, anstatt Software auf einem Datenträger zu erwerben bzw. aus dem Internet zu laden und auf dem Desktop zu installieren. Innovationen in der Programmierung verändern auch die Nutzungserfahrung der Anwender, beispielsweise weil durch die Programmiertechnologie AJAX die Ladezeiten innerhalb von webbasierten Anwendungen reduziert werden können, sodass die Nutzungserfahrung dem Gebrauch eines Desktop-Programms ähnelt.

Die Programmpalette von Google ist hierfür ein gutes Beispiel – neben der Suchmaschine stehen zahlreiche weitere webbasierte Dienste zur Verfügung, darunter z.B. E-Mail, die Tabellen- und Textverarbeitung Google Docs oder der Google Kalender. Dieser Trend zum „Webtop" wird auch noch durch die wachsende Zahl von Web-Festplatten-Diensten verstärkt, die Nutzern Speicherplatz im Umfang von (derzeit) 200 GigaByte und mehr zur Verfügung stellen, auf den über das Internet zugegriffen werden kann.[8] Als Sammelbegriff für Infrastrukturen, die Daten oder Software in Netzwerken bereitstellen, hat sich das „Cloud Computing" etabliert (vgl. BITKOM 2009).

Daurch wandelt sich Software von einem Produkt, das erworben und installiert wird, zu einem Dienst bzw. „Service", der bereitgestellt wird. Dies wiederum stellt neue Anforderungen an die Entwicklung und Programmierung von Software: Während Software-als-Produkt in einer Abfolge von unterscheidbaren Versionen entwickelt und veröffentlicht wird, lässt sich ein solcher „release cycle" bei Software-als-Dienst nicht mehr eindeutig identifizieren.[9] Gerade bei den umfangreichen und populären webbasierten Diensten findet ein beständiges Modifizieren,

---

[8] Eine Übersicht bietet http://en.wikipedia.org/wiki/Comparison_of_file_hosting_services. [15.08.2011]

[9] Was nicht heißen soll, dass es keine „Versionssprünge" bei webbasierten Diensten gäbe; sie werden dort allerdings zumeist in Form eines „Relaunches" vorgenommen, bei dem Funktionalitäten erweitert oder verändert werden, oft auch das Design wechselt.

Anpassen und Verbessern während des laufenden Betriebs statt. Weil dabei explizites oder implizites Feedback der Nutzer mit einbezogen wird, bezeichnet man dieses Verfahren auch als „perpetual beta", als anhaltende Testphase (vgl. auch Abschnitt 3.2.3).

Eine weitere technische Neuerung, die O'Reilly als Merkmal des Web 2.0 identifizierte, betrifft die wechselseitige Anschlussfähigkeit bzw. die Kombinierbarkeit von Diensten, die auf technischen Standards für den Austausch von Daten zwischen Anwendungen beruht. Hierunter fällt beispielsweise RSS, das es vereinfacht gesprochen ermöglicht, Inhalte einer Webseite auch auf anderen Webseiten einzubinden.[10] Zahlreiche Anbieter öffnen zudem Schnittstellen zu den eigenen Anwendungen oder Datenbanken – solche „Application Programming Interfaces" (API) eröffnen beispielsweise die Möglichkeit, Daten des Dienstes „Google Maps" in eine Plattform einzubetten, auf der Nutzer Restaurants bewerten oder Fotos hochladen.[11] Ähnlich funktionieren „Widgets", worunter Softwareprogramme verstanden werden, die nicht eigenständig ablaufen, sondern in Nutzeroberflächen von Betriebssystemen oder webbasierten Plattformen eingebunden werden können, um deren Funktionalitäten zu erweitern.[12] Insbesondere im Bereich der mobilen Endgeräte, also bei Smartphones oder Tablet PCs, hat sich das Prinzip der „App" etabliert: Anwendungen können über ein zentrales Verzeichnis ausgewählt und – kostenfrei oder gegen Entgelt – auf das eigene Endgerät geladen und dort benutzt werden.

Die geschilderten Entwicklungen haben dazu beigetragen, dass das World Wide Web seine Stellung als universaler Internetdienst für den Endnutzer weiter ausbaut. Dennoch kann schwerlich von einem abrupten Sprung auf eine neuere „technische Version" des Internet gesprochen werden.[13] Zahlreiche der heute populären Web 2.0-Anwendungen wie Weblogs, Wikis oder Netzwerkplattformen entstan-

---

[10] RSS steht wahlweise für *real simple syndication* oder für *rich site summary* und ist ein spezielles Format zur Darstellung und Kombination von Textdaten. Für Nutzer ermöglicht RSS insbesondere, die Inhalte einer Webseite – oder Teile davon – mit einem speziellen Programm (dem „Feed-Reader") am Computer oder auf anderen Endgeräten abzurufen und über Aktualisierungen automatisch benachrichtigt zu werden.

[11] Im August 2009 wurden über 1.400 solcher APIs verzeichnet, im Juli 2011 bereits etwa 3.450. Die populärste Schnittstelle (zu Google Maps) setzten etwa 2.250 Mashups ein (vgl. die Übersicht unter http://www.programmableweb.com/apis/directory/1?sort=mashups [15.08.2011]).

[12] Zu den Umgebungen, in die sich Widgets einbinden lassen, gehören bspw. das Betriebssystem Microsoft Vista, die Weblog-Software Wordpress oder Dienste zur Einrichtung personalisierbarer Web-Startseiten wie Netvibes oder iGoogle.

[13] Ähnlich argumentieren z.B. auch Berners-Lee 2006 oder Scholz 2008.

den bereits in der zweiten Hälfte der 1990er Jahre, und Dienste wie E-Mail oder Instant Messaging haben Vorläufer, die bis die Frühphase des Internets zurückreichen (vgl. Abb. 1). Hinzu kam die schrittweise, nicht sprunghafte Weiterentwicklung der Technologien zur Datenübertragung wie bspw. der Übergang von Modem- und ISDN-Technologien zu DSL mit immer größeren Bandbreiten, die viele der datenintensiven Web 2.0-Anwendungen in der zweiten Hälfte der 2000er Jahre erst praktikabel gemacht hat (vgl. Fisch/ Gscheidle 2008; Huston 2008).

Technische Innovationen alleine hätten die Euphorie um das Web 2.0 aber vermutlich nicht entfachen können. Im Untertitel des Essays von O'Reilly standen „Business Models" gleichberechtigt an der Seite von „Design Patterns" – neben den neuen Varianten der Software-erstellung gehörten also von Anfang an Szenarien und Annahmen über veränderte Geschäftsmodelle und Arten der Wertschöpfung als zweiter wesentlicher Bestandteil zum Konzept des Web 2.0. In dieser Hinsicht waren insbesondere die Konzepte des „long tail" sowie des „user-generated content" sehr einflussreich.

Die Bezeichnung „long tail" leitet sich vom weit auslaufenden Teil einer grafisch dargestellten Verteilung ab und wurde von Anderson (2006) im Zusammenhang mit der Internetökonomie bekannt gemacht. Er argumentiert, dass sich im Internet auch sehr spezielle Nischen-märkte leicht erschließen bzw. sehr spezielle Bedürfnisse befriedigen lassen, weil die Kosten für Lagerhaltung und Distribution digitalisier-barer Güter wie z.B. Musikstücke oder Videos gegen Null gehen. An-schaulich ausgedrückt, seien nicht mehr nur „Blockbuster" (also sehr er-folgreiche Angebote) nötig, sondern auch mit sehr spezialisierten In-halten ließe sich Profit erzielen.

Abb. 1: Entwicklung ausgewählter Gattungen und Anwendungen

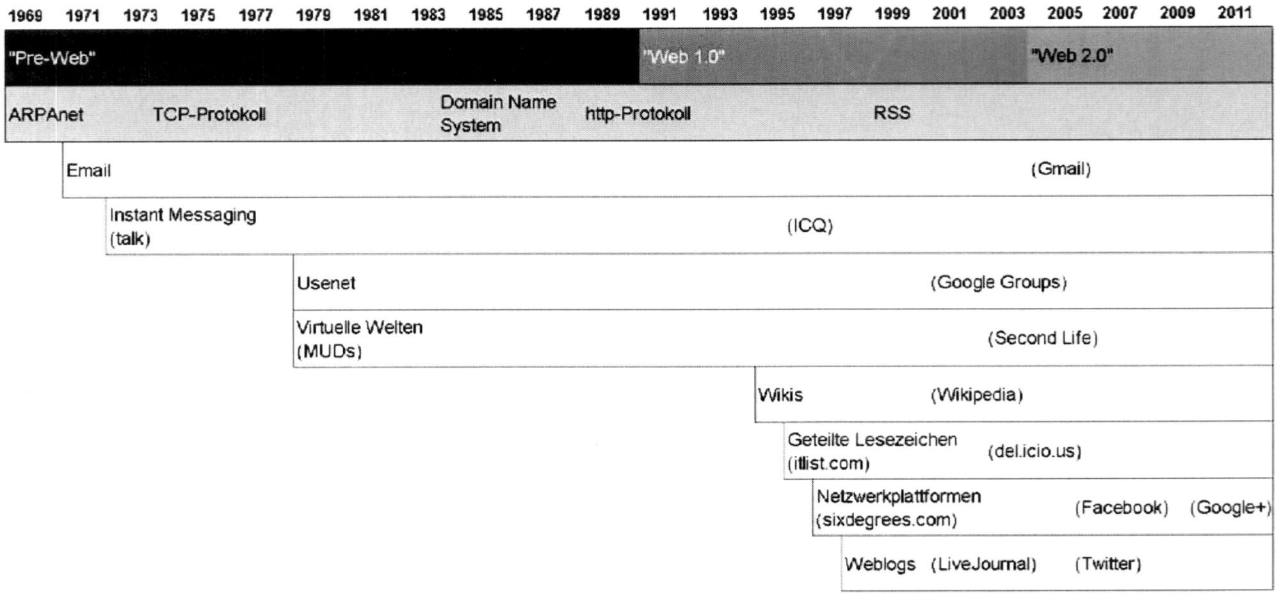

1969	1971	1973	1975	1977	1979	1981	1983	1985	1987	1989	1991	1993	1995	1997	1999	2001	2003	2005	2007	2009	2011

"Pre-Web" — "Web 1.0" — "Web 2.0"

ARPAnet — TCP-Protokoll — Domain Name System — http-Protokoll — RSS

Email

Instant Messaging (talk)

Usenet

Virtuelle Welten (MUDs)

(ICQ)

(Google Groups)

(Second Life)

(Gmail)

Wikis (Wikipedia)

Geteilte Lesezeichen (itlist.com) (del.icio.us)

Netzwerkplattformen (sixdegrees.com) (Facebook) (Google+)

Weblogs (LiveJournal) (Twitter)

Quelle: eigene Darstellung.

Das Web 2.0 ist für diese Entwicklung besonders relevant, weil es Werkzeuge zur Verfügung stellt, mit deren Hilfe sich die Nachfrage nach Nischenprodukten kanalisieren lässt – insbesondere diejenigen Inhalte, die von Nutzern selbst erstellt und zur Verfügung gestellt werden, ob in privat betriebenen Weblogs, auf Videoplattformen wie YouTube oder in speziellen Foren und Communities kreativer Szenen und Subkulturen. Das World Wide Web bildet die Infrastruktur sowohl für die Distribution als auch für die Produktion solcher nutzergenerierter Inhalte, die zusätzlich durch Werkzeuge wie internetfähige Mobiltelefonen oder Digitalkameras für Bilder und Videos immer weiter verbreitet werden. Wenngleich bei weitem nicht alle Internetnutzer diese technischen Potenziale auch nutzen (vgl. Abschnitt 2.3 sowie Hargittai/ Walejko 2008), erkannte die „TIME" bereits 2006 den Bedeutungsgewinn dieser Art von Medienproduktion an: Sie kürte „You", den aktiven Internetnutzer, zur Person des Jahres (vgl. Grossman 2006).

Damit ist das zweite wesentliche Grundprinzip des Web 2.0 angesprochen: Es erleichtert das Erstellen und Teilen von „user-generated content", definiert als „i) content made publicly available over the Internet, ii) which reflects a certain amount of creative effort, and iii) which is created outside of professional routines and practices" (OECD 2007, S. 9). Der dritte Teil dieser Definition verweist darauf, dass nutzergenerierte Inhalte und Aktivitäten mehrheitlich nicht mit kommerziellen Absichten verbunden sind. Nichtsdestotrotz können sie auf unterschiedlichen Wegen monetarisiert werden, darunter die klassische Werbevermarktung, die durch die Google-Produkte AdWords und AdSense[14] auch für Betreiber von Webangeboten mit vergleichsweise geringer Reichweite rentabel sein kann.

Für die Betreiber von Plattformen, auf denen Nutzer eigene Inhalte erstellen und/oder miteinander teilen, eröffnen sich weitere Strategien (und dadurch mittelbar auch Geschäftsmodelle), die Bruns (2008, S. 30ff.) prägnant zusammenfasst:[15]

---

[14] Das „AdWords"-Programm erlaubt es Kunden, zu bestimmten Suchbegriffen eine Anzeige zu schalten, die neben den Treffern als „sponsored link" erscheint und auf das eigene Webangebot verweist. Das „AdSense"-Programm vermittelt dagegen Anzeigen auf fremde Webseiten, sodass Google hier als Makler zwischen Werbetreibenden und Webseiten-Betreibern auftritt.

[15] Neben den drei hier dargestellten Strategien, bei denen es um Wertschöpfung auf Grundlage nutzergenerierter Inhalte geht, nennt Bruns noch drei Strategien, die eher unterstützend wirken: „Harboring the Hive" (das unentgeltliche Bereitstellen von Ressourcen), „Helping the Hive" (das direkte finanzielle Unterstützen) sowie „Feeding the Hive" (das

- *„Harnessing the Hive"* umfasst Strategien, die nutzergenerierten Inhalte zu verwenden, um ihren Schöpfern zusätzliche Dienste zur Verfügung zu stellen, dabei aber die Rechte und den Arbeitseinsatz der Ersteller zu respektieren. Dies geschieht z.B. durch Aggregatoren wie Technorati, Rivva oder Delicious, die nutzergenerierte Inhalte zusammenführen und erschließen, ohne dass die Urheber die Rechte an ihren Inhalten verlieren.

- *„Harvesting the Hive"* beschreibt Strategien, den nutzergenerierten Inhalten zusätzliche wertschöpfenden Leistungen an die Seite zu stellen, die sich vor allem an Personen richten, die selber keine Inhalte produzieren. Im Open-Source-Bereich findet sich diese Strategie zum Beispiel bei der Firma „Red Hat", die Software bedarfsgerecht und installationsfertig für Kunden zur Verfügung stellt, ohne sich selbst an der Weiterentwicklung zu beteiligen. Ein anderes Beispiel stellen Buchveröffentlichungen von ursprünglich in Weblogs publizierten Texten dar (vgl. Mittendorfer 2006).

- *„Hijacking the Hive"* beruht schließlich darauf, dass Nutzer mit dem Registrieren auf einer entsprechenden Plattform die Rechte an ihren hochgeladenen oder erstellten Inhalten zumindest in Teilen an den Plattform-Betreiber abtreten. Die Videoplattform YouTube lässt sich beispielsweise in ihren Nutzungsbedingungen Rechte einräumen, aufgrund derer sie eine DVD mit einer Auswahl von Videos veröffentlichen könnten, ohne die Urheber finanziell beteiligen zu müssen.[16]

Gerade die letztgenannte Strategie zeigt, dass das Web 2.0 nicht einfach mit einer Stärkung des Nutzers gleichzusetzen ist. Nutzer sind in Prozessen des „crowdsourcing" (Howe 2008) oder der „interaktiven Wertschöpfung" (Reichwald/Piller 2006) als unbezahlte Produzenten oder Innovatoren eingebunden, wenn sie für ihren Arbeitseinsatz, ihre Zeit und Kreativität keine angemessene Kompensation erhalten. Verschiede-

---

zur-Verfügung-Stellen von Inhalten, die von Nutzern ohne Einschränkungen weiter bearbeitet werden können).

[16] Dort heißt es unter 10.1: „Indem Sie Nutzerübermittlungen bei YouTube hochladen oder posten, räumen Sie YouTube eine weltweite, nicht-exklusive und gebührenfreie Lizenz ein (…) bezüglich der Nutzung, der der Reproduktion, dem Vertrieb, der Herstellung derivativer Werke, der Ausstellung und der Aufführung der Nutzerübermittlung im Zusammenhang mit dem Zur-Verfügung-Stellen der Dienste und anderweitig im Zusammenhang mit dem Zur-Verfügung-Stellen der Webseite und YouTubes Geschäften, einschließlich, aber ohne Beschränkung auf Werbung für und den Weitervertrieb der ganzen oder von Teilen der Webseite (und auf ihr basierender derivativer Werke) in gleich welchem Medienformat und gleich über welche Verbreitungswege" (http://www.youtube.com/t/terms; [15.08.2011]).

ne Autoren argumentieren, dass es letztlich um eine besonders maskierte Form der Ausbeutung handele, weil die kreativen Aktivitäten der Nutzer als „prosumer commodity" (Fuchs 2009a, S. 82) zu Waren würden, und das Web 2.0 zur Umgebung für „loser-generated content" (Petersen 2008).[17] Problematischer noch als die Vermarktung von nutzergenerierten Inhalten erscheint jedoch die Kontrolle der Anbieter über die anfallenden Daten, z.B. zu persönlichen Merkmalen, Vorlieben oder Nutzungsverhalten. Unabhängig von einer Vergütung der erstellten Inhalte sind diese eine alternative, meist viel ertragreichere Quelle der Wertschöpfung (vgl. van Dijck 2009).

Ungeachtet dieser Kritik ist jedoch der Begriff „Web 2.0" in den Diskursen zu wirtschaftlichen Auswirkungen des Internet sehr populär, was sich auch darauf zurückführen lässt, dass Konzepte wie „long tail" oder „user-generated content" die Hoffnung auf einen erneuten wirtschaftlichen Aufschwung einer Branche schüren, die mit der „New Economy" Ende der 1990er Jahre eine extreme Euphorie und 2000/2001 einen ebenso jähen Absturz erlebt hatte. Die überhitzte Stimmung der New Economy beruhte zu wesentlichen Teilen darauf, dass risikokapitalfinanzierte Unternehmensgründungen über lange Zeit keine Profitabilität nachweisen mussten, sondern sich gegenüber den Anlegern auch durch Verweis auf bestimmte „Mythen des Internet"[18] (Kühl 2003; vgl. auch Stuhr 2010) legitimieren konnten. Die Finanzierung dieser Neugründungen übernahmen stattdessen Einzelinvestoren („Business Angels"), in weiteren Phasen der Unternehmensentwicklung dann gegebenenfalls institutionalisierte Risikokapitalgeber sowie Anleger nach einem möglicherweise erfolgten Börsengang. Dabei kam es zu einer wechselseitigen Stabilisierung: „Risikokapitalgeber beziehen sich auf die Rationalitätsannahmen über die Veränderung der Wirtschaft, tragen aber mit der über sie zur Verfügung gestellten Finanzierung zur Plausibilisierung dieser Mythen bei. Über Risikokapitalgesellschaften stehen

---

[17] Auch dieser Umstand lässt sich in eine Tradition stellen, die über das Web 2.0 hinausreicht und z.B. mit der Entwicklung hin zum „arbeitenden Kunden" bzw. „working consumer" verbunden ist (vgl. Kleemann/Voß/Rieder 2008).

[18] Dazu zählt Kühl (2003) beispielsweise die Annahme, das Internet würde die Wirtschaft revolutionieren – geschürt von Analysten, Unternehmensberatern und Unternehmen, begleitet von entsprechender „Revolutionsrhetorik" in der öffentlichen Auseinandersetzung und in spezialisierten Medien wie dem Magazin „Wired". Abgesichert durch betriebswirtschaftliche Konzepte des „Lock-In" oder „First Mover Advantage" entstand so der Druck, möglichst schnell und möglichst umfassend Nutzer zu binden, ohne dass dem entsprechende Erlöse oder Entgelte für die erbrachten Dienstleistungen gegenüberstanden. Auch Schweiger (2004) diskutiert „Mythen der Internetnutzung", bezieht sich jedoch nicht auf wirtschaftliche Konsequenzen, sondern auf den Umgang mit dem Internet und dessen gesamtgesellschaftliche Verbreitung.

Gelder zur Verfügung, mit denen Unternehmen auf die Mythen bezogene ‚Erfolgsgeschichten' schreiben können, die aber für mehrere Jahre nicht durch Profitabilität im Kerngeschäft ‚verifiziert' werden müssen" (Kühl 2003, S. 86).

An dieser Konstellation hat sich im Web 2.0 nichts Grundlegendes geändert, auch weil viele der Schlüsselpersonen des jüngeren Web 2.0-Booms, darunter Software-Entwickler, Unternehmer, Risikokapitalgeber und „Business Angels", bereits in der New Economy aktiv waren.[19] Der Begriff „Web 2.0" fungiert als neuer Mythos, mit dem sich bestimmte Assoziationen über grundlegende Prinzipien verbinden lassen und der eine grundlegende fortschrittliche Veränderung impliziert. Damit ist der dritte Bereich angesprochen, in dem O'Reilly einen fundamentalen Wandel identifizierte: Die Leitbilder der computergestützten Interaktion und Kommunikation.

In seinem Essay nennt O'Reilly „harnessing collective intelligence" als eines der Leitprinzipien und bezieht sich dabei auf Beispiele wie die Wikipedia, kollaborative Verschlagwortungssysteme oder die verteilte konversationale Öffentlichkeit der Blogosphäre. Implizit knüpft er damit an Vorläufer an, die bis in die Anfänge des Internet zurückreichen – oder sogar darüber hinaus. Bereits vor mehr als 60 Jahren formulierte Vannevar Bush (1945) in seinem Essay „As we may think" die Idee eines „Memory Extenders" (Memex), einer informationsverarbeitenden Maschine, die Wissenschaftlern die Verwaltung und assoziative Verknüpfung von Informationen aller Art erleichtern sollte. Zwar wurde sie nie gebaut, doch ihre Prinzipien beeinflussten die Entwicklung von verteilten Computersystemen in den folgenden Jahrzehnten (vgl. Friedewald 2000, 2007). Sie kann damit als Vorläufer heutiger Szenarien von onlinebasierter Wissensarbeit mit Hilfe von Wikis oder Verschlagwortungssystemen dienen.[20]

---

[19] Die Technikjournalistin Sarah Lacy (2008) schildert die Kontinuitäten zwischen der New Economy und dem Web 2.0 anschaulich am Beispiel der persönlichen Netzwerke des Silicon Valley und von Personen wie Max Levchin (PayPal, Slide), Marc Zuckerberg (Facebook), Kevin Rose (Digg), Evan Williams (Blogger, Twitter) und Marc Andreesen (Netscape, Ning). Sie argumentiert auch, dass die Konsequenzen des Zusammenbruchs der New Economy für die Beteiligten weniger in finanzieller Hinsicht, sondern vielmehr in psychologischer bzw. kultureller Hinsicht dramatisch waren; die Idee eines „Web 2.0" hätte vielen der beteiligten Personen buchstäblich eine neue Lebensperspektive gegeben.

[20] Bush hatte dadurch auch Einfluss darauf, dass eine kulturelle Umdeutung des Computers stattfand, der nicht mehr nur als symbolverarbeitende „Rechenmaschine" aufgefasst wurde, sondern als „Elektronengehirn" bzw. Kommunikationsmedium (vgl. zur technischen und kulturellen Konstruktion des Computers Heintz 1993).

Besonders folgenreich haben sich Bushs Gedanken im World Wide Web materialisiert, dessen konzeptionellen und technischen Grundlagen bereits Ende der 1980er Jahre von einer Forschergruppe um Tim Berners-Lee am Genfer CERN gelegt wurden (vgl. Gillies/Cailliau 2000). Diese Arbeit machte nicht nur die hypertextuelle Verknüpfung von Dokumenten (und in der Folgezeit zahlreicher anderer digitaler Ressourcen) populär, sondern vertrat damals bereits ein Prinzip, das heute als besonderes Merkmal des Web 2.0 hervorgehoben wird: Jeder Nutzer ist potenzieller Sender, der Inhalte in das Netz einspeisen und mit anderen Inhalten verknüpfen kann.

Diese Ideale waren auch in den Mailbox-Szenen vertreten, in denen sich bereits vor der Etablierung des World Wide Web eine technikaffine Nutzergruppe mit partizipativem Anspruch organisierte, die aus der Friedens- und Umweltbewegung der 1980er Jahre hervorgegangen war (vgl. Hoofacker 2008). Letztlich lassen sich die ideengeschichtlichen Traditionslinien des Web 2.0 bis auf die gegenkulturellen Strömungen der 1960er und 1970er Jahre zurückführen, die insbesondere an der amerikanischen Westküste verbreitet waren (vgl. Turner 2006). Dort brachte eine Kombination von Kommunen-Denken und „Do-it-yourself"-Computerkultur einen „techno-utopianism" (Turner 2006, S. 239) hervor, der sich in einer spezifischen „kalifornischen Ideologie" (Barbrook/Cameron 1997) des technisch durchdrungenen Individualismus, aber auch in der sehr populären Konzeption von „virtuellen Gemeinschaften" (Rheingold 1994) niederschlug. Organisationen wie die „Electronic Frontier Foundation" (EFF) und die in ihrem Umfeld formulierte „Unabhängigkeitserklärung des Cyberspace" (Barlow 1996) kultivierten die Vorstellung vom Internet als Raum mit eigenen Normen und Formen der sozialen Organisation, der insbesondere gegen staatliche Kontrolle verteidigt werden sollte. Auch wenn sich dieses Ziel angesichts der immensen gesellschaftlichen Bedeutung des Internets nicht verwirklichen ließ (vgl. Schmidt 2005, S. 47ff.) und es alles andere als ein rechtsfreier Raum ist, lebt das Leitbild vom dezentralen und nicht kontrollierbaren sozialen Raum weiterhin fort.

Dieser kurze Abriss soll zeigen, dass der Begriff Web 2.0 als Sammelbegriff für die gegenwärtige Gestalt des Internet zwar verbreitet, die in ihm enthaltene Implikation eines deutlichen Bruchs mit früheren Phasen der Internetentwicklung jedoch nicht haltbar ist. Dies gilt für Technikentwicklung ebenso wie die Ideengeschichte der prägenden Leitbilder, und auch im Bereich des onlinebasierten Wirtschaftens lassen sich Kontinuitäten statt klarer und diskreter Entwicklungssprünge finden. Der Begriff „Web 2.0" ist also nicht deswegen so erfolgreich und wirkmächtig, weil er eine akkurate Diagnose des gegenwärtigen Internets darstellt, sondern weil er als Mythos dient: Er beschwört eine neue Stufe in der Internetentwicklung, die mit Hoffnungen auf innovative und dynamische Technologien, wirtschaftlichen Erfolg und Fortschritt sowie auf positive gesellschaftliche Veränderungen verbunden ist. Dadurch konnte er sich gegen andere Begriffe durchsetzen, die ähnliche Phänomene beschrieben, denen aber diese bündelnde Kraft fehlte – beispielsweise Konzepte wie „Social Information Spaces" (Lueg/Fisher 2003) oder „Augmented internet" (Jordan/Hauser/Foster 2003).

Gibt es Alternativen? Eine gewisse Popularität und Verbreitung erreichte das Konzept „Social Software", worunter Koch/Richter (2009, S. 12) solche Anwendungssysteme verstehen, „die unter Ausnutzung von Netzwerk- und Skaleneffekten indirekte und direkte zwischenmenschliche Kommunikation (Koexistenz, Kommunikation, Koordination, Kooperation) auf breiter Basis ermöglichen und die Identitäten und Beziehungen ihrer Nutzer im Internet abbilden und unterstützen". Der Begriff „Social Media" bzw. „soziale Medien" hingegen betont vor allem die Werkzeuge und Infrastrukturen für Nutzerpartizipation und das Schaffen und Verbreiten von „user-generated content" (vgl. Münker 2009; Michelis/Schildhauer 2010).

Beide Konzepte überlappen sich wiederum mit dem Begriff „Social Web", der nach Ebersbach/Glaser/Heigl (2008) diejenigen Anwendungen umfasst, die „den Informationsaustausch, den Beziehungsaufbau und deren Pflege, die Kommunikation und die kollaborative Zusammenarbeit in einem gesellschaftlichen oder gemeinschaftlichen Kontext unterstützen, sowie den Daten, die dabei entstehen und den Beziehungen zwischen Menschen, die diese Anwendungen nutzen" (S. 31). Während Social Software also stärker auf die Technologien fokussiert und Social Media auf den Kontrast mit etablierten Medien, stellt das Social Web Umfeld und Resultat von Social Software bzw. Social Media dar.

Im Folgenden wird der Begriff „Social Web" verwendet, der aus kommunikationssoziologischer Sicht insbesondere gegenüber „Web 2.0" deutlich besser geeignet scheint (vgl. auch Schmidt 2008b). Er verweist erstens auf das World Wide Web, das zum universalen Dienst des Internets geworden ist, betont aber zweitens dessen grundlegenden sozialen Charakter, der aufeinander bezogenes Handeln zwischen Nutzern fördert, also über die Mensch-Maschine-Interaktion hinausgeht. Drittens impliziert er keine Unterscheidung diskreter zeitlicher Phasen, sodass auch Anwendungen wie Instant Messaging oder Diskussionsforen, die nicht zum Web 2.0 gezählt werden, als Teil des Social Web erfasst werden können.

2.2 Gattungen und Angebote

Zu den Genres oder Gattungen von Anwendungen, die prototypisch für das Social Web gelten können, liegen bereits eine Reihe von Systematisierungsvorschlägen vor (z.B. Lietsala/Sirkkunen 2008; Ebersbach/ Glaser/Heigl 2008; Stocker/Tochtermann 2009). Sie kommen jedoch alle um das grundsätzliche Problem nicht herum, dass eine konsequente systematische Trennung zwischen den verschiedenen Diensten kaum möglich scheint: Zahlreiche „Hybrid-Angebote" verbinden Elemente unterschiedlicher Gattungen, beispielsweise wenn auf einer Netzwerkplattform auch die Möglichkeit besteht, ergänzend zum Profil ein eigenes Weblog zu führen (wie bei MySpace), RSS-Feeds anderer Quellen einzubinden (wie bei Facebook) oder neben Foren und Profilseiten auch Wiki-Funktionalitäten zur Verfügung stehen (wie bei der Meta-Plattform Mixxt). Zudem ist, wie in den späteren Abschnitten ausführlich argumentiert wird, eine rein angebotsbezogene Perspektive unzureichend, um die Veränderungen und Konsequenzen von Nutzungspraktiken erfassen zu können. Insofern soll die folgende Darstellung eher der Orientierung und der begrifflichen Klärung dienen, welche Typen von Angeboten im Social Web vorherrschen und wie ihre Kommunikationsarchitektur gestaltet ist.

2.2.1 Plattformen

Als „Plattform" sollen solche Angebote bezeichnet werden, die einer Vielzahl von Nutzern eine gemeinsame Infrastruktur für Kommunikation oder Interaktion bieten – in gewisser Weise also das Gegenstück zu den Werkzeugen des „Personal Publishing" (Abschnitt 2.2.2), die stärker an einzelne Personen gebunden sind. Für die aktive Nutzung von Plattformen, insbesondere das Einstellen eigener Inhalte und das Kommunizieren mit anderen Nutzern, ist in der Regel eine Registrierung notwendig. Je nach Art der Inhalte, die im Vordergrund des Angebots stehen, lassen sich weitere Typen unterscheiden.

Im Mittelpunkt von *Netzwerkplattformen* (auch: Social Network Sites) steht die Möglichkeit, innerhalb eines durch Registrierung geschlossenen Raums ein persönliches Profil anzulegen, davon ausgehend soziale Beziehungen zu anderen Nutzern explizit zu machen und mit Hilfe des so artikulierten Freundes- oder Kontakt-Netzwerks auf der Plattform zu navigieren bzw. zu interagieren (vgl. boyd/Ellison 2007; Richter/Koch 2008).[21] Die weltweit bekanntesten Netzwerkplattformen sind Facebook und MySpace; im Sommer 2011 startete Google mit „Google+" ein eigenes Angebot. Im deutschsprachigen Raum sind vor allem die Plattformen der „VZ-Gruppe" (SchülerVZ, StudiVZ, MeinVZ) sowie die Angebote Wer-kennt-wen und Lokalisten populär. Neben diesen eher auf privat-persönliche Beziehungen ausgerichteten Angeboten gibt es Plattformen, die sich spezifisch auf berufliches Networking konzentrieren, mit LinkedIn sowie XING als den führenden Angeboten in diesem Segment. Hinzu kommt eine Vielzahl von spezialisierten Plattformen, die sich auf einzelne Zielgruppen oder Facetten von sozialen Beziehungen konzentrieren, beispielsweise für Sportler (netzathleten.de), Akademiker (academia.edu), oder Vegetarier (veggiecommunity.org). Meta-Plattformen wie Ning, Mixxt oder Opennetworx erlauben es zudem, eigene Communities zu beliebigen Themen anzulegen.

Bei *Multimediaplattformen* steht das Publizieren bzw. Rezipieren von multimedialen Inhalten im Vordergrund, auch wenn diese Angebote oft mit Funktionen von Netzwerkplattformen angereichert sind, also Nutzer auch hier Profile anlegen und Beziehungen zu anderen Plattformmitgliedern artikulieren können. In der Regel konzentrieren sich Multimediaplattformen auf spezifische Medienformen, also beispielsweise auf Videos (wie YouTube), Fotos (wie Flickr) oder Audiodateien (wie last.fm; bei diesem Angebot können allerdings keine Musikdateien hochgeladen werden). In diesem Bereich existieren zusätzlich auch spezialisierte Angebote, beispielsweise slideshare.net, auf der Präsentationen eingestellt werden, oder scribd.net, wo Textdokumente bereitgestellt werden können.

2.2.2 Personal Publishing

Auch die Werkzeuge des „Personal Publishing" unterstützen das Veröffentlichen von Inhalten im Internet. Allerdings handelt es sich bei ihnen um Formate, die stärkere Betonung auf den einzelnen Autoren bzw. Urheber legen – wenngleich wiederum einzelne dieser Inhalte auf

---

[21] In der öffentlichen Diskussion wird gelegentlich schon die Plattform an sich als „soziales Netzwerk" bezeichnet (vgl. z.B. Hamann 2007). Diese Terminologie ist allerdings aus sozialwissenschaftlicher Perspektive nicht akzeptabel, da mit „soziales Netzwerk" das Geflecht von miteinander verbundenen Akteuren bezeichnet wird, nicht die mediale oder technische Infrastruktur, über die soziale Beziehungen gepflegt bzw. geknüpft werden. Soziale Netzwerke existieren also auch außerhalb von Netzwerkplattformen.

einer Plattform zusammengefasst werden können. In der Bezeichnung „Personal" klingt die Abgrenzung von professionell-journalistisch produzierten Inhalten an, die jedoch zunehmend aufweicht, da inzwischen auch Unternehmen oder Redaktionen eigene Weblogs oder Podcasts betreiben.

Weblogs (auch: Blogs) sind relativ regelmäßig aktualisierte Webseiten, auf denen die Beiträge (zumeist Texte, aber auch Fotos, Videos oder Audiodateien) in rückwärts chronologischer Reihenfolge angezeigt werden und in der Regel von anderen Nutzern kommentiert werden können. Weblogs vereinen somit Merkmale der Homepage und des Diskussionsforums, erlauben aber auf vergleichbarer technischer Grundlage eine Vielzahl von unterschiedlichen Praktiken (vgl. Schmidt 2006; Walker Rettberg 2008). Viele Weblogs basieren auf „stand-alone"-Software wie Wordpress oder Serendipity, die Nutzer selbst installieren und konfigurieren. Allerdings können Blogs auch unter Zuhilfenahme eines spezialisierten Providers (wie twoday.net oder blogspot.com) betrieben werden oder als eine unter mehreren Funktionen einer umfassenden Plattform angeboten werden – so lässt sich beispielsweise auf MySpace auch ein Blog in die eigene Profilseite einbinden. Während die Gestaltung und Länge von Blog-Beiträgen keinen Vorgaben unterliegt, erlauben *Microblogging*-Dienste nur relativ kurze, SMS-artige Einträge – beim derzeit populärsten Dienst Twitter maximal 140 Zeichen –, die nicht direkt kommentiert werden können, aber durch spezifische Konventionen auch wechselseitige Bezugnahmen und Konversationen unterstützen (vgl. Honeycutt/Herring 2009; boyd/Golder/Lotan 2010).

Multimediale Varianten des Personal Publishing existieren in Form von *Podcasts* (Audio-Inhalte; vgl. Menduni 2007) bzw. *Videocasts* (gelegentlich auch: Video-Podcast oder Vodcast; audiovisuelle Inhalte). Da die technischen Hürden für die Produktion entsprechender Episoden höher sind als bei den im Wesentlichen auf Text beruhenden Formaten Weblog und Microblogging, werden Pod- und Videocasts vor allem als alternativer Kanal für die Verbreitung von professionell-journalistischen Inhalten genutzt.

2.2.3 Wikis

WikiWikiWebs oder kurz: *Wikis* sind Anwendungen, mit denen Hypertext-Dokumente direkt im Browser angelegt, editiert und über eine spezielle Syntax mit anderen Seiten des Wikis verlinkt werden können (vgl. grundlegend Ebersbach et al. 2008). Änderungen an den einzelnen

Seiten können nachverfolgt und gegebenenfalls rückgängig gemacht werden. Die ersten Wikis wurden bereits in der zweiten Hälfte der 1990er Jahre von Programmierern und Software-Designern eingesetzt, um die Arbeit in Projektteams zu koordinieren und zu dokumentieren. Breit bekannt wurde das technische Prinzip von Wikis jedoch erst mit dem Erfolg der Wikipedia, einer seit 2001 bestehenden kollaborativ erstellten Enzyklopädie (http://de.wikipedia.org; vgl. ausführlich Abschnitt 7.2), die zu den meistbesuchten Webseiten weltweit zählt.[22] Daneben gibt es eine Reihe von anderen Angeboten, die sich der Wiki-Software bedienen; neben frei zugänglichen Angeboten wie beispielsweise regionalen Stadtwikis[23] setzen zunehmend auch Unternehmen und Organisationen Wikis in ihrer internen Organisationskommunikation ein (Richter/Warta 2008). Auf der Plattform Wikia lassen sich ohne besondere Vorkenntnisse eigene Wikis einrichten; sie ist in Deutschland durch die beiden Wikis „GuttenPlag" und „VroniPlag" bekannt geworden, mit deren Hilfe Plagiatsfälle in den Dissertationen von verschiedenen Politikern und Prominenten dokumentiert werden.[24]

2.2.4 Instant Messaging

Anwendungen für *Instant Messaging* (Kurzform auch: IM) unterstützen die synchrone Kommunikation zwischen Nutzern. Sie setzen üblicherweise die Installation eines speziellen Programms („Client") voraus und finden meist textbasiert statt, doch die entsprechenden Dienste wie AIM, Windows Live Messenger/MSN, ICQ oder Skype bieten inzwischen auch Optionen für Audio- oder Videotelefonie oder Dateitransfer. Die Praxis des Instant Messaging ist mit dem Chatten vergleichbar, z.B. im Hinblick auf die Verwendung von Pseudonymen bzw. „nicknames" zur Identifizierung von Personen, auf das Herausbilden spezifischer sprachlicher Konventionen und Soziolekte, oder auf den informellen, an mündliche Kommunikation erinnernden Sprachstil (vgl. grundlegend Beck 2006, S. 118ff.). Während das Chatten jedoch meist in einem eigenen „Raum" stattfindet, den mehrere Teilnehmer gleichzeitig betreten, um zu kommunizieren, ist das Instant Messaging über das „Netzwerk" organisiert: Nutzer müssen sich wechselseitig als

---

[22] In Deutschland lag sie Mitte 2011 auf Rang sechs (vgl. http://www.alexa.com/topsites/countries/DE) [15.08.2011]

[23] Vgl. die Übersicht unter http://allmende.stadtwiki.info. [15.08.2011]

[24] Vgl. http://de.guttenplag.wikia.com sowie http://de.vroniplag.wikia.com. [15.08.2011]

Kontakte autorisieren, um miteinander kommunizieren zu können. Der zentrale Mechanismus ist hier die Kontaktliste, die nicht nur die Auswahl von konkreten Kommunikationspartnern ermöglicht, sondern auch Sichtbarkeit für die Erreichbarkeit bzw. „Anwesenheit" (d.h. das Angemeldet-Sein) herstellt.

2.2.5 Werkzeuge des Informationsmanagements

Neben den bisher geschilderten Anwendungen zur Kommunikation und zur Publikation von Inhalten existiert im Social Web eine Reihe von Hilfswerkzeugen, die insbesondere das Informationsmanagement unterstützen. Darunter fallen *Feed Reader* bzw. *Feed-Aggregatoren*, mit deren Hilfe man sich über Aktualisierungen von Webseiten informieren lassen kann, ohne dass man die konkreten Webangebote regelmäßig absurfen müsste. Technische Grundlage dafür ist das RSS-Format, eine alternative Art der Darstellung webbasierter Inhalte, die auf den Austausch mit anderen Anwendungen (und nicht das Anzeigen einer Seite im Browser) ausgerichtet ist. Feed Reader können als eigenständiges Programm oder als webbasierter Dienst (wie z.B. Google Reader oder Netvibes) vorliegen; entsprechende Funktionen sind aber auch in Mail-Programme oder direkt in die Browser integriert.[25]

Kollektive Verschlagwortungssysteme wie Delicious oder Mister-Wong lassen Nutzer beliebige Internetressourcen ähnlich wie „Favoriten" oder „Bookmarks" speichern und mit frei wählbaren Schlagworten bzw. „tags" versehen (vgl. auch Abschnitt 7.1). Aus der Aggregation der individuell vergebenen Schlagworte entstehen eigene Ordnungsmuster, sogenannte Folksonomies.[26] Während bei diesen Angeboten das individuelle Informationsmanagement im Vordergrund steht und die Ordnungsmuster auf kollektiver Ebene unintendiert entstehen, unterstützen *Social-News-Dienste* wie digg.com oder reddit.com von vorneherein das kollaborative Auswählen und Bewerten von Nachrichten, das in drei Schritten abläuft (vgl. auch Abschnitt 6.1): (a) Nutzer speisen Texte, Meldungen, Videos oder andere Inhalte aus dem WWW in die Plattform ein. Auf diese initiale Selektion folgt (b) das kollaborative Filtern, bei dem andere Nutzer die auf der Plattform geführten Inhalte be-

---

[25] Vgl. die Verweise auf ausgewählte Programme und Dienste unter http://de.wikipedia.org/wiki/Feedreader. [15.08.2011]

[26] Dabei handelt es sich um eine Kombination der Begriffe „taxonomy" und „folks", die den Charakter der entstehenden Ordnungssysteme betont, „von unten", also durch die Nutzer selbst aufgebaut zu werden (vgl. Vander Wal 2007).

werten, also eine Art Votum abgeben, was sie für relevant oder interessant halten. Im dritten Schritt werden schließlich (c) die Stimmen der einzelnen Nutzer zusammengeführt, sodass eine dynamische Liste entsteht, welche Inhalte aktuell gerade populär sind.

2.3 Verbreitung und Nutzung: Zur Datenlage[27]

Um die Verbreitung von Gattungen oder Anwendungen des Social Web zu ermitteln, stehen prinzipiell zwei unterschiedliche Verfahren zur Verfügung: Die nicht-reaktive Reichweitenmessung einerseits und die reaktive Erhebung mit Hilfe von Befragungen andererseits. Der Reichweitenmessung liegt in der Regel das Interesse der Mediaplanung zugrunde, d.h. die erhobenen Daten sollen Informationen darüber liefern, wie viele Personen bzw. welcher Anteil einer bestimmten Bevölkerungsgruppe in einem angebbaren Zeitraum Kontakt mit einem Werbeträger hatte. Dadurch beschränkt sich die Auswahl auf solche Angebote, die aus Vermarktungsgründen ein Interesse an einer kontinuierlichen Reichweitenmessung haben.[28] Die genauen Erhebungsmethoden, erfassten Angebote und ausgewiesenen Reichweitenindikatoren variieren zwischen den verschiedenen Anbietern; zwei Verfahren sollen kurz vorgestellt werden.

Die „Informationsgemeinschaft zur Feststellung der Verbreitung von Werbeträgern e.V." (IVW), die auch die Auflagen von Printmedien kontrolliert, erhebt seit 1997 Zugriffsdaten für Web-Angebote, wobei nur diejenigen Angebote erfasst werden, die der IVW beitreten.[29] Dabei

---

[27] Die Darstellung konzentriert sich auf diejenigen Studien, die für Deutschland bzw. den deutschsprachigen Raum empirische Befunde zu bestimmten Angebotsgattungen oder der gattungsübergreifenden Nutzung liefern, also einen allgemeinen und im Idealfall bevölkerungsrepräsentativen Einblick in Verbreitung und Zusammensetzung der Nutzerschaft geben. Einschlägige Studien zu einzelnen Angeboten (z.B. zu studiVZ oder BILDblog) sind an passender Stelle in den späteren Kapiteln angeführt.

[28] Damit lassen die etablierten Meßverfahren der Reichweitenforschung zahlreiche Inhalte des Web 2.0 unberücksichtigt: Privat betriebene Weblogs oder Podcasts werden beispielsweise ebenso wenig erfasst, wie die nicht auf Werbevermarktung ausgerichtete Wikipedia. Daher können u.a. Multiplikatoreffekte, die durch das Aufgreifen und Weiter-Verbreiten von werblich relevanten Inhalten entstehen, nicht zuverlässig abgeschätzt werden. Die 2008 konstituierte „AG Social Media" (vgl. http://ag-sm.de) hat sich zum Ziel gesetzt, angemessene Metriken für solche Nutzungsweisen zu entwickeln. Im Moment ist allerdings nicht absehbar, inwieweit und ggfs. wann sich entsprechende Indikatoren als Standards der Online-Mediaforschung etablieren könnten.

[29] Die tatsächliche Erhebung der Zugriffsdaten führt die INFOnline Gmbh durch, die von verschiedenen großen Medienverbänden getragen wird und auch die AGOF mit den Reichweitedaten beliefert.

kommt ein technisches Verfahren zum Einsatz, das – vereinfacht gesprochen[30] – bei jedem Seitenaufruf von Mitgliedsangeboten auch eine Anfrage an einen Zählserver der IVW sendet. Dadurch können zwei zentrale Reichweitengrößen ermittelt werden: Die „PageImpressions" (PI), also die Anzahl der Aufrufe einzelner Seiten, sowie die „Visits", worunter die Anzahl der zusammenhängende Nutzungsvorgänge eines Angebots durch einen Nutzer bezeichnet werden. Ein Visit besteht also in der Regel aus mehreren PageImpressions, weil Nutzer auf einem Webangebot meist mehrere (Unter-)Seiten aufrufen (vgl. Welker/ Werner/Scholz 2005, S. 148ff.).[31]

Tab. 1: IVW-Daten ausgewählter Angebote (2009/2011; in Mio. Visits)

Angebot	06/2009		06/2011	
	Visits	Rang	Visits	Rang
T-Online Content	363	1	406	1
Ebay	k.A.	--	302	2
yahoo	195	3	197	3
MSN	285	2	180	4
VZ-Netzwerke [a]	429	--	172	5
StudiVZ	176	4	k.A.	--
SchülerVZ	159	5	k.A.	--
MeinVZ	94	10	k.A.	--
Windows Live	k.A.	--	172[b]	6
Bild.de	102	9	163	7
SPIEGEL ONLINE	115	8	139	8
ProSieben Online	147	7	125	9
wer-kennt-wen.de	154	6	106	10
MyVideo	49	15	31	23
XING	k.A.	--	24	30
MySpace	55	13	11	66
Lokalisten	41	18	9	75

Quelle: http://www.ivwonline.de. Angebote des Social Web in *kursiv*.
[a] Die VZ-Netzwerke wurden im Juni 2009 noch getrennt ausgewiesen.
[b] Aufgrund technischer Probleme nicht vollständig erfasst.

---

[30] Eine ausführliche Erläuterung findet sich unter https://www.infonline.de/de/service-support/messverfahren. Die monatlich aktualisierten Basisdaten der Online-Auswertung lassen sich unter http://www.ivwonline.de/ausweisung2 abrufen. [15.08.2011]

[31] Seit 2010 werden die PageImpressions allerdings von der IVW nicht mehr prominent ausgewiesen.

Im Juni 2009 waren unter den zehn populärsten Angeboten (gemessen anhand der Anzahl der Visits pro Monat) die drei Einzelplattformen der VZ-Netzwerke sowie wer-kennt-wen.de vertreten; zwei weitere Netzwerkplattformen sowie eine Videoplattform waren unter den ersten zwanzig Plätzen (vgl. Tab. 1). Im Juni 2011 waren die VZ-Netzwerke nur noch gemeinsam ausgewiesen – und hatten in der Summe in etwa so viele Visits wie studiVZ 2009 alleine erreichte. Auch wer-kennt-wen.de hat Visits verloren, genauso wie die übrigen exemplarisch herangezogenen Social-Web-Angebote

Tab. 2: AGOF-Reichweite ausgewählter Angebote (2009/2011)

Angebote (Rang 2011)	Reichweite in Prozent[a]		Netto-Reichweite[b]
	I/2009	I/2011	
(1) T-Online	38,3	50,0	25,08
(2) eBay.de	--	45,9	23,04
(3) WEB.DE	30,8	33,5	16,80
(4) gutefrage.net	9,9	29,3	14,69
(5) Yahoo! Deutschland	25,2	27,2	13,66
(6) GMX	21,5	26,2	13,15
(7) bild.de	13,1	24,6	12,32
(8) MSN.de	25,8	23,4	11,74
(9) CHIP Online	14,3	23,0	11,54
(10) RTL.de	13,2	20,8	10,45
(11) *VZ Netzwerke*	--.	19,6	9,81
studiVZ	12,7	--	--
schülerVZ	10,4	--	--
meinVZ	9,4	--	--
(16) MyVideo	13,7	16,0	8,04
(26) wer-kennt-wen.de	14,7	13,0	6,49
(30) StayFriends	12,9	11,3	5,69
(48) MySpace.de	11,7	7,9	3,96
(114) Lokalisten	10,4	3,4	1,69

Quelle: eigene Darstellung auf Grundlage von AGOF 2009 bzw. AGOF 2011.. Untersuchungszeitraum 01-03/2009 bzw. 01-03/2011

[a] Bezogen auf Gesamtheit der Internetnutzer im jeweiligen Untersuchungszeitraum.

[b] In Mio. Unique User für einen durchschnittlichen Monat im 1. Quartal 2011.

Sowohl die IVW als auch die AGOF erheben Mediadaten vorrangig für den deutschen Werbemarkt. Internationale agierende Angebote, wie beispielsweise YouTube, MySpace oder Facebook, gehen allenfalls mit ihren deutschen Zweigen in die Reichweitenmessung ein. Angebote wie z.B. die „Nielsen NetRatings", der „ComScore World Metrix" oder alexa.com hingegen liefern Daten, die zum einen mehr Angebote abdecken, zum anderen international vergleichbar sind.[32] Auf dieser Grundlage lässt sich auch die Social-Web-Entwicklung in Deutschland umfassender beschreiben, als es auf Grundlage von IVW- und AGOF-Daten möglich ist. Im Sommer 2009 hat der Analyse von Nielsen zufolge Facebook auch in Deutschland die Spitzenposition unter den Netzwerkplattformen eingenommen (vgl. Schmidt 2009a). Im Juni 2011 war es mit einer Reichweite von etwa 25 Millionen unique user das zweitplatzierte Angebot hinter Google (etwa 39,5 Mio. unique user), aber vor ebay und YouTube, die jeweils etwa 21 Mio. unique user erreichten (vgl. Nielsen 2011).

Von den bisher geschilderten nicht-reaktiven Verfahren der Datenerhebung lassen sich Ansätze abgrenzen, die mit Hilfe von Befragungen Informationen über die Nutzung des Internets ermitteln, also reaktiv vorgehen. Die seit 1997 jährlich durchgeführte ARD/ZDF-Onlinestudie erhebt seit 2006 auch Daten zur Nutzung ausgewählter Web 2.0-Angebote. Im Jahr 2011 waren demnach etwa drei Viertel (73,3%) der deutschen Bevölkerung ab 14 Jahren zumindest gelegentlich Online (vgl. van Eimeren/Frees 2011, S. 335). Unter ihnen waren die abgefragten Web 2.0-Angebote unterschiedlich beliebt. Während die Wikipedia und Videoportale wie Youtube bereits mehr als die Hälfte aller Onliner erreichen, werden private Netzwerkplattformen von einem Drittel und Fotocommunities von etwa einem Viertel der Internetnutzer zumindest gelegentlich besucht (vgl. Tab. 3).

Allerdings zeigt sich bei diesen Angeboten ein sehr starker Alterseffekt: Personen bis 30 Jahren nutzen alle untersuchten Anwendungen häufiger als ältere Internetnutzer; insbesondere die Wikipedia, Videoportale und private Netzwerkplattformen sind unter den Teenagern und Twens sehr weit verbreitet. Die Befunde zeigen zudem, dass Nutzer von Social-Web-Anwendungen nicht zwangsläufig auch aktiv in dem Sinne werden müssen, dass sie selbst Inhalte bereitstellen oder verfassen. Während bei Weblogs der Anteil der solcherart aktiven Nutzer noch vergleichsweise hoch ist, bleibt die ganz überwiegende Mehrheit der Nutzer von Videoplattformen oder der Wikipedia passiv (vgl. Tab. 4).[33]

---

[32] Die genannten Anbieter betreiben Online-Panels, erheben also kontinuierlich die Nutzungsgewohnheiten einer relativ fixen Gruppe von Onlinern (vgl. http://www.nielsennetratings.com, http://www.comscore.com sowie http://www.alexa.com [15.08.2011]). Allerdings werden viele dieser Ergebnisse nur in Pressemitteilungen oder kurzen Auszügen veröffentlicht, sodass sie für wissenschaftliche Zwecke nur eingeschränkt verwendbar sind.

[33] Ähnliche Befunde liegen für zwölf- bis 24-Jährige Internetnutzer vor (vgl. Hasebrink/Rohde 2009).

Tab. 3: Nutzung von Social-Web-Anwendungen 2011 nach Alter (zumindest selten; in %)

	14-19	20-29	30- 39	40- 49	50- 59	60+	Ges.
Wikipedia	94	86	73	63	59	47	70
Videoportale	95	83	65	47	40	23	58
Priv. Netzwerk-plattformen	87	70	45	29	19	10	42
Fotocommunities	17	25	19	14	13	18	18
Berufl. Netzwerk-plattformen	3	8	10	6	5	1	6
Weblogs	13	14	5	6	4	2	7
Twitter	7	4	2	2	4	1	3

Quelle: ARD/ZDF-Onlinestudie (zitiert nach Busemann/Gscheidle 2011, S. 366).

Tab. 4: Art der Nutzung des Social Web 2011 (in %)

	Bislang nur Informationen abgerufen	Bereits etwas verfasst/eingestellt
Wikipedia	97	3
Videoportale	93	7
Fotocommunities	65	35
Weblogs	39	61

Angegeben sind die Anteile an denjenigen Nutzern, die das betreffende Angebot schon mal besucht haben.

Quelle: modifiziert nach Busemann/Gscheidle 2011, S. 363.

Zwei weitere groß angelegte Nutzerstudien im deutschsprachigen Raum, die auch Fragen zum Stellenwert von Social-Web-Angeboten enthalten, machen ihre Ergebnisse nicht bzw. nur eingeschränkt frei verfügbar: Die Allensbacher Computer- und Technikanalyse (ACTA), die das Institut für Demoskopie Allensbach durchführt, sowie die W3B-Umfrage von Fittkau & Maaß.[34] Erstere beruht auf einer mündlich-persönlichen Befragung von Personen zwischen 14 und 64 Jahren, letztere auf Onlinebefragungen von mehreren zehntausend Internetnutzern, die über kooperierende Webangebote rekrutiert werden.

Die Internetnutzung von jungen Menschen steht im Fokus einer Reihe von spezialisierten Untersuchungen.[35] In Deutschland sind

---

[34] Vgl. http://www.acta-online.de sowie http://www.w3b.org. [15.08.2011]

[35] Die Studie „Jugendliche und Web 2.0" des Hans-Bredow-Instituts und der Universität Salzburg (vgl. Schmidt/Paus-Hasebrink/Hasebrink 2009) lieferte ebenfalls bevölkerungsrepräsentative Daten zur Social-Web-Nutzung der 12- bis 24-Jährigen, die aber inzwischen als veraltet gelten müssen (Feldzeit war Ende 2008).

insbesondere die beiden Basisuntersuchungen „Kinder und Medien" (KIM) sowie „Jugend, Information, (Multi-)Media" (JIM) hervorzuheben, die der „Medienpädagogische Forschungsverbund Südwest", in dem die Landesmedienanstalten von Baden-Württemberg und Rheinland-Pfalz kooperieren, in regelmäßigen Abständen mit der SWR Medienforschung durchführt.[36] Sie erheben den Stellenwert von Medien unter 6- bis 13-Jährigen (KIM) bzw. 12- bis 19-Jährigen (JIM), wobei in den jüngeren Erhebungswellen auch spezifische Fragen zu Web 2.0-Angeboten, insbesondere zu Communities enthalten sind.

Der letzten KIM-Studie zufolge waren 2010 bereits 58 Prozent der 6- bis 13-Jährigen Kinder zumindest gelegentlich online. Neben Suchmaschinen, die etwa zwei Drittel der Internetnutzer dieser Altersgruppe zumindest einmal pro Woche aufrufen, finden sich unter den häufigsten Aktivitäten der Abruf spezieller Kinder-Seiten, von Filmen oder Videos, das ziellose Drauf-los-Surfen sowie die Nutzung von Netzwerkplattformen und Communities (MPFS 2011, S. 34). Im Verlauf der Jugendphase intensiviert sich die Internetnutzung deutlich: Praktisch alle (99 Prozent) der 12- bis 19-Jährigen nutzten 2010 zumindest einmal im Monat das Internet, 91 Prozent mehrmals pro Woche oder täglich (vgl. MPFS 2010, S. 27). Das Internet ist für die Jugendlichen vor allem ein Kommunikationsmedium: 70 Prozent dieser Altersgruppe nutzt mehrmals pro Woche Netzwerkplattformen, 63 Prozent Instant-Messaging-Dienste (ebda., S. 30).

Auf internationaler Ebene finden sich in den Untersuchungen des „EU Kids Online"-Netzwerks zahlreiche repräsentative und europaweit vergleichbare Befunde zur Online-Nutzung von 9- bis 16-Jährigen sowie zu Einschätzungen ihrer Eltern.[37] Demnach wird das Internet von über 80 Prozent der Onliner in dieser Altersgruppe für schulische Zwecke sowie für Spiele genutzt, etwa drei Viertel (76%) schauen Videos online, und etwas weniger als zwei Drittel (je 62%) besuchen Netzwerkplattformen oder kommunizieren über Instant-Messaging-Dienste (Livingstone et al. 2011, S. 34).

Neben den geschilderten Untersuchungen, die übergreifende Internet-Nutzungsdaten erheben, existieren eine Reihe von Studien zu einzelnen Gattungen oder Genres des Social Web. Sie beruhen in vielen Fällen auf selbst-selektierenden Befragungen, deren Teilnehmer durch Einladungen auf den teilnehmenden Seiten und/oder nach dem

---

[36] Die Ergebnisse der Studien lassen sich unter http://www.mpfs.de abrufen. [15.08.2011]

[37] Nähere Informationen zur Methode und zu Publikationen aus dem Netzwerk finden sich unter http://www.eukidsonline.net [15.08.2011].

Schneeballprinzip rekrutiert wurden. Dadurch können diese Umfragen in den wenigsten Fällen Repräsentativität beanspruchen. Nichtsdestotrotz können ihre Ergebnisse als explorative Befunde der Ausgangspunkt für weitere Studien sein, die einzelne Fragestellungen auf anderen methodischen Pfaden vertiefen. Die folgenden Verweise konzentrieren sich auf Untersuchungen aus dem deutschsprachigen Raum bzw. zu Deutschland – eine auch nur ansatzweise Übersicht internationaler Studien würde den Rahmen dieser Darstellung sprengen.

Erste Untersuchungen zur Nutzung von Social-Web-Angeboten konzentrierten sich auf *Weblogs*, darunter bspw. die Umfrage „Wie ich blogge?!" vom Herbst 2005 mit mehr als 5.000 Teilnehmern sowie die Nachbefragung im Sommer 2006 mit etwa 1.400 Befragten (vgl. Schmidt/Wilbers 2006; Schmidt/Paetzolt/Wilbers 2006).[38] Die dominierenden Motive der aktiven Blogger waren diesen Studien zufolge Spaß (71%) und Freude am Schreiben (63%) sowie der Wunsch, eigene Ideen und Erlebnisse festhalten zu können (62%). Drei Viertel der befragten Blogger gaben an, Berichte oder Anekdoten aus dem Privatleben zu veröffentlichen, etwa 60 Prozent Episoden aus dem schulischen, studentischen oder beruflichen Alltag. Fotos und Bilder (64%) sowie Verweise auf andere interessante „Fundstücke" im Netz (58%) werden ebenfalls von einer Mehrheit der Befragten genannt. Dies korrespondiert mit den Interessen der Leser von Weblogs, die sich mehrheitlich für persönliche Erlebnisse (70%) interessieren, gefolgt von kommentierten Links (56%), Humor/Spaßigem (53%) und geteilten Hobbies (52%).

Dies bestätigt Befunde internationaler Studien, dass Weblogs vorrangig als persönliche Online-Journale genutzt werden (vgl. u.a. Lenhart/Fox 2006; Cenite et al. 2009). Im Rahmen einer Fallstudie zur Plattform „twoday.net" konnten Daten aus der „Wie ich blogge?!"-Befragung mit netzwerkanalytischen Kennzahlen gekoppelt werden; innerhalb dieser Plattform besitzen Weblogs vom Typ „persönliches Journal", die überproportional häufig von Frauen geführt werden, tendenziell eine höhere Zentralität (gemessen durch eingehende Verlinkungen) als solche Weblogs, die beispielsweise für berufliche Zwecke oder zum Wissensmanagement genutzt werden (vgl. Schmidt 2008c). Dagegen genießen in der gesamten deutschsprachigen Blogo-

---

[38] Unter http://www.wieichblogge.de sind die Forschungsberichte und Aufsätze aufgeführt, in denen die Befragungen ausgewertet sind. Zusätzlich stehen dort die Rohdaten der ersten Befragungswelle für weitere nicht-kommerzielle, insbesondere wissenschaftliche Forschung zur freien Verfügung.

sphäre vor allem solche Weblogs die größte Aufmerksamkeit (gemessen durch Zugriffe und Verlinkungen), die über webaffine Themen oder Medienentwicklungen berichten; unter diesen „A-List"-Weblogs dominieren von Männern geführte Angebote (vgl. Schmidt 2008a).

Über die Nutzer von *Podcasts* liegen relativ wenige Studien vor – auch weil es sich bei Podcasts um eine vergleichsweise gering verbreitete Social-Web-Gattung handelt, die 2011 nur zwei Prozent der deutschen Onliner zumindest einmal pro Woche nutzen (vgl. van Eimeren/Frees 2011, S. 340). In einer (nicht repräsentativen) Studie haben Martens/ Amann (2007) im Sommer 2007 insgesamt 447 Podcast-Nutzer befragt. Sie berichten, dass Podcasts überwiegend von Männern genutzt werden, wobei deren Anteil mit steigendem Interesse an und Engagement in dieser Kommunikationsform noch wächst: Unter den gelegentlichen Nutzern betrug der Männeranteil in der berichteten Stichprobe etwa zwei Drittel, unter den Produzenten von Podcasts sogar über 80 Prozent. Die Motive dieser aktiven Podcaster untersuchte Mocigemba (2007) in einer qualitativen Studie. Er unterschied sechs verschiedene Typen, darunter z.B. den „Explorer", der mit dem Format experimentiert und sich die Kompetenzen aneignen möchte; den „ThemeCaster", der mit einem bürgerjournalistischen Anspruch bestimmte Themen behandelt; oder den „Personality Prototyper", der im Podcast eine Bühne für die eigene Person und die Selbstdarstellung sieht.

Eine Teilstudie des „Medienkonvergenz-Monitoring" [39], das seit 2003 von einem Forscherteam der Universität Leipzig durchgeführt wird, gibt Aufschluss über die Nutzung von *Videoplattformen* unter 12- bis 19-Jährigen (vgl. Schorb et al. 2009). Sie bestätigt, dass YouTube das bei Weitem beliebteste derartige Angebot ist; 82 Prozent der Teilnehmer an der (nicht repräsentativen) Befragung gaben an, diese Plattform oft zu nutzen, weitere 14 Prozent manchmal. Vergleichbare deutschsprachige Angebote wie MyVideo (55 Prozent zumindest manchmal), Clipfish (21 Prozent) und Sevenload (4 Prozent) folgen deutlich abgeschlagen. Die Mehrheit der befragten Jugendlichen (56 Prozent) rezipiert nur Videos; unter denjenigen Nutzern, die zumindest ab und zu auch eigene Videos hochladen, sind Jüngere, Personen mit niedriger formaler Bildung sowie Jungen überrepräsentiert.

In jüngerer Zeit sind eine ganze Reihe von Untersuchungen zu *Netzwerkplattformen* veröffentlicht worden – auch weil diese inzwischen zu

---

[39] Vgl. http://www.medienkonvergenz-monitoring.de. [15.08.2011]

den meist genutzten Angebotsformen des neuen Netzes gehören.[40] Einer Sonderauswertung der „EU Kids Online"-Befragung zufolge sind Netzwerkplattformen in Deutschland zwar etwas geringer verbreitet als in anderen europäischen Ländern: 27 Prozent der 9- bis 12-Jährigen und 72 Prozent der 13- bis 16-Jährigen Internetnetnutzer in Deutschland hatten im Sommer 2010 ein Profil auf einer Netzwerkplattform, während es europaweit 38 bzw. 77 Prozent waren. In Österreich ähnelt die Verbreitung mit 41 Prozent bzw. 79 Prozent in etwa der europaweiten Verteilung (vgl. Livingstone/Òlafsson/Staksrud 2011, S. 1).

Europaweit war Facebook am weitesten verbreitet: 34 Prozent aller europäischen Kinder gaben Facebook als ihre Hauptplattform an, in Österreich sogar 47 Prozent. In Deutschland nannten zum Befragungszeitpunkt nur sieben Prozent Facebook, 32 Prozent hingegen schülerVZ als ihre meist genutzte Plattform (ebd., S. 13). Und im April 2011 berichtete der IT-Branchenverband BITKOM, dass unter den Internet-Nutzern zwischen 14 und 30 Jahren bereits 96 Prozent Mitglied einer Netzwerkplattform seien, unter den 30- bis 49-Jährigen 80 Prozent und unter den über 50-Jährigen immerhin noch 53 Prozent (Berg 2011, S. 3). Facebook dominiert auch dieser (repräsentativen) Befragung zufolge inzwischen den deutschen Markt: 42 Prozent aller Onliner nutzen die Plattform aktiv, während die Konkurrenzangebote der VZ-Netzwerke (19%), wer-kennt-wen.de (18%) und stayfriends (17%) deutlich geringere Anteile an aktiven Nutzern aufweisen (ebda., S. 4)

Hinsichtlich der Nutzungsmotive berichten Bader et al. (2008) aus einer (nicht repräsentativen) Befragung von 2.650 Nutzern, dass das in-Kontakt-Bleiben (87%) und der Austausch von Informationen (80%) die wichtigsten Gründe für die Mitgliedschaft auf einer Netzwerkplattform sind. Befunde der ARD/ZDF Onlinestudie 2011 bestätigen, dass für Nutzer von Netzwerkplattformen (im Jahr 2011 waren dies 42 Prozent der Onliner) vor allem die interpersonale Kommunikation über plattforminterne Chat- oder Nachrichtensysteme wichtig ist: 31 bzw. 24 Prozent der Community-Nutzer tun dies täglich. 34 Prozent geben zudem an, sich mit Hilfe der Plattformen täglich darüber zu informieren, was im eigenen Netzwerk bzw. Freundeskreis passiert (vgl. Busemann/ Gscheidle 2011, S. 367).

---

[40] Mit Neuberger/Gehrau (2011) zu studiVZ sowie Leistert/Röhle (2011) zu Facebook liegen inzwischen auch Aufsatzssammlungen vor, die sich mit jeweils einer einzigen Netzwerkplattform befassen.

Auch die (selbstselektierende) Befragung zur Nutzung von Netzwerkplattformen im Rahmen des Leipziger „Medienkonvergenz-Monitoring", an der 8.382 Jugendliche zwischen 12 und 19 Jahren teilnahmen, zeigt die besondere Bedeutung dieser onlinebasierten Kommunikationsräume für den alltäglichen Austausch in Freundes- und Kontaktnetzwerken (vgl. Schorb et al. 2010). Ähnliches erbrachte ein Vergleich der Daten aus der deutschen Befragung „Jugendliche und Web 2.0" (siehe Fußnote 35) mit Ergebnissen einer parallel durchgeführten Befragung in der Schweiz (vgl. Autenrieth et al. 2011) sowie eine Studie zur Nutzung von Netzwerkplattformen unter österreichischen Jugendlichen (vgl. Waechter/Triebswetter/Jäger 2011).

2.4 Fazit: Jenseits der Anwendungen

Das neue Netz umfasst eine Reihe von Anwendungen, denen gemeinsam ist, dass sie die Hürden für den einzelnen Nutzer senken, Informationen im Internet bereit zu stellen und sich mit Anderen auszutauschen. Dies schließt veränderte Praktiken der Software-Entwicklung und -bereitstellung sowie neue Geschäftsmodelle mit ein, die unter dem Label „Web 2.0" zusammengefasst werden. Weil darin aber die irrige Annahme mitschwingt, es habe einen revolutionären Sprung in der Form und Nutzung des Internets gegeben, wird in diesem Buch die Bezeichnung „Social Web" bevorzugt.

Die Gattungen des Social Web sind unterschiedlich weit verbreitet: Die Wikipedia, die Videoplattform YouTube sowie Netzwerkplattformen erreichen längst die deutliche Mehrheit der jüngeren Internetnutzer, werden aber auch in den älteren Nutzergruppen populär. Allerdings sind nicht alle dieser Nutzer gleichermaßen aktiv, und Werkzeuge des Personal Publishing wie Blogs oder Twitter, die ebenfalls als prototypisch für das neue Netz gelten, sind eher Nischenanwendungen. Auch unter den Nutzern der übrigen Gattungen finden sich – mit Ausnahme der Netzwerkplattformen, bei der das Bereitstellen von Informationen Voraussetzung für die Nutzung ist – in der Regel sehr ungleiche Verhältnisse von aktiv-produzierenden und passiv-rezipierenden Nutzern. Sie folgen in etwa der 90-9-1-Faustregel: „90 % of users are lurkers who never contribute, 9 % of all users contribute a little, and 1 % of users account for almost all the action" (Nielsen 2006).

Dieser Befund deutet bereits darauf hin, dass eine angebotszentrierte Perspektive auf das neue Netz recht schnell an ihre Grenzen stößt. Die veränderten technischen Bedingungen für onlinebasierte Kommunikation, Interaktion und Informationssuche führen nicht zu eindeutigen und einheitlichen Veränderungen in der Nutzung, sondern realisieren sich in unterschiedlichen Praktiken, die wiederum ganz unterschiedliche soziale Konsequenzen nach sich ziehen. Die folgenden Kapitel entfalten eine solche praxistheoretische Perspektive auf das neue Netz.

3 Zur Analyse von Nutzungspraktiken

Eine zentrale Annahme dieses Buches ist, dass sich der Stellenwert und die sozialen Konsequenzen des neuen Netzes am ehesten dadurch analysieren lassen, dass der Blick auf die Nutzungspraktiken gerichtet wird. Dieses Kapitel widmet sich den theoretisch-begrifflichen Grundlagen, um diese zu untersuchen. Abschnitt 3.1 stellt Anknüpfungspunkte aus der allgemeinen Sozialtheorie, der Kommunikationswissenschaft sowie der Techniksoziologie vor, die in Abschnitt 3.2 aufgegriffen werden und in einem eigenen heuristischen Modell münden, das die analytische Unterscheidung von Regeln, Relationen und Code vorsieht.

3.1 Theoretische Grundlagen und Bezugspunkte

In Praktiken des Umgangs mit dem Internet artikuliert sich, wie in anderen Formen des sozialen Handelns auch, das Zusammenspiel von individuellen Motiven und Handlungsweisen einerseits mit gesellschaftlichen Vorgaben und Strukturen andererseits. Wie jede Erklärung der sozialen Welt steht somit auch die Analyse von computervermittelter Kommunikation vor dem Problem, eine grundlegende Dichotomie überwinden zu müssen: Auf der einen Seite steht das situative Handeln von Akteuren, auf der anderen Seite stehen überindividuell und übersituativ vorliegende soziale Strukturen. Das sozialtheoretische Denken hat eine Vielzahl von Vorschlägen hervorgebracht, wie die Verbindung zwischen Mikro- und Makro-Ebene, ihre wechselseitige Abhängigkeit und (Re-)Produktion theoretisch-konzeptionell zu fassen sei (vgl. die Überblicke bei Alexander et al. 1987; Ritzer 1988, S. 366-384). In den vergangenen Jahren hat der Begriff der „Praxis" gesteigerte Aufmerksamkeit erhalten, und zwar in der sozialtheoretischen Diskussion im Allgemeinen, aber auch in spezifischen Disziplinen wie der Techniksoziologie oder der Kommunikationswissenschaft. Diese Gedanken sollen im Folgenden nachgezeichnet werden, um die Anknüpfungspunkte für ein eigenes praxistheoretisches Modell zu skizzieren.

Theorien sozialer Praxis ist gemeinsam, dass sie sich auf „Tätigkeit im Vollzug" (Bongaerts 2007, S. 249) konzentrieren, die jedoch nicht isoliert betrachtet werden, sondern in ihrer sozialen Einbettung in

„kollektiv geteilte Wissensordnungen, Symbolsysteme, kulturelle Codes, Sinnhorizonte" (Reckwitz 2003, S. 288).[41] Wie genau die Verbindungen zwischen der Struktur- und Handlungsebene erklärt werden, variiert allerdings zwischen den unterschiedlichen Ansätzen.

Bourdieu (1982; 1985) beispielsweise geht davon aus, dass sich Ungleichheits- und Machtverhältnisse eines objektivierten sozialen Raumes oder sozialen Felds in inkorporierte (also im Körper veran-kerte), aber unbewusst vorliegende Dispositionen des Akteurs über-setzen lassen, die er als Habitus bezeichnet. Praxis findet also ihren Ausdruck darin, dass spezifische Situationen durch soziale Strukturen ihren Kontext erhalten, der wiederum bestimmte habituelle Wahr-nehmungs- und Verhaltensweisen auf Seiten der Akteure aktiviert.[42] Aus seiner eigenen Sicht handelt der Akteur eher intuitiv, ohne die Struktur-bedingungen seines Tuns zu reflektieren – und selbst wenn er es tut, bleibt die Reflexion (beispielsweise von ex-ante- oder ex-post-Rationali-sierungen des Handelns) doch ihrer sozialen Verortung verhaftet (vgl. Bernhard 2008, S. 123f.).

Auch in Anthony Giddens' Theorie der Strukturierung (Giddens 1988) taucht dieser Gedanke der (in aller Regel) eingeschränkten menschlichen Reflexion über das eigene Handeln und seine Eingebet-tetheit in Strukturen auf. Er verwendet dafür den Begriff „praktisches Bewusstsein", das eben gerade nicht in einer umfassenden und theore-tisch fundierten Kenntnis von Handlungen, ihren Voraussetzungen, Umständen und möglichen Konsequenzen besteht. Aber es versetzt Akteure nichtsdestotrotz in die Lage, durch ihr Handeln aktiv in die Welt einzugreifen und nicht bloß „unbewußt" Vorgaben und Routinen zu folgen, die einem als Strukturen gegenüber treten. Praktisches Wissen umfasst somit (im Gegensatz zum explizierbaren Aussagenwissen des „knowing that") das implizite Handlungs- oder Routinewissen („knowing how"), das die Logik des sozialen Lebens vorgibt und nur in

---

[41] Ob diese neueren Arbeiten zur Praxistheorie tatsächlich einen „practice turn" im Sinne einer Hinwendung zu einer grundsätzlich neuen sozialtheoretischen Ausrichtung, wenn nicht sogar eines neuen Paradigmas begründen, sei hier dahin gestellt. Bongaerts (2007) ar-gumentiert beispielsweise, dass bereits in klassischen Handlungs- und Strukturtheorien, gegen die sich der practice turn wende, der Gedanke von Praxis als „Tätigkeit im Vollzug" implizit enthalten, wenn auch nicht immer so formuliert sei. Anders gewendet: körperlich gebundenes, kontextuiertes und materielle Artefakte einbeziehendes Tun sei bei Autoren wie Weber, Schütz oder Durkheim nicht systematisch ausgeschlossen, weswegen nicht von einem „turn" in grundlegender paradigmatischer Hinsicht gesprochen werden könne.

[42] Das Konzept des Habitus ist daher eine eher „starke" Strukturierungsannahme (vgl. Meier 2004). Bourdieu thematisiert weniger die Performanz des Handeln an sich, sondern viel-mehr den Übergang von sozial bedingten und objektiv vorliegenden Konstellationen mög-licher Performanzen hin zur individuellen Einverleibung – hierbei vermittelt der Habitus.

Verbindung mit den jeweiligen Praktiken zu verstehen und zu rekonstruieren ist (vgl. Reckwitz 2003).

Praktiken setzen also bestimmte Wissensformen voraus, die den Handlungsvollzug und den Umgang mit Artefakten berühren, aber auch die Körperlichkeit der Akteure einbeziehen. Diese besteht nicht nur „nach innen", insoweit das praktische Wissen inkorporiert und oft nicht explizier- oder gar externalisierbar ist, sondern auch „nach außen", da sich Praktiken erst im körperlich ausgeführten Tun der „performance" äußern. Dies lässt sich am Beispiel des Fahrstuhlfahrens verdeutlichen (vgl. Hirschauer 1999), das nicht nur eine bestimmte Motorik beim Einsteigen, sondern auch Routinen des Zueinander-Positionierens und des Rückzugs aus der körperlichen Präsenz verlangt, um den anderen Fahrgästen trotz der Enge nicht „zu nahe zu treten". Das Wissen um diese Routinen, die wiederum von gesellschaftlichen Normen und Erwartungen geprägt sind, ist Teil des praktischen Wissens.

Praktiken äußern sich nur übersituativ, sodass die zeitliche Dimension und Elemente von Repetitivität und Wandel bei ihrer Analyse mit berücksichtigt werden müssen. Um die repetitiven Aktivitäten differenzieren zu können, schlägt Bongaerts (2007) die Unterscheidung zwischen Routinen und Gewohnheiten vor. Erstere sind wiederholte Aktivitäten, denen zumindest zu Beginn bestimmte bewusste Reflexionen zugrundelagen. Die Routinisierung dient dann gerade dazu, diese Reflexion nicht wieder und wieder vornehmen zu müssen, wirkt also entlastend und komplexitätsreduzierend. Gewohnheiten dagegen entsprechen eher dem unbewusst ausgeübten Tun, das Bourdieu als Ergebnis des Habitus beschreibt. In beiden Fällen ist es aber erst die Wiederholung, die Strukturen im Handeln reproduziert und damit stabilisiert: Erst indem viele Menschen bestimmte Dinge auf ähnliche Art und Weise tun, entstehen Erwartungen und lässt sich das Handeln wechselseitig aneinander ausrichten.

Würden Praktiken nur aus der Repetition von Handlungsmustern bestehen, wären sie statisch; damit wäre aber wiederum der Struktur eine Dominanz über das Handeln gegeben. Ganz offensichtlich erlaubt jedoch der Handlungsvollzug auch das Abweichen von Routinen – was aber sind die Ursachen für diese letztendliche Unberechenbarkeit und Kreativität von Praktiken (vgl. Bongaerts 2007; Raabe 2008)? Zunächst ist es die Zeitlichkeit des Handelns selbst, die Zukunftsungewissheit und Entscheidungsdruck erzeugt. Unter Bedingungen der Unsicherheit entlasten Routinen zwar, doch können, wenn sich Routinen und Gewohnheiten möglicherweise als nicht (mehr) stimmig erweisen, auch reflexive oder kreative Handlungen erfolgen: Eine bestimmte Handlung hat nicht zum gewünschten Erfolg geführt, sodass man etwas anderes ausprobiert und Dinge anders macht als gewohnt.

Stärker noch ist aber die Kontextualität des Handelns eine Quelle für „Überraschungen", die Abkehr von Routinen erfordern kann. In sozialen Situationen treffen sich Akteure mit jeweils eigenen, gelegentlich auch widersprüchlichen Ausprägungen des praktischen Wissens. Sie müssen wechselseitig Erwartungen aushandeln und können dabei möglicherweise nicht immer etablierten Routinen oder „Definitionen der Situation" (Goffman 1976) folgen. Veränderungen in der „Materialität" von Praktiken, also den Fähigkeiten und Fertigkeiten des eigenen Körpers oder den zur Verfügung stehenden dinglichen Artefakten, können ebenso dazu führen, dass eingeübte Handlungsroutinen nicht mehr passend sind. Schließlich sind Praktiken ineinander verschachtelt; Mikro-Praktiken (z.B. zu telefonieren) sind in größeren Praxiskomplexen (z.B. der Organisation eines Büroalltags) gebündelt, und diese wiederum können in verschiedenen sozialen Institutionen, Milieus oder Systemen aktiviert werden. Aus dieser Überlagerung von Bezugsebenen der Praxis entsteht interpretative Mehrdeutigkeit – die Mikropraxis des Telefonierens, die ein Akteur routinisiert als Teil des beruflichen Alltags in einem Büro oder als der Organisation seines Privatlebens betreibt, muss umgestellt werden, wenn dieser Akteur seine Arbeitsstelle vom Büro in ein Call-Center verlagert. Ein stets gleiches „Abspulen" von Routinen und Gewohnheiten würde daher über kurz oder lang zu ausbleibendem Handlungserfolg kommen, sodass eine situationsspezifische Anpassung des eigenen Tuns möglich bleiben muss.

Um ein erstes Zwischenfazit zu ziehen: Der Praxisbegriff verweist auf das körperlich gebundene, sozial kontextuierte und materielle Artefakte einbeziehende Tun; mithin stellt er ein Bindeglied zwischen dem situativen Handeln und den überindividuellen und situationsübergreifenden Strukturen dar. Der Akteur ist Träger der Praxis und muss in konkreten Situationen verschiedene (ggfs. auch widersprüchliche) Routinen und Sinngehalte abwägen. Daraus folgt der Doppelcharakter von Praktiken, die Elemente der Routinisierung und der Kreativität gleichermaßen umfassen. Sie bekräftigen und reproduzieren soziale Strukturen, die wiederum Voraussetzung für das routinisierte Handeln sind, lassen aber auch Spielraum für Veränderungen und Wandel. Aus Strukturen resultieren Dispositionen des Handelns, keine Determinanten.

Mit diesem Grundverständnis von Praxis lässt sich nach Elementen für eine Theorie der Praxis computervermittelter Kommunikation fragen. In der Kommunikationswissenschaft sind praxistheoretische Gedanken bislang vor allem für die Analyse der Medienrezeption nutzbar gemacht worden. In theoriegeschichtlicher Perspektive stehen sie in der Tradition von Ansätzen, die sich von einfachen wirkungstheoretischen Annahmen absetzen. Statt das Rezipieren, also das Fern sehen, Radio hören, Zeitung lesen, Internet nutzen als passive Aufnahme von Medienangeboten anzusehen und in Stimulus-Response-Modellen zu fassen, rückte z.B. der „Uses and Gratifications"-Ansatz (vgl. Katz/ Blumler/Gurevitch 1974) die Aktivität des Rezipienten bei der Auswahl zwischen unterschiedlichen Medienangeboten in den Mittelpunkt.

Auch die Cultural Studies räumen der Aktivität der Rezipienten eine zentrale Rolle ein, insbesondere um Prozesse der Medienaneignung zu analysieren (vgl. Hepp 2004). Das „encoding-decoding"-Modell von Hall (1980) beschreibt beispielsweise das Rezipieren von Medienangeboten als Dekodierung, also als Rekonstruktion der in Medientexte (wie z.B. Filme oder Fernsehshows) eingeschriebenen Bedeutungen. Radway (1984) arbeitete heraus, wie Frauen die Lektüre von Liebesromanen auf unterschiedlichen Ebenen zur Auseinandersetzung mit ihrer familiären und biographischen Position nutzen. Während sie den aktiven Umgang mit Medienangeboten vor allem im Sinne von Verarbeitung, (Um-) Deutung und Interpretation konzeptualisiert, diskutiert Jenkins (1992) am Beispiel von Fangemeinschaften Phänomene der aktiven Mediennutzung, die auch die Produktion eigener Texte (z.B. in Form von „Fan Fiction" oder Fanzines) umfasst.

Auch wenn in der Rezeptions- und Aneignungsforschung also simple Sender-Empfänger-Modelle schon seit längerer Zeit verworfen und um Vorstellungen vom „aktiven Publikum" erweitert wurden, diagnostiziert Göttlich (2004, 2006) eine nach wie vor spürbare handlungstheoretische Verkürzung der kommunikationswissenschaftlichen Theorie: Arbeiten in der Tradition des uses-and-gratifications-Ansatzes folgten, so seine Kritik, zumindest implizit einem Handlungsmodell des zweckrationalen Handelns, während die Arbeiten der Cultural Studies stark durch eine semiotische Perspektive geprägt seien. Göttlich setzt dem das Konzept der „Kreativität des Handelns in der Medienaneignung" entgegen; diese zeige sich in spezifischen Rezeptionsmodalitäten, worunter er „den Zusammenhang von Perspektive und Modus des Wahrnehmenden zum Wahrgenommenen im Kontext des Alltags und alltäglicher Handlungsroutinen und deren situationalen Brechungen wie Bewältigungen" (Göttlich 2006, S. 16) versteht.

In eine ähnliche Richtung argumentieren Konzepte der „Kommunikationsmodi" (vgl. Hasebrink 2004; Hoelig 2011), die aus jeweils spezifischen, aber situationsübergreifend auftretenden Arten der Zuwendung zu bestimmten Medieninhalten bzw. Kommunikationsdiensten bestehen. Auch Rezeptionsmodalitäten bzw. Kommunikationsmodi müssen gerade bei der Aneignung von neuartigen Medienangeboten ausgehandelt und in den (Medien-)Alltag eingepasst werden. Diese Konzepte erlauben es aber beispielsweise, Praktiken wie das „Fernsehen" unabhängig vom konkreten Gerät oder Dienst zu verstehen und die Gemeinsamkeiten zwischen der Nutzung eines TV-Geräts, einer Plattform wie YouTube oder von videofähigen Mobiltelefonen zu erfassen.

Eine andere praxistheoretisch fundierte Zugangsweise findet sich bei Weiß (2000, 2001), der sich das Ziel setzt, das „System von Wahrnehmungs- und handlungsleitenden Themen des Alltagslebens zu rekonstruieren, das dem Mediengebrauch seinen Sinn gibt" (Weiß 2001, S. 14). In seinen weit gespannten Überlegungen zum „praktischen Sinn des Fern-Sehens" argumentiert er unter Rückgriff auf Habermas und Bourdieu, dass bestimmte Felder des Alltags – Arbeit und Beruf, Politik oder das Privatleben – durch je spezifische Schemata geprägt sind. Diese Schemata legen wiederum bestimmte Muster der Weltanschauung und der Lebensführung nahe. Sie sind damit Hintergrund wie Voraussetzung dafür, dass Menschen als Medienrezipienten die dargebotenen Inhalte, Handlungen, Themen oder Medienakteure überhaupt begreifen und in ihr Alltagsbewusstsein einbauen können. Sie treffen beim Fern-Sehen einerseits auf bestimmte Formen der visuellen Wahrnehmung (wie das Sich-Einstimmen-Lassen, das ästhetische Genießen oder das Begreifen), mit denen der Rezipient sich das Angeschaute vergegenwärtigt, und andererseits auf bestimmte Genres, also wiedererkennbare Muster der Darstellung und des Erzählens. Es ist für Weiß also erst die Kombination von alltagspraktischen Schemata, spezifischen Modi der Medienzuwendung sowie genre- oder gattungstypischen Merkmalen des Medienangebots, die die Praxis des Mediengebrauchs umfassend beschreiben kann.

Den geschilderten kommunikationswissenschaftlichen Praxis-Ansätzen ist gemeinsam, dass sie sich vorrangig auf die Mediennutzung beziehen. Die Produktion von Medienangeboten wurde demgegenüber bislang nur selten explizit unter praxistheoretischer Perspektive diskutiert (vgl. Raabe 2007, 2008) – obwohl beispielsweise auch der Journalismus eine Form des Handlungsvollzugs darstellt, die durch überindividuelle Regeln und Ressourcen gerahmt ist. Zum „doing journalism" gehören normative Regelstrukturen, also Organisationsstrukturen, professionelle Normen oder spezifische Programme der Selektion und Aufbereitung von Informationen, aber auch Ressourcen wie Zeit oder rollenspezifische Autorität. Schließlich rahmen auch die un- oder vorbewusst vorliegenden Denk-, Wahrnehmungs- und Handlungsmuster, die sich aus der Einbettung des journalistischen Akteurs in ein spezifisches soziales Milieu ergeben, dessen Praktiken. Journalistisches Handeln ist also in seinem Vollzug und seinen Konsequenzen nicht erklärbar, ohne die Einbettung des journalistischen Akteurs in das soziale Gefüge des organisierten Journalismus zu berücksichtigen.[43]

Zusammenfassend lässt sich festhalten, dass auch in der Kommunikationswissenschaft praxistheoretische Gedanken ihren Platz gefunden haben, wobei vorrangig die Rezeption medialer Inhalte im Mittelpunkt steht. Praktiken der Produktion wurden bislang vor allem am Beispiel massenmedialer Angebote analysiert, die durch eine deutliche Trennung von produzierenden und rezipierenden Kommunikatorollen gekennzeichnet sind. Mit dem Internet und insbesondere den Entwicklungen des Social Web steht nun allerdings eine Technologie zur Verfügung, die die Hürden für Produktion und Distribution von Medienprodukten senkt. Eine Theorie der Nutzungspraktiken des Social Web kann daher nicht bei der Analyse von Rezeptionspraktiken oder bei der Analyse von professionell erstellten Inhalten stehen bleiben, sondern muss auch die Produktion medialer Inhalte durch das aktive Publikum, die „people formerly known as the audience" (Rosen 2006) erfassen können.

Hierzu ist zwingend notwendig, die Rolle der technischen Artefakte für die Nutzungspraktiken zu beleuchten, die in der Kommunikationswissenschaft bislang meist vernachlässigt oder aber als „black box" behandelt wurden. Um die strukturierenden Merkmale von Technik und ihr Zustandekommen systematisch einzubeziehen, bietet die sozialwissenschaftliche Techniktheorie eine Reihe von Anschlussmöglichkeiten. Der Ansatz der „Social Construction of Technology" (SCOT; vgl. Bijker/Hughes/Pinch 1987) arbeitet beispielsweise heraus, wie die Entwicklungspfade („Trajektorien") von Technologien durch Erwartungen, Nutzungsszenarien und Leitbilder geprägt sind, die auch von Gruppen formuliert und vertreten werden können, die weder zu Produzenten noch zu Nutzern der entsprechenden Technologien gehören müssen, aber zum Beispiel als politische Akteure regulierend eingreifen. Zudem lenkt er den Blick auf die „interpretative Flexibilität" der technischen Artefakte, wobei zwei Varianten denkbar sind (vgl. Schulz-Schaeffer

---

[43] In methodischer Hinsicht folgt daraus, ethnographische Verfahren wie z.B. die Beobachtung heranzuziehen, um Aufschluss über die journalistischen Praktiken zu gewinnen (vgl. Paterson/Domingo 2008). Dies ist wiederum nicht neu; eine klassische Studie der Journalismusforschung, nämlich Manfred Rühls „Zeitungsredaktion als organisiertes soziales System" (1979), gewann ihr empirisches Material aus Redaktionsbeobachtungen und mündete in einer systemtheoretischen Analyse, deren Konzepte der „formalisierten Rollen" und „Entscheidungsprogramme" von den Praktiken stark abstrahierte.

2000, S. 254ff.): Erstens die Flexibilität auf Seiten der Entwickler einer Technologie bzw. eines Artefakts, die im Entwicklungsprozess nicht sicher sein können, welche Entscheidungen bezüglich des Designs oder der Konstruktion zum angestrebten Funktionieren eines technischen Artefakts führen. Zweitens die Flexibilität auf Seiten der Nutzer, die in ihrer Aneignung, also den tatsächlich realisierte Verwendungsweisen einer Technologie bzw. eines Artefakts nicht den intendierten Gebrauchsweisen der Erfinder, Designer oder Entwickler folgen müssen, sondern davon abweichen können.

Einseitig technik- oder kulturdeterministische Erklärungen gelten inzwischen als überwunden (vgl. Passoth 2007): Technik kann vielartige Wirkungen auf Gesellschaft haben („Mehrfaktorieller Technizismus"), während Artefakte und technische Systeme selbst wiederum Produkt gesellschaftlicher Praktiken sind („Relativistischer Kulturalismus"). Technik und Gesellschaft sind somit keine eigenständigen Objektbereiche, sondern ineinander verschränkt und miteinander verwoben: In technischen Artefakten materialisieren sich bestimmte Vorstellungen über „normales Handeln" und über den Gebrauch im privaten oder professionellen Alltag (vgl. auch Beck 1997, S. 213ff.). Von Technik gehen dadurch bestimmte Handlungsanweisungen und Restriktionen aus, die jedoch Resultat von Prozessen der Wissensaushandlung und von sozial ausgehandelten Vorstellungen und Entscheidungen über eben diese gewünschten Anwendungen sind. Zugleich eröffnen technische Artefakte Optionen, sich den material eingeschriebenen Handlungsanweisungen zu entziehen, neue Verwendungsweisen zu erfinden, Gebrauchsweisen umzudeuten und auf unintendierte Weise mit ihnen umzugehen.

In dieser Arbeit wird diese Verwobenheit dadurch zu erfassen versucht, dass Technik als eine von mehreren strukturellen Dimensionen von Nutzungspraktiken verstanden wird. Dadurch können Aspekte der Strukturierung durch und Strukturiertheit von Technik gleichermaßen in den Blick geraten: In Gestalt von Software-Code bzw. der Architektur onlinebasierter Kommunikationstechnologien wirkt sie einerseits rahmend-strukturierend für situative Nutzungsepisoden, weil dem Nutzer bestimmte Verwendungsweisen nahegelegt und andere ausgeschlossen werden. Andererseits aber wird Software beständig weiterentwickelt, modifiziert und angepasst – teilweise von den Nutzern in der Nutzung selbst, teilweise von professionellen Entwicklern auf Grundlage der Beobachtung und Reflektion einer Vielzahl von Nutzungsepisoden (vgl. ausführlicher Abschnitt 3.2.3).

3.2 Rahmen und Rahmung

Nachdem bislang einige begriffliche Grundlagen aus dem Überschneidungsbereich von Praxistheorie, Techniksoziologie und Kommunikationswissenschaft diskutiert wurden, konkretisiert dieser Abschnitt die Gedanken zu einer analytischen Heuristik für die Untersuchung von Nutzungspraktiken des Social Web.[44] Knapp zusammengefasst lautet der Vorschlag, den situativen Gebrauch von Anwendungen des Social Web von drei strukturellen Dimensionen gerahmt zu sehen: Regeln, Relationen und Code. Diese drei Aspekte strukturieren die jeweiligen Nutzungsepisoden, werden durch diese aber auch beständig reproduziert und gegebenfalls verändert (vgl. auch die zusammenfassende Darstellung in Abb. 2).

Nutzungspraktiken bestehen aus übersituativ und überindividuell ähnlichen Nutzungsepisoden, worunter der situative Gebrauch bestimmter Anwendungen oder Dienste verstanden werden soll. „Episode" verweist darauf, dass es sich um „ein zeitlich ausgedehntes Geschehen [handelt], das aus der Sicht eines Beobachters durch eine Besonderheit gegen die Zeit vorher und die Zeit nachher abgegrenzt ist" (Schulze 2003, S. 20). Eine genaue Festlegung des zeitlichen Umfangs oder der vorgenommenen Tätigkeit ist dabei weder möglich noch zwingend nötig, denn je nach Perspektive und Erkenntnisinteresse könnte beispielsweise das Verfassen und Speichern eines Weblogeintrags als identifizierbare Episode („Bloggen") gelten, oder aber die Akte des Schreibens eines Eintrags von den Akten des Verlinkens anderer Einträge oder des Kategorisierens des eigenen Beitrags getrennt werden.

Eine praxistheoretische Perspektive kann den stark anwendungsbzw. formatzentrierten Blick der Onlineforschung weiten: Aus forschungspragmatischen Gründen konzentrieren sich viele Studien auf einzelne Formate (wie Weblogs) oder gar einzelne Angebote (wie Facebook oder StudiVZ). Der Umstand, dass Internet-Nutzung eben auch bedeutet, Daten zwischen verschiedenen Umgebungen auszutauschen, zu kopieren, zu verlinken oder über unterschiedliche Anwendungen bzw. Formate hinweg ein einheitliches (oder auch rollenspezifisch differenziertes) Identitäts-, Beziehungs- und Informationsmanagement (vgl.

---

[44] Es handelt sich dabei um eine Überarbeitung und Verallgemeinerung des Analysemodells zu den „Praktiken des Bloggens", das in Schmidt (2006) vorgestellt wurde – auch hier also inkrementelle Weiterentwicklung statt eines revolutionären Bruchs.

Kapitel 4) zu betreiben, kommt durch eine rein anwendungszentrierte Perspektive nicht in den Blick.

Abb. 2: Analysemodell für Praktiken der Social-Web-Nutzung

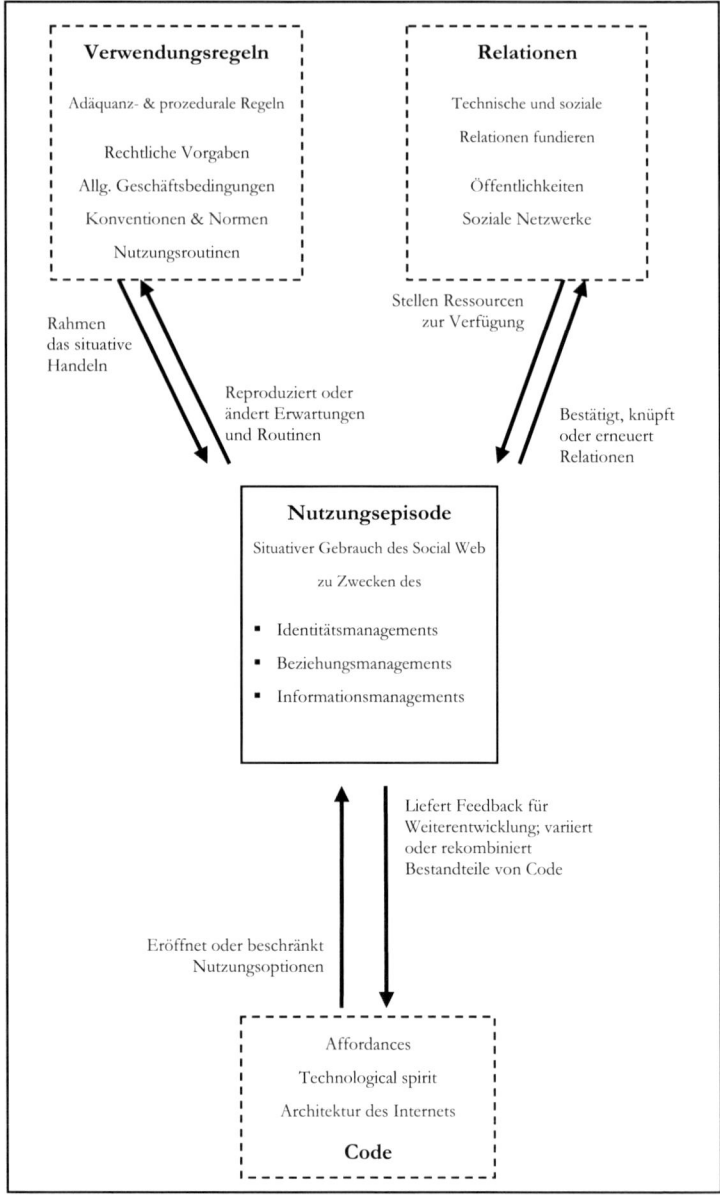

Quelle: eigene Darstellung.

3.2.1   Regeln

Die erste der drei Struktur-Dimensionen, die das situative Handeln rahmen, sind Regeln – überindividuell verfestigte Erwartungen und Erwartungserwartungen, die mit wiederholt auftretenden Episoden einhergehen und somit bestimmte Arten des Handelns gegenüber anderen Alternativen nahelegen. Regeln besitzen normative und kognitive Komponenten (vgl. Reckwitz 1997) und beziehen ihre strukturierende, d.h. handlungsleitende Kraft aus dem Umstand, dass sie beim Akteur in Form von Erwartungserwartungen internalisiert sind und durch interne wie externe Sanktionen abgesichert werden. Ihre Reichweite in Bezug auf unterschiedliche Situationen kann dabei genauso variieren wie der Grad, zu dem Handlungsspielräume offen gelassen werden; zudem können Menschen Regeln aus unterschiedlichen Gründen befolgen, zum Beispiel aufgrund von bestimmten Wertvorstellungen oder aufgrund strategischer Überlegungen.

Für die Analyse des Ablaufs computervermittelter Kommunikation ist der Regelbegriff vor allem von Höflich (1996, 2003) fruchtbar gemacht worden, der die Theorie von Goffman (1976, 1977) auf die computervermittelte Kommunikation übertragen hat. Er geht vom Gedanken aus, dass onlinebasierte Interaktionen genauso wie face-to-face-Begegnungen durch kulturell vorgeformte Situationsdefinitionen gerahmt werden. Diese machen den Interaktionsteilnehmern deutlich, welches eigene Verhalten angemessen und welches Verhalten von anderen erwartbar ist.[45]

Zwei Regelvarianten sind hierbei zu unterscheiden: Adäquanzregeln beziehen sich auf die Medienwahl, weil sie Routinen und Erwartungen umfassen, welcher Kanal bzw. welches Angebot zu welchem Zweck zu nutzen oder abzulehnen ist. Ein wichtiger Faktor ist dabei der Grad der Öffentlichkeit bzw. Zugänglichkeit, den ein bestimmter Kanal einschließt; so dürfte private oder intime Kommunikation eher über eine E-Mail als über ein YouTube-Video ablaufen. Adäquanzregeln positionieren Dienste und Kanäle der onlinebasierten Kommunikation aber auch im Verhältnis zu anderen Medien bzw. zur Face-to-face-Kommu-

---

[45]   Dabei können unterschiedliche „Computerrahmen" (Höflich 2003, S. 75ff.) aktiviert sein, die sich aus der Größe des Publikums bzw. der Anzahl der Interaktionspartner ableiten lassen. Höflich unterscheidet den Einsatz des Internets als Abrufmedium, als Kontakt- und Diskussionmedium sowie als Medium interpersonaler Kommunikation. Ergänzend sollte zumindest noch der „Transaktionsrahmen" aufgeführt werden, der beispielsweise in Fällen des E-Commerce oder E-Governments berührt wird, wo es zu keiner direkten Mensch-Mensch-Interaktion kommt (vgl. Schmidt 2005, S. 107ff.).

nikation, beispielsweise in Bezug auf die Frage, ob eine Beziehung via Facebook-Nachricht, SMS, Brief oder persönlichem Gespräch beendet werden sollte.

Demgegenüber berühren prozedurale Regeln den Mediengebrauch an sich, umfassen also diejenigen Routinen und Erwartungen, die den tatsächlichen Ablauf einer Nutzungsepisode beeinflussen, wenn die Entscheidung für eine bestimmte Anwendung bzw. ein bestimmtes Medium gefallen ist. Sie lassen sich in einem weiteren analytischen Schritt analog zur Unterscheidung von Identitäts-, Beziehungs- und Informationsmanagement (vgl. Kapitel 4) in Präsentations-, Vernetzungs- und Selektionsregeln untergliedern.[46] Prozedurale Regeln umfassen also Routinen und Erwartungen, wie bestimmte Inhalte aufbereitet oder gestaltet werden, wie Beziehungen zwischen Personen oder Texten ausgedrückt bzw. artikuliert oder geknüpft werden, und wie bestimmte Informationen gegenüber anderen ausgewählt oder markiert werden.

Sowohl Adäquanz- als auch prozedurale Regeln lassen sich nach dem Grad ihrer Implizit- oder Explizitheit unterscheiden, wobei sich formalisierte Normen, insbesondere rechtliche Vorschriften und Gesetze einerseits, und informelle Regeln andererseits gegenüberstehen. Rechtliche Regelungen berühren unterschiedliche normative Kontexte; so gibt es beispielsweise Rechtsnormen für die Nutzung von urheberrechtlich geschütztem Material, für die Sanktionierung von Persönlichkeitsrechtsverletzungen oder für den Jugendschutz im Internet (vgl. überblicksartig Gapski/Schneider/Tekster 2009; Gercke 2008; Roggenkamp 2008). Hinzu kommen die Nutzungsvereinbarungen, die von Plattform- bzw. Dienstanbietern in Form von „Allgemeinen Geschäftsbedingungen" bzw. „Terms of Service" formuliert werden und die Nutzer bei der Registrierung für einen Dienst akzeptieren müssen. Dort sind – je nach Ausrichtung des Angebots – beispielsweise die Übertragung von Nutzungsrechten an nutzergenerierten Inhalten oder Haftungsfragen beim Einstellen rechtswidriger Inhalte geregelt. In spezifischen organisatorischen oder institutionellen Kontexten können zusätzliche Regelungen greifen, die beispielsweise die Nutzung von Weblogs innerhalb des Intranets eines Unternehmens oder für Angehörige des Militärs betreffen.

---

[46] Die Begrifflichkeit ist gegenüber der Darstellung in der Studie zu Weblogs (Schmidt 2006) leicht verändert, um dem erweiterten Gegenstand gerecht zu werden: Statt Publikationswird von Präsentationsregeln gesprochen, da „Publizieren" ein größeres und disperses Publikum impliziert, das nicht bei allen Anwendungen des Social Web existiert. Zudem wird von Selektions- statt Rezeptionsregeln gesprochen, um der aktiven Auswahl aus Informationen, Texten o.ä. besser gerecht zu werden.

Demgegenüber bleiben informelle Regeln üblicherweise implizit und fungieren im Sinne einer „Netiquette" als ungeschriebene Regeln, wenngleich sie im Konfliktfall von Teilnehmern einer Verwendungsgemeinschaft auch versprachlicht werden können. Sie finden sich beispielsweise im Bereich der sprachlichen Konventionen, die in bestimmten Fällen (wie der Chat- oder Instant-Messaging-Kommunikation) eher „konzeptionelle Mündlichkeit" (Koch/Oesterreicher 1994), also umgangssprachliche und fragmentarische Äußerungen, in anderen Fällen (wie der Selbstdarstellung auf berufsbezogenen Netzwerkplattformen) dagegen eher formale schriftsprachliche Wendungen nahelegen können. Andere Konventionen berühren die Referenzierung von Quellen in der blogbasierten Kommunikation mit Hilfe von Hyperlinks, oder fundieren Reziprozitätsnormen, die sich im routinisierten Erwidern einer Freundschaftsanfrage auf MySpace oder dem Hinzufügen eines Twitter-Followers äußern.

Informelle Regeln regulieren jedoch nicht nur Auswahl und Ablauf von Nutzungsepisoden, sondern beeinflussen im Sinne eines „know how" auch Inklusions- bzw. Exklusionsprozesse: Nur wer die informellen Regeln kennt und ihrem präskriptiven Gehalt folgt, kann als Teil einer Verwendungsgemeinschaft gelten und sich die Chance eröffnen, kommunikative Gratifikationen zu erreichen. Dadurch sind Adäquanz- und prozedurale Regeln aus kommunikationssoziologischer Perspektive das entscheidende Merkmal von „virtuellen Gemeinschaften", die sich im Umgang mit spezifischen Diensten oder Angeboten der computervermittelten Kommunikation herausbilden können. Beständige Interaktionen innerhalb einer Nutzergruppe lassen einen symbolischen Bezugsrahmen entstehen, der den einzelnen Nutzungsepisoden einen Sinn gibt: Im Zuge der Etablierung der Blogosphäre hat sich beispielsweise durch wechselseitige Beobachtung und Bezugnahme unter den Bloggern, aber auch durch die diskursive Auseinandersetzung mit anderen Gruppen wie z.B. Journalisten ein – wenngleich unscharfes – Verständnis entwickelt, was „das Bloggen" und „den Blogger" ausmacht: Authentizität, Dialogorientierung, Themenauswahl und -aufbereitung nach Kriterien der subjektiven Relevanz, etc.

Abstrakter gesprochen bilden sich Verwendungsgemeinschaften, weil mit bestimmten Anwendungen spezifische Nutzungsweisen verbunden werden, die die Kommunikationssituation und die mit ihr verbundenen kommunikativen Absichten für den Einzelnen strukturieren und Abläufe erwartbar machen.[47] Solche Angleichungen entstehen dem „social identity model" (vgl. Postmes/Spears/Lea 2000; Matzat 2003) zufolge, indem Akteure Praktiken anderer Akteure beobachten und für eigenes Handeln übernehmen. In computervermittelten Interaktions-Umgebungen sind solche diskursiven Norm-Formierungen besonders wahrscheinlich, weil kaum externe oder „historische" Hinweise über Gruppenidentitäten vorliegen und diese vorrangig aus den kommunikativen Handlungen und Reaktionen selbst geschlossen werden müssen.

Neben dem größtenteils unbewussten „Learning by Doing" bzw. dem „Learning by Lurking"[48] werden Verwendungsregeln aber auch durch Selbstverständnis- oder Selbstvergewisserungsdebatten geprägt. Diese werden in Teilen von den Nutzern selbst geführt, beispielsweise wenn in Weblogs das eigene Verhältnis zum Journalismus und zur Unternehmenskommunikation reflektiert oder über Varianten einer „Blogger-Ethik" diskutiert wird (vgl. Beck 2008; Cenite et al. 2009). Aber auch der journalistischen Fremdbeobachtung in der Berichterstattung über das Internet und einzelne Dienste können Nutzer Anhaltspunkte über Verwendungsweisen und gesellschaftlich geteilte Erwartungen über den Gebrauch der neuen Kommunikationstechnologien entnehmen. Solche öffentlichen Debatten nehmen bisweilen sogar Einfluss auf weitergehende Regulierungen, weil sie nicht nur von den Nutzern, sondern auch von den Betreiber oder politischen Akteuren wahrgenommen werden. So hat beispielsweise die öffentliche Berichterstattung in den USA über die sexuelle Belästigung von Jugendlichen im Internet und speziell auf der Netzwerkplattform MySpace die Formulierung des „Deleting Online Predator Acts" maßgeblich beeinflusst (vgl. Marwick 2008).[49]

Für das Herausbilden von informellen Regeln ist die Sichtbarkeit eines Akteurs ein wichtiger Faktor: Zentrale Akteure, beispielsweise die Autoren besonders populärer Weblogs oder Twitter-Nutzer mit einer hohen Anzahl von Followern, können mit ihrem eigenen Nutzungsverhalten (inklusive möglicher öffentlicher Reflektionen darüber) einen

---

[47] Sozioemotionale Nähe oder das explizit geteilte Gefühl einer Zugehörigkeit zu einer Gemeinschaft (wie bei Rheingold 1994) sind dabei zwar nicht ausgeschlossen, jedoch kein notwendiges und definierendes Merkmal solcher Verwendungsgemeinschaften.

[48] Als „Lurking" bezeichnet man die passive Teilhabe an onlinebasierten Kommunikationsräumen, also das Rezipieren von Texten und Konversationen, ohne eigene Beiträge beizusteuern.

[49] Die Gesetzesvorlage hat 2006 das Repräsentantenhaus, allerdings nicht den Senat passiert. Marwick (2008) diskutiert die Vorgänge als Beispiel für eine „moral panic", die durch hohe öffentliche Aufmerksamkeit gekennzeichnet sei, die sich disproportional zum tatsächlichen Auftreten der Fälle von Belästigung Jugendlicher durch Erwachsene verhalte.

größeren Personenkreis beeinflussen als Nutzer in peripheren Positionen. Die Chance, Routinen und Erwartungen und damit die regelhaften Aspekte von Nutzungspraktiken zu prägen, ist also ungleich verteilt. Zu den machtvollen Akteuren in dieser Hinsicht gehören auch die Entwickler bzw. Anbieter von Software, die zum einen die Gestaltung bzw. Architektur der Kommunikationsräume bestimmen und insbesondere über technische „affordances" Nutzungsweisen nahelegen können. Zum anderen formulieren sie die Lizenz- oder Geschäftsbedingungen, denen die Nutzer zustimmen müssen, wenn sie eine bestimmte Software oder ein Angebot in Anspruch nehmen wollen. Die nicht-deterministische Natur von Software (vgl. Abschnitt 3.2.3) sowie Spielraum für die Mobilisierung von Protest (vgl. Abschnitt 6.2) sorgen allerdings dafür, dass die Machtverhältnisse mehrdeutig und wechselhaft sind.

Neben der Formulierung von Regeln ist deren Sanktionierung bei Verstößen der zweite Aspekt, bei dem Machtverhältnisse sichtbar werden. Die Bandbreite der Sanktionen reicht von der Verweigerung kommunikativer Gratifikationen über den Auschluss von einer Plattform und das Löschen von Inhalten bis hin zu strafrechtlicher Verfolgung. In vielen Fällen ist es die Nutzergemeinschaft selbst, die die Einhaltung von Adäquanz- oder prozedurale Regeln überwacht, auch weil Betreiber angesichts der Vielzahl von Kommunikationsvorgängen und nutzergenerierten Inhalten, die auf beispielsweise auf Video- oder Netzwerkplattformen anfallen, diese Selbstregulierung als Ersatz, zumindest als Ergänzung eigener Kontrollmechanismen in Anspruch nehmen müssen. Gemeinsame Absichtserklärungen wie die „Safer Social Networking Principles for the EU" (Europäische Kommission 2009) oder der „Verhaltenskodex für Betreiber von Social Communities bei der FSM" (FSM 2009) sehen ein technisch unterstütztes „Beschwerdemanagement" sogar ausdrücklich vor, um z.B. gegen jugendgefährdende Inhalte oder ungebührliches Verhalten vorzugehen. Bei weiter reichenden Verstößen, z.B. gegen Urheberrecht, Persönlichkeitsrecht oder den Jugendschutz, kommen hingegen formalrechtliche Sanktionen wie Abmahnungen oder Anzeigen zum Tragen.

3.2.2 Relationen

Zu den Verwendungsregeln treten als zweite strukturelle Dimension von Praktiken die Relationen, worunter zunächst ganz allgemein Beziehungen oder Verbindungen verstanden werden sollen, die zwischen Objekten unterschiedlicher Art geknüpft werden.[50] Relationen äußern sich im Zusammenhang mit den hier interessierenden Nutzungspraktiken in verschiedenen Formen, wobei die Unterscheidung zwischen technischen und sozialen Relationen von besonderer Bedeutung ist.

Technische Relationen sind Verknüpfungen, die durch Software hergestellt bzw. mit ihrer Hilfe realisiert werden. Für den Nutzer direkt sichtbar werden sie in der Variante des Hyperlinks, der Dokumente oder Ressourcen im World Wide Web miteinander verknüpft und so die Navigation innerhalb von Hypertexten unterstützt. Hinzu kommen Verknüpfungen, die innerhalb von Datenbanken bestehen bzw. diesen Datenbanken entnommen werden können: Der bestätigte Kontakt zwischen zwei Mitgliedern einer Netzwerkplattform, die Verknüpfung zwischen einer Web-Ressource und einem Schlagwort auf einer Bookmarking-Plattform, oder die Hinterlegung eines Kommentars zu einem Weblog-Eintrag – in allen Fällen handelt es sich ebenfalls um Relationen zwischen Objekten, die jedoch in der Form von Datenbankeinträgen dem Nutzer verborgen bleiben.[51]

Sie werden erst durch die Datenbankabfrage sichtbar gemacht, die beim Aufruf der entsprechenden Webseite erfolgt und den Kontakt auf der Profilseite, das Schlagwort in Verbindung mit der Ressource oder den Kommentar unter dem Blog-Beitrag anzeigt. In dieser Form sind die relationalen Verknüpfungen der Datenbank meist auch wieder als Hyperlink ausgedrückt, können also zur weiteren Navigation benutzt werden, um auf das Profil des bestätigten Kontakts, eine Liste anderer

---

[50] Für die Analyse von relationalen Strukturen steht inzwischen ein sehr umfangreiches methodisches und theoretisches Instrumentarium zur Verfügung (eine Einführung in die Methoden der Netzwerkanalyse liefert Jansen 2003; einen aktuellen Überblick der theoretischen Grundlagen und Forschungsfelder bieten die Beiträge in Stegbauer 2008b und Stegbauer/Häußling 2010). Das Spezifikum der Netzwerkanalyse als sozialtheoretisches Paradigma besteht darin, dass sie der *Beziehung* zwischen den Akteuren (allgemeiner: den Relationen zwischen den Knoten eines Netzwerks) mindestens eine gleichberechtigte Stellung, wenn nicht sogar analytischen Vorrang gegenüber den Akteuren und ihren Merkmalen gewährt.

[51] Zur Entwicklung relationaler Datenbanken sowie zu ihrer kulturhistorischen Bedeutung für die Organisation großer Datenbestände vgl. Gugerli (2009).

Ressourcen mit dem gleichen Schlagwort oder auf die ebenfalls hinterlassene Homepage des Kommentators zu gelangen.

Diese Varianten von Relationen sind zwar technisch ausgedrückt, weil sie in der Struktur einer Datenbank bzw. der Hyperlinks zwischen Dokumenten niedergelegt sind, doch die technische Realisierung der Verknüpfung beruht immer auch auf menschlichem Handeln. Dieses kann unterschiedlich stark strukturierend wirken; so entstehen „strongly authored links" (Harrison 2002) beispielsweise aus dem Setzen eines Hyperlinks auf einen anderen Weblogeintrag, um eine bestimmte Behauptung zu belegen, oder als Ausdruck von Vertrauenswürdigkeit oder Autorität, wenn eine Liste von favorisierten Webseiten verlinkt ist. Auch das Verknüpfen von Ressource mit Schlagwort oder das Bestätigen eines Kontakts fallen hierunter. „Weakly authored links" hingegen erscheinen als Ergebnis von Datenbankabfragen, beispielsweise wenn bei einer Google-Suche eine Trefferliste mit Links zu den relevanten Quellen erstellt. Bei ihnen tritt der strukturierende Einfluss des Akteurs in den Hintergrund, ist aber mittelbar über die Gestalter der relationalen Datenbanken, Suchalgorithmen und Ergebnisausgabe vorhanden.

Umgekehrt strukturieren technische Relationen die situativen Nutzungspraktiken in zweifacher Hinsicht: Weil sie Texte bzw. Daten miteinander verknüpfen sowie die Navigation innerhalb von Hypertexten unterstützen, lassen sie vernetzte Öffentlichkeiten entstehen, in denen sich der Einzelne orientieren und ausdrücken kann. Als Ausdruck von sozialen Relationen dienen sie zudem als Indikator für soziale Netzwerke und Beziehungsgeflechte, in die der Einzelne eingebunden ist und aus denen er bestimmte Ressourcen ziehen kann (s.u.). Zunächst zur öffentlichkeitskonstituierenden Rolle von technischen Relationen: Hyperlinks und relationale Datenbanken setzen einzelne Texte nicht nur miteinander in Beziehung, sondern machen diese kommunikativen Bezüge auch zugänglich, sichtbar und navigierbar (vgl. Elmer 2006). Das dadurch entstehende Geflecht von miteinander verknüpften Texten bildet Kommunikationsräume, deren Architektur unterschiedlich gestaltet sein kann (vgl. auch Abschnitt 5.1): Manche Interaktionen, die zu Verknüpfungen zwischen kommunikativen Äußerungen führen, finden an einem „Ort" statt, z.B. in den thematisch fokussierten Diskussionssträngen („threads") eines Forums oder in den Gästebucheinträgen zu einer Profilseite auf einer Netzwerkplattform. Andere erstrecken sich über Einträge in verschiedenen Weblogs oder Webseiten hinweg, wobei der kommunikative Zusammenhalt dieser „distributed and fragmented conversations" (Efimova 2009, S. 92) für den Leser nur nachvollziehbar wird, wenn dieser den Hyperlinks zwischen den einzelnen Einträgen und Kommentaren folgt (vgl. beispielhaft Abb. 3).

Abb. 3: Verlinkungsstruktur einer blogbasierten Konversation

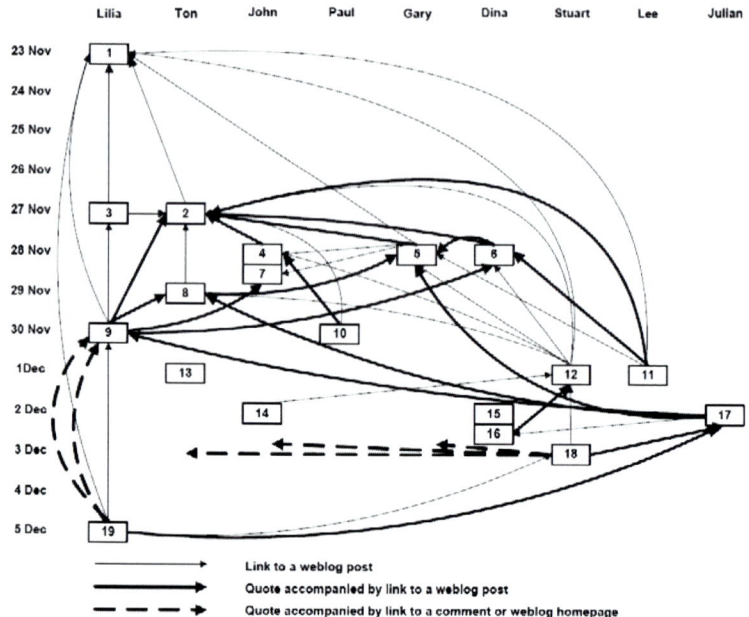

Quelle: Efimova 2009, S. 104.

Die relationalen Strukturen solcher vernetzten Öffentlichkeiten sind insbesondere am Beispiel der Blogosphäre untersucht worden. Auch wenn die jeweilige Operationalisierung und die Auswahl der untersuchten Angebote variiert, lassen sich bestimmte Strukturmerkmale festhalten: Die Blogosphäre als Ganze ist nicht einheitlich stark verlinkt, sondern stattdessen „selectively interconnected, with dense clusters in parts, and blogs minimally connected in local neighborhoods, or free-floating individually, constituting the majority" (Herring et al. 2005, S. 10). Diese Struktur wiederholt sich auch innerhalb von Weblogplattformen; so existierten bei einer Analyse im Jahr 2006 auf der Plattform twoday.net verschiedene ineinander verschachtelte Cluster-Strukturen, die aus unterschiedlich stark miteinander vernetzten Weblogs bestanden (vgl. Schmidt 2008c). Dass es zu diesen Isomorphien kommt, hängt mit einem weiteren wiederkehrenden Merkmal von Relationen (und damit von vernetzten Öffentlichkeiten und sozialen Netzwerken) im Social Web zusammen: die ungleiche Verteilung von Selektionen, die sich als „power law"-Verteilung äußert. Nur wenige Knoten weisen eine hohe

Anzahl von Verknüpfungen auf, die Mehrzahl dagegen liegt im so genannten „long tail" und besitzt vergleichsweise wenige Verlinkungen (vgl. Abb. 4).[52]

Abb. 4: Idealtypische Aufmerksamkeitsverteilung im Social Web

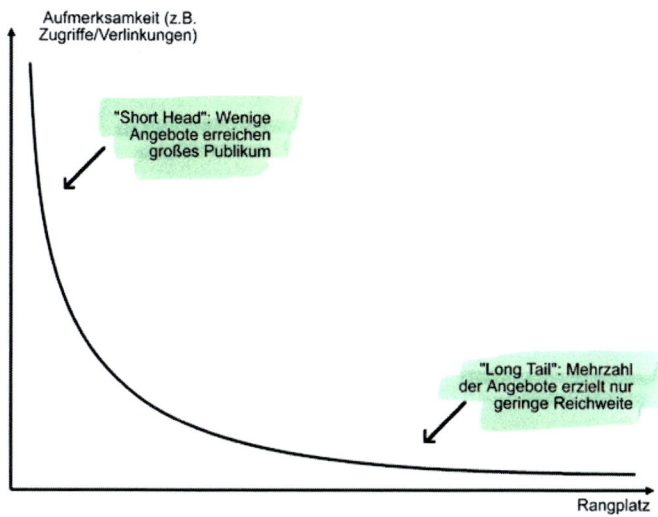

Quelle: eigene Darstellung.

Nach Barabasi (2002) entstehen Power-Law-Verteilungen in Netzwerken unter zwei Voraussetzungen: Zum einen muss die Anzahl der in einem Netzwerk existierenden Verknüpfungen inkrementell wachsen, zum anderen die Chance einer weiteren Verbindung eines Knotens proportional zur Anzahl von Relationen sein, die er bereits besitzt. Dieser letztgenannte Mechanismus des „preferential attachment", der die Verbindung von Relationen und Aufmerksamkeit berührt, führt dazu, dass sich auch im vorgeblich egalitären und dezentralen Social Web zentrale Akteure und Orte herausbilden: Ein häufig gelesenes Weblog

---

[52] Ähnliche Muster finden sich auch bei anderen Angeboten des Social Web, so beispielsweise bezüglich der Verteilung von „Followern" oder Aufmerksamkeit beim Microblogging-Dienst „Twitter" (vgl. Java et al. 2007; Wu et al. 2011), der Verteilung von Editier-Aktivitäten bei der Wikipedia (vgl. Stegbauer/Bauer 2008) oder der Anzahl der Zugriffe auf Videos bei YouTube (vgl. Cha et al. 2007). Clauset/Shalizi/Newman (2009) haben in einer Re-Analyse verschiedener in der Literatur erwähnter Power-Law-Verteilungen gezeigt, dass diese nicht tatsächlich auch im strengen mathematischen Sinn Power-Law-Verteilungen sind. Sie konzedieren aber, dass dies in den meisten Fällen für die jeweilige inhaltliche Argumentation unerheblich sei, solange es sich um eine „heavy tailed"-Verteilung handelt.

oder ein populärer Twitterer haben größere Chancen, von anderen verlinkt, kommentiert oder erwähnt zu werden, sodass sie zusätzliche Aufmerksamkeit bekommen.

Ähnlich funktionieren selbstverstärkende Mechanismen, beispielsweise wenn häufig kommentierte oder besonders beliebte Videos auf YouTube in speziellen Ranglisten geführt werden, wo noch mehr Nutzer auf sie aufmerksam werden. Dieses „the rich get richer"-Phänomen wird allerdings dadurch gelindert, dass die Sichtbarkeit eines Knotens nicht allein von seiner Popularität abhängt. Für die Strukturierung von vernetzten Öffentlichkeiten spielen auch Suchmaschinen, Verschlagwortungsplattformen und andere Aggregatoren eine wichtige Rolle, weil sie zusätzliche Ordnungs- und Beziehungsstrukturen abbilden und erschließen helfen, die dem Nutzer bei Bedarf mit Hilfe von Abfragen zugänglich gemacht werden.

Der Fokus dieses Abschnitts lag bislang auf den technischen Relationen und ihrer Rolle für die Kanalisierung von Aufmerksamkeit in vernetzten Öffentlichkeiten. Bereits angedeutet wurde, dass sie auch als Indikator für soziale Beziehungen interpretiert werden können, denn beim Verlinken eines Artikels im Blogeintrag, „Abonnieren" eines Twitter-Streams oder Kommentieren eines Videos setzen sich Personen zueinander in Beziehung – als Autor und Rezipient, als Urheber und Fan o.ä.. Bei Netzwerkplattformen wird dieser Umstand besonders offensichtlich, denn hier werden Beziehungsgeflechte in die Datenbankstruktur eingeschrieben und im Browser als Verknüpfung zwischen Profilseiten dargestellt. In den Praktiken der Nutzer geht es jedoch nicht um den *technischen* Akt des Verknüpfens, sondern um den *sozialen* Akt der Artikulation, des Explizit-Machens, der Pflege und des Knüpfens einer Beziehung zu einer anderen Person, also um die Verortung in einem (medientechnisch unterstützten) sozialen Raum.

Aus sozialwissenschaftlicher Perspektive ist meist nicht nur die Beziehung an sich, sondern auch ihre Art bzw. Stärke von Interesse. Die in dieser Hinsicht grundlegende Unterscheidung zwischen „starken Beziehungen" und „schwachen Beziehungen" hat Granovetter (1973) in seiner mittlerweile klassischen Netzwerk-Studie zum Einfluß sozialer Kontakte auf Karriereverläufe geprägt. Welchem Typ eine gegebene Beziehung angehört, kann wiederum von Merkmalen wie dem Inhalt der Beziehung (Verwandschaft? Kommerzielle Transaktion? Formale Über- und Unterordnung?), ihrer Intensität (z.B. Häufigkeit des Kontakts, subjektiv empfundene Bedeutung oder Multiplexität, d.h. das Existieren der Relation über verschiedene inhaltliche Dimensionen oder Rollenkontexte hinweg) oder ihrer Reziprozität (handelt es sich um eine

wechselseitige Freundschaft oder um ein Idol-Fan-Verhältnis?) abhängen. „Strong ties" finden sich eher in intensiven und durch multi-
plexe Beziehungen gekennzeichneten Beziehungen, sind also beispielsweise charakteristisch für enge Freundschaften oder Verwandschaft.
„Weak ties" dagegen zeigen sich in uniplexen, nicht intensiven und/
oder nicht-reziproken Beziehungen, beispielsweise zu einem ehemaligen
Kollegen oder dem Angehörigen der gleichen Kirchengemeinde.

Diese relationalen Merkmale werden insofern für den Akteur bedeutsam, als sie Einfluß auf sein Sozialkapital haben, worunter allgemein die
Möglichkeit des Akteurs verstanden werden kann, aufgrund seiner Position in einem sozialen Beziehungsgeflecht bestimmte Ressourcen zu
mobilisieren (vgl. allgemein Schuller/Baron/Field 2000; Lin 2001). Je
stärker ein Akteur in ein enges Netzwerk von untereinander ebenfalls
möglichst eng verbundenen Personen eingebunden ist, desto höher ist
sein „bonding social capital". „Bridging social capital" ist hingegen nicht
auf starke Beziehungen angewiesen, sondern entsteht vielmehr an denjenigen Netzwerkpositionen, die über eine hohe strukturelle Autonomie
besitzen und „strukturelle Löcher" (Burt 1992) zwischen verschiedenen
Gruppen überbrücken, beispielsweise indem sie Informationen vermitteln. Es ist daher umso höher, je mehr Beziehungen man zu anderen
Akteuren unterhält, die untereinander möglichst unverbunden sind.

Die Position in einem Beziehungsgefüge stellt einer Person also Sozialkapital zur Verfügung, das wiederum als Ressource für unterschiedliche Zwecke mobilisiert werden kann. In der kommunikationswissenschaftlichen Forschung ist im Zusammenhang mit Konzepten wie
Agenda Setting oder Meinungsführerschaft insbesondere der Informationsfluss innerhalb von sozialen Netzwerken sowie im Verhältnis von
Massen- zu interpersonaler Kommunikation untersucht worden (vgl.
Schenk 1995; Rössler 1997). Daneben kann die eigene Position in einem
sozialen Netzwerk, in Abhängigkeit von dessen Zusammensetzung,
Unterstützung für berufliche Belange, Alltagsangelegenheiten oder Not-
lagen bereitstellen. Soziale Netzwerke können schließlich auch soziale
Zugehörigkeit bieten, wenn sie eine Grundlage für wiederholte Interaktionen und damit für die Entwicklung oder Verstärkung von Gruppenidentitäten bieten. All diese Unterstützungsleistungen lassen sich
auch im Social Web beobachten, beispielsweise in den wechselseitigen
Beobachtungen zwischen Journalismus und Blogosphäre (vgl. Abschnitt
6.1), dem Stellenwert von Netzwerkplattformen für das berufliche
Networking (vgl. Renz 2007) oder für subkulturelle Vergemeinschaftung
(vgl. Mellins 2007).

Die bisherigen Ausführungen haben implizit bereits eine dynamische Perspektive eingenommen, da sie diskutiert haben, wie Relationen sowohl als strukturierende Voraussetzung für Nutzungspraktiken dienen (in dem sie Öffentlichkeiten und Sozialkapital bereitstellen) als auch von diesen strukturiert und somit in ihrer Zusammensetzung und Verknüpfung reproduziert oder verändert werden (indem Nutzer Hyperlinks setzen, Verknüpfungen in Datenbanken aktivieren oder ihre realweltliches sozialen Beziehungen mit Hilfe des Internet abbilden oder erweitern). Diese Gedanken werden in Abschnitt 4.2 im Zusammenhang mit Praktiken des Beziehungsmanagements erneut aufgegriffen.

Relationen lassen sich allerdings auch explizit unter einer zeitlichen Perspektive untersuchen, wobei wiederum zwei Varianten denkbar sind: Erstens lässt sich die Veränderung in Ausmaß und Topologie eines Netzwerks analysieren. Mislove et al. (2008) zeigen beispielsweise in einer Längsschnittstudie über drei Monate, dass die Zunahme der Verknüpfungen zwischen Nutzern der Fotoplattform Flickr dem Muster des „preferential attachement" (s.o.) folgte; von stärker verlinkten Nutzern gingen mehr Links zu anderen Nutzer aus, und sie wurden auch stärker von anderen verlinkt.[53] Zusätzlich identifizierte die Analyse Muster der Reziprozität sowie einen „proximity bias", das heißt neue Links wurden größtenteils zwischen Nutzern erstellt, die bereits miteinander verbunden waren. Golbeck (2007) hingegen zeichnete über einen Zeitraum von 47 Tagen Veränderungen in der Mitgliedschaft von 13 (öffentlich zugänglichen) Netzwerkplattformen auf und wies nach, dass die Nutzer in einem schnelleren Tempo Verbindungen zu anderen Mitgliedern knüpften als neue Mitglieder hinzukamen.

Zweitens kann die Verbreitung bestimmter Informationen durch ein Netzwerk analysiert werden.[54] Entsprechende Prozesse werden in sehr unterschiedlichen Kontexten relevant; sie beeinflussen zum Beispiel die Umstände der Information und Kommunikation zu politischen Themen innerhalb der Blogosphäre (vgl. Tremayne et al. 2006) oder die Verbreitung von Fotos mittels „sozialer Kaskaden" auf Flickr (vgl. Cha

---

[53] Eine inhaltliche Interpretation der Befunde fällt schwer, da aus der Darstellung der Autoren nicht hervorgeht, auf welchen Interaktionen die aufgezeichneten und analysierten Links beruhen (z.B. Kommentare zu Fotos oder explizierte soziale Kontakte).

[54] Aus forschungspragmatischen Gründen sind solche Analysen meist auf die Netzwerke innerhalb einer bestimmten Plattform oder innerhalb eines bestimmten Dienstes beschränkt. Dadurch können sie nur eine Annäherung an die tatsächlichen Prozesse der Verbreitung von Informationen liefern, die in der Regel noch weitere Kanäle der öffentlichen oder interpersonalen Kommunikation (wie E-Mail, Instant Messaging oder auch das Telefon) einschließen.

et al. 2008). Bei manchen aktuellen Ereignissen verbreiten sich über den Microblogging-Dienst Twitter (zumindest erste) Informationen inzwischen schneller als über die etablierten journalistischen Kanäle, wie sich Anfang 2009 bei der Notwasserung eines Flugzeugs im Hudson River zeigte (vgl. Patalong 2009). Und im Bereich der Unternehmenskommunikation verbinden sich mit der Informationsdiffusion in onlinebasierten Netzwerken einerseits Hoffnungen auf „virales Marketing" und Mund-zu-Mund-Propaganda über die eigenen Produkte, aber auch Ängste, im Krisenfall von den kaum steuerbaren Öffentlichkeiten kritisiert zu werden (vgl. Kilian/Walsh/Zenz 2007; Oetting 2006; Schulz/ Mau/Löffler 2007).

In all diesen Fällen spielt die Topologie des Netzwerks eine wichtige Rolle; seine Eigenschaften wie beispielsweise der Zentralisierungsgrad beeinflussen, über wie viele Schritte eine Information zumindest potenziell viele andere Knoten erreichen kann. Zudem müssen jedoch Merkmale der einzelnen Netzwerkknoten sowie der Information selbst berücksichtigt werden, um erklären zu können, ob und in welchem Umfang beispielsweise eine bestimmte Nachricht verlinkt oder ein Video weiter geleitet wird. Dabei werden wiederum auch regelhafte Aspekte bedeutsam, die Kriterien für oder gegen die Selektion und Präsentation einer bestimmten Information liefern. Zudem können Merkmale des Software-Codes den Informationsfluss fördern, beispielsweise wenn Funktionen für das halbautomatische Verbreiten einer Information über Twitter, Verschlagwortungs- oder Social-News-Plattformen angeboten werden.

3.2.3 Code

Die dritte strukturelle Dimension, die im hier vorgeschlagenen Analyserahmen zu berücksichtigen ist, bezieht sich auf die technischen Grundlagen der computervermittelten Kommunikation. Die basale Architektur eines Netzwerks zur Datenübertragung – das Internet ist hiervon nur ein Spezialfall, genauer: Ein Netzwerk zum Verbinden von anderen Netzwerken – ist im ISO-OSI-Schichtmodell der Netzwerktechnik spezifiziert (vgl. Wersig 2000). Es unterscheidet sieben verschiedene Ebenen oder Schichten, auf denen der Datenaustausch geregelt werden muss – von der Ebene der zwischen zwei Datenstellen übertragenen Bits über die Synchronisierung zweier Anwenderprozesse in einer Sitzung bis hin zum Austausch zwischen zwei Anwendungen. Die Protokolle, die auf den einzelnen Ebenen spezifiziert sind, fungieren als technische Standards, die für den Anschluss an das Internet eingehalten werden müssen (vgl. Hawkins 1996). Andere grundlegende Prinzipien der Internetarchitektur sind das „End-to-End-Prinzip", nach dem so viele Funktionen wie möglich an den Endpunkten eines Netzwerks (den Rechnern bzw. den Programmen) realisiert werden sollen, während das Netzwerk selbst möglichst offen gestaltet sein soll, oder das Prinzip der „net neutrality", nach dem keine Datenpakete beim Transport durch das Netzwerk bevorzugt behandelt werden sollen (vgl. Zittrain 2008; Bärwolff 2010).

Auch wenn diese technischen Eigenschaften einen starken Einfluss auf die Gestalt des Internets haben – und wie das Beispiel der Netzneutralität zeigt, auch Thema politischer Konflikte sein können (vgl. Kurz 2011) –, soll es im Folgenden vor allem um die Merkmale von Software gehen. Deren Funktionalitäten und Architektur wird auch als „Code" bezeichnet; insbesondere Lawrence Lessig (2006) hat diesen ursprünglich aus der Informatik stammenden Begriff für eine sozial- und regulierungswissenschaftliche Perspektive auf das Internet erschlossen.[55] Code bezeichnet die Anweisungen und Prozeduren, die in Software niedergelegt sind, aber auch die Gestaltung einzelner Programme und ihrer Benutzeroberflächen bzw. Interfaces sowie die Schnittstellen für den Austausch von Daten zwischen einzelnen Anwendungen. Erst diese konkrete Gestaltung von Prozeduren und Algorithmen macht bestimmte Handlungsweisen möglich und schließt andere aus: Einen Text in eine Maske einzugeben, zu formatieren und auf Knopfdruck im Web zu veröffentlichen; große Datenmengen automatisch zu durchsuchen; thematisch ähnliche Beiträge zu gruppieren; beim Publizieren eines Videos automatisch generierten HTML-Code anzuzeigen, mit der das Video an anderen Stellen eingebettet werden kann; einzeln abgegebene Bewertungen oder Schlagworte für bestimmte Texte zu Ranglisten und neuen Klassifikationschemata zu aggregieren; Ergebnisse von personalisierten Suchabfragen per RSS-Feed zu abonnieren…

Ein solches Verständnis von Code schließt eine Reihe von unterschiedlichen strukturierenden Aspekten ein, also von Mechanismen, über die der Software-Code bestimmte Verwendungsweisen nahelegt. Hier ist zunächst der „technological spirit" einer Anwendung zu nennen, der sich als impliziter Ausdruck von (erwünschten) stabilen Aneig-

---

[55] Der Begriff wird hier also anders gebraucht als in zwei gängigen kommunikationswissenschaftlichen Paradigmen: Weder ist ein systemtheoretisches Verständnis gemeint, das Code als binäre Leitdifferenz autopoietischer Systeme versteht, noch ist das Verständnis aus den Cultural Studies gemeint, das Code als Sinnstrukturen versteht, die in Medientexte eingeschrieben („encoding") bzw. aus ihnen herausgelesen werden („decoding").

nungsmodi deuten lässt – was erwarten sich Designer von der Nutzung der Software? Nach Poole/DeSanctis (1992) lässt sich der technological spirit einer Software über die Analyse unterschiedlicher Merkmale ermitteln: Über die zugrundeliegende Design-Metapher, die sich beispielsweise im Selbstverständnis bzw. der Selbstbeschreibung einer Anwendung äußert; über die Benennung und Präsentation einzelner Funktionen und die Gestaltung des Interfaces, sowie schließlich auch durch begleitende Informationen wie Tutorials, erläuternde Videos oder Listen von „Frequently Asked Questions" (FAQ), in denen der „korrekte" Gebrauch der Software vermittelt wird.

Als weiteres Verbindungsglied zwischen den technischen Merkmalen und den individuell ausgeübten Verwendungsweisen sowie den gesellschaftlich oder in Verwendungsgemeinschaften vorherrschenden Vorstellungen über legitime Praktiken kann der Begriff der „affordances" dienen (vgl. Graves 2007), der sich im Deutschen mit „Aufforderungscharakter" nur unzureichend übersetzen lässt. Diese affordances können auf unterschiedlichem Abstraktionsgrad erhoben werden, beispielsweise in Bezug auf die Strukturierung des Kommunikationsprozesses: Die Anzahl der Kommunikationspartner (one-to-one, one-to-many, many-to-many) und die zeitliche Dimension (synchrone oder asynchrone Kommunikation) sind zwei affordances von computervermittelter Kommunikation, die regelmäßig genutzt werden, um Kommunikationsdienste zu klassifizieren (vgl. Beck 2006, S. 21ff.).

Erickson/Kellog (2000) stellen dagegen drei affordances heraus, die sich auf die „social translucence" einer Software beziehen und Kontext für Handlungen herstellen: „Visibility" beschreibt den Umstand, dass in Kommunikationsumgebungen Aktionen anderer Nutzer sichtbar gemacht werden, also Spuren hinterlassen; „Awareness" meint hingegen, dass bereits die bloße Anwesenheit (und nicht nur die Aktivitäten) dieser Nutzer sichtbar gemacht werden; „Accountability" bezieht sich schließlich auf den Umstand, dass das Wissen um die Sichtbarkeit von Aktivitäten und Anwesenheit reziprok ist, also einem Nutzer deutlich gemacht wird, dass andere wissen, dass er anwesend und sichtbar ist.

Zu den affordances zählt auch die Offenheit bzw. Geschlossenheit einer Software. Damit ist zum einen der Grad gemeint, zu dem der Code einer gegebenen Anwendung Schnittstellen für die Kopplung oder den Austausch mit anderen Anwendungen bietet. Viele Kommunikationsräume des Social Web beruhen auf „Mashups", die getrennt voneinander entwickelte Anwendungen mit Hilfe von offenen Schnittstellen (APIs; vgl. Abschnitt 2.1) kombinieren. Zum anderen gehört zu den affordances einer Software auch die Offenheit für Modifikationen durch die Nutzer selbst, also der Grad, zu dem eine Anwendung den eigenen Bedürfnissen bzw. Nutzungskontexten anpassbar bzw. zu dem ein bestimmtes Verhalten der Software bereits in ihren Code einprogrammiert und nicht mehr veränderbar ist.

Eine wichtige Rolle in diesem Zusammenhang spielen die „default settings" bzw. Standardeinstellungen, das heißt diejenigen Optionen (unter mehreren), die von den Entwicklern als Voreinstellung gewählt wurden und so lange gültig sind, bis die Nutzer eine andere Option wählen. Sie haben eine stark strukturierende Wirkung, weil viele Nutzer diese Standardeinstellungen nicht ändern – teilweise aus fehlendem Wissen, teilweise aus Unklarheit über die Wirkungen einer Veränderung, teilweise aus der Haltung heraus, in der Voreinstellung drücke sich das überlegene Wissen der Entwickler aus und die Einstellungen seien daher optimal (vgl. Kesan/Shah 2006).

Technological spirit und affordances entfalten ihre strukturierende Wirkung in Prozessen der Technikaneignung und –nutzung, müssen zuvor jedoch in die Software eingeschrieben werden. Ein solches Programmieren („Coden") beinhaltet, dass die zu bearbeitenden oder zu unterstützenden Praktiken (wie Arbeitsabläufe, Interaktionen oder Informationsmanagement) über Prozesse der Semiotisierung, Formalisierung und Algorithmisierung in Anweisungen transformiert werden, die ein Computer als symbolverarbeitende Maschine bearbeiten kann (vgl. Funken 2001, S. 89ff.). Wie aber lässt sich diese „Formung" von Code sozialwissenschaftlich fassen? Die folgenden Bemerkungen beziehen sich insbesondere auf das Verhältnis von Entwicklern und Nutzern.

Die formale Modellierung von sozialen Praktiken wird maßgeblich von Personen mit einem spezialisierten, oft im Zuge einer professionellen Ausbildung erworbenen Expertenwissen geleistet, die als Programmierer oder Software-Entwickler tätig sind.[56] Zwischen Entwicklern und Nutzern herrscht zumeist ein Machtgefälle, das auf ungleichen Wissensbeständen beruht (vgl. Funken 2001) Obwohl bei vielen Projekten ein Auftragsverhältnis existiert, dient der Informationsaustausch für die Formulierung eines gemeinsam vereinbarten

---

[56] Geht man davon aus, dass Informations- und Kommunikationstechnologien eine Schlüsselstellung in der Gegenwartsgesellschaft einnehmen, kommt den Software-Entwicklern eine besondere Rolle zu, weil sie die Gestalt und Architektur der computervermittelten Sozialräume prägen. Inwieweit diese „digitale Elite" (Ellrich 2006) durch spezifische Werte, Einstellungen und Weltbilder geprägt ist, und inwiefern diese wiederum vermittelt über technische Artefakte die Welterfahrung anderer Personen prägen, ist noch nicht hinreichend untersucht. Allerdings gibt es erste Ansätze, auch in die Software-Entwicklung Gedanken eines „value-conscious design" (Manders-Huits/Zimmer 2009) einzubringen, also im Entwicklungsprozess bereits mögliche soziale Folgen mit zu berücksichtigen.

Pflichtenhefts „*unterschwellig* und ausschließlich den formallogischen Ansprüchen der Entwickler" (Funken 2001, S. 13; Kursivsetzung im Original). Die interessierenden Strukturen und Prozesse, die bei Nutzern in der Regel als implizites Wissen über Handlungsabläufe oder Anforderungen vorliegen, werden in Algorithmen umgewandelt; dadurch wird dieses tacit knowledge aus dem Kontext der letztendlichen Anwendungssituation gelöst, generalisiert und formalisiert – und letztlich auch dem Nutzer entzogen: „Die ursprünglich beabsichtigte Nutzerorientierung wird durch die Entwicklerlogik usurpiert" (Funken 2001, S. 11).

Obwohl oder gerade weil Software-Entwickler in der Auseinandersetzung mit Kunden oder Nutzern zwischen den verschiedenen Wissensbeständen übersetzen müssen, operieren sie vielfach mit einem problematischen reduzierten Menschen- und Akteursbild, das „socially thin" bleibt (vgl. Lamb/Kling 2003): Evaluationen von softwaretechnischen Systemen oder Usability-Studien finden oft in Laborsituationen statt, beziehen nur wenige Variablen ein – einzelne Merkmale von Aufgaben oder kognitive Prozesse – und gehen von einem individualistischen Nutzerkonzept aus, das in sozialpsychologischen Modellen des „bounded rationalism", also des eingeschränkt rationalen Indviduums wurzelt. Der Kontext der Nutzung wird ignoriert und die Menschen auf eine einzige Rolle – den Nutzer bzw. Anwender – reduziert.

Organisationssoziologischen Analysen kann man hingegen entnehmen: „users don't think of themselves as *primarily* having anything to do with the computer at all. They see themselves as professionals, working with others, and using computers in support of those interactions" (Lamb/Kling 2003, S. 200; Hervorhebung im Original). Dieser Einwand wiegt umso schwerer, als auch die organisationssoziologische Perspektive nur einen von mehreren möglichen Kontexten des Software-Einsatzes erfassen kann. Ob eine Software innerhalb einer Organisation oder „in freier Wildbahn" verwendet wird, hat einen profunden Einfluss auf die Verwendungsregeln und die Resultate, die mit ihr erzielt werden. Der Einsatz von Wikis innerhalb von Organisationen beispielsweise ist oft vom Wunsch motiviert, „so etwas wie die Wikipedia" auch für das in einem Unternehmen vorliegende Wissen zu schaffen. Organisationsinterne Hierarchien und Anreize erschweren es jedoch, das Wikipedia-Prinzip zu reproduzieren und können letztlich zum Scheitern eines solchen Projekts führen (vgl. Mayer/Schoeneborn 2008).

Soziologische Kritik an Akteursmodellen der Software-Entwickler lässt sich zudem auch dort anbringen, wo der Nutzer explizit als soziales Wesen erfasst werden soll, beispielsweise bei der Gestaltung von Netzwerkplattformen oder von Metadaten-Standards wie „FOAF"[57] – allgemein gesprochen dort, wo Nutzer soziale Beziehungen zu anderen Nutzern explizit machen sollen. Hier manifestiert sich nach wie vor bei vielen Software-Anwendungen ein binäres Beziehungsverständnis: Nutzer können andere Personen nur als Kontakt oder als Nicht-Kontakt führen, oder müssen sie in spezifische distinkte Kategorien einordnen. Die Plattform „Google+", die Mitte 2011 startete, hat mit dem Konzept der „circles" (die von Nutzern beliebig benannt und mit ihren Kontakten „bestückt" werden können) zumindest anerkannt, dass ein soziales Netzwerk aus einer Vielzahl von unterschiedlichen Rollenbeziehungen besteht. Dennoch wird auch diese Modellierung, geschweige denn binäre Modelle, den tatsächlichen Komplexitäten von sozialen Beziehungen nicht gerecht, die situationsspezifisch und über die Zeit variabel ausgehandelt und im buchstäblichen Sinn praktiziert werden. So verhindert Software-Code unter anderem, dass es zu einer wirklich nuancierten Abstufung von Privatsphäre in den persönlichen Öffentlichkeiten (vgl. Kapitel 5.2) kommen kann.

Die geschilderte „soziologische Blindheit" von Software-Entwicklung könnte im Social Web in gewisser Weise gelindert werden, da sich dort ein neues Verständnis für die Rolle des Nutzers im Designprozess etabliert.[58] Während lange Zeit die Kunden bzw. Nutzer, die in der Regel über kein informatikspezifisches Wissen verfügen, aus Sicht der Entwickler eher störende, zumindest „unstete und laienhafte Informanten" (Funken 2001, S. 197)[59] waren, bezieht Software-Entwicklung im neuen Netz deutlich stärker die „normalen Nutzer" und ihre Praktiken mit ein. Entsprechendes Feedback wird nach wie vor in formalisierten Verfahren des Usability-Testings eingeholt, beruht jedoch in wachsendem Maße auch auf Instrumenten wie Entwickler-Blogs, Support-Foren oder

---

[57] Dabei handelt es sich um einen Vorschlag, Qualitäten von sozialen Beziehungen in maschinenlesbare Form zu bringen und als Meta-Daten zu webbasierten Inhalten hinzuzufügen (vgl. http://www.foaf-project.org [15.08.2011]).

[58] An dieser Stelle sollen die bereits relativ gut untersuchten Praktiken der Entwicklung von „Open Source"-Software ausgeklammert werden. Sie finden in vernetzten und vergleichsweise offenen Gemeinschaften statt, beruhen jedoch weiterhin vorrangig auf dem Engagement von Experten mit programmiertechnischer Ausbildung (vgl. Lakhani/von Hippel 2002; Chopra/Dexter 2008; Tepe/Hepp 2008).

[59] Diese Diagnose beruht u.a. auf einer 1996 durchgeführten Befragung von 70 Entwicklern aus Softwareunternehmen unterschiedlicher Größe, die Anwendungssoftware programmieren und Kundenkontakt haben. Bereits dort zeichnete sich allerdings ab, dass nicht alle befragten Informatiker einem solchen „technikdeterministischen Entwicklungsmodell" folgen, das die Eigenlogik der Software in den Mittelpunkt des Denkens stellt. Etwa ein Drittel der Befragten, vornehmlich jüngere Personen, akzeptierten dagegen die Rolle des Kunden als Experte für den Eigensinn der zu lösenden Problembereiche.

Funktionen zur Meldung von Fehlern. Solche Rückmeldungen sind wichtiger Bestandteil des Prinzips der „perpetual beta", das ständige Iterationsprozesse bei der Software-Entwicklung vorsieht und inzwischen auch ein eigenes Programmier-Paradigma („agile Produktentwicklung"[60]) kennt. Mit den „BarCamps" hat sich zudem ein spezifisches Veranstaltungsformat etabliert, das für den Austausch zwischen Entwicklern und engagierten Nutzern eine wichtige Rolle spielt. Diese unregelmäßigen und in zahlreichen Städten stattfindenden Treffen besitzen in der Regel nur einen lockeren Zeitplan, jedoch keine vorher festgelegten Vorträge oder Referenten. Der Ablauf wird zu Beginn von den Anwesenden selbst koordiniert, die Präsentationen oder Themen vorschlagen.[61]

Diese Bemerkungen zum Ablauf und Kontext von Technikgenese im Bereich von Software verdeutlichen, dass auch Code, der über den technological spirit und affordances rahmend auf Nutzungspraktiken wirkt, selbst sozial strukturiert wird. Die konkrete „Einpassung" von Anwendungen, Plattformen o.ä. in die Praktiken findet allerdings erst im Zuge der Technikaneignung statt. Der Software-Code wirkt hier nicht determinierend, sondern kann Umdeutungen, unvorhergesehenen Nutzungen oder „uses drift" (Mallard 2005, S. 40ff.) unterliegen – das Leitbild bzw. der technological spirit einer Anwendung sowie die konkreten affordances bedingen eben nicht alle Verwendungsweisen, sondern lassen dem Nutzer Spielräume. Diese können durchaus bewusst gestaltet sein, zum Beispiel durch die Entscheidung von Plattformentwicklern, unterschiedliche Dateitypen zum Upload zu erlauben, oder durch das Anbieten von Freitextfeldern statt vorgegebener Kategorien bei Profilseiten, sich jedoch auch unabhängig davon äußern.

Verantwortlich hierfür ist die interpretative Flexibilität der Anwender einer Technologie, die darauf beruht, dass die Vorstellungen von Entwicklern und Nutzern einer Software über deren „korrekten" Einsatz nicht übereinstimmen müssen; Nutzer können Software auch neuen Zwecken zuführen oder spielerisch einsetzen. Der von den Entwicklern

---

[60] Vgl. Munz/Sörgel (2007). Prinzipien der agilen Softwareentwicklung wurden erstmals 2001 von einer Reihe von Software-Entwicklern formuliert, die ihr „Manifesto for Agile Software Development" (vgl. http://agilemanifesto.org; [15.08.2011]) als Gegengewicht zu den als schwerfällig und dokumentationsintensiv empfundenen etablierten Softwareentwicklungsmodellen verstanden.

[61] Neben den BarCamps, die auf Themen aus dem Umfeld der Software-Entwicklung im engeren Sinn ausgelegt sind, wird das Format inzwischen auch für Veranstaltungen zu Themen wie E-Learning (http://educamp.mixxt.de), Politik (http://www.politcamp.org) oder zivilgesellschaftlichem Engagement (http://www.socialcamp-berlin.de) genutzt.

intendierte technological spirit muss sich also nicht mit dessen nutzer- bzw. gruppenspezifischen Interpretation decken, genauso wie die affordances eben nur Aufforderungscharakter besitzen, sich unter Umständen aber auch umdeuten lassen. Die Flexibilität kann sich individuell äußern[62], ist oft aber sozial geprägt: In der Aneignung handeln die Nutzer Verwendungsregeln erst aus, d.h. innerhalb entstehender oder existierender Verwendungsgemeinschaften wird geklärt, für welche Zwecke eine bestimmte Anwendung geeignet ist und wie sie in konkreten Kommunikationssituationen zu verwenden ist.

Dies gilt in besonderem Maße für Anwendungen des Social Web, die ihren Wert ja erst daraus beziehen, dass Nutzer sie zur Interaktion oder Kommunikation heranziehen, und dass Nutzer gemeinsam Wissens- oder Kulturgüter schaffen und miteinander teilen. Die individuellen Praktiken im Umgang mit einer gegebenen Anwendung sind daher auch von den Praktiken anderer Nutzer abhängig, wobei sich unter Umständen bereits innerhalb relativ kleiner Gruppen eigene Regeln für den Umgang mit der Software stabilisieren. Solch wechselseitige Beeinflussung und die Dynamik von Imitation und Innovation in der Nutzungspraxis sind für die Entwickler oft nicht vorhersehbar, geschweige denn planbar. Allerdings können sich Entwickler als „teilnehmende Beobachter" in die Verwendungsgemeinschaften begeben und auf innovative Praktiken reagieren, indem sie diese durch Veränderungen im Software-Code unterstützen oder regulieren.

Ein Beispiel soll abschließend die Dynamik illustrieren, die aus der Spannung zwischen den intendierten Nutzungsweisen der Software-Entwickler und den nicht intendierten Verwendungsweisen der Nutzer, sowie aus der wechselseitigen Beeinflussung von Code-Gestaltung und -Aneignung resultiert: Seit Mitte 2007 ermöglicht es Facebook externen Entwicklern, eigene Anwendungen als „third party applications" an die Plattform anzubinden und so Faecebook-Mitgliedern zusätzliche Funktionen, Werkzeuge, Spiele o.ä. zur Verfügung zu stellen. Diese Offenheit fördert Modularität und Rekombination, doch im September 2008 kam es zu einem Konflikt (vgl. Arrington 2008; boyd 2008b): Eine der zahlreichen externen Anwendungen, das Spiel „PackRat", war technisch so gestaltet, dass Nutzer Spielfortschritte durch das Kontaktieren von möglichst vielen anderen Nutzern sowie das Anlegen von Zweit-

---

accounts erzielen konnten. Aus Sicht von Facebook handelte es sich um eine unintendierte und unerwünschte Nutzungsweise, auf die mit dem Löschen einiger der zusätzlich erstellten Benutzerkonten reagiert wurde.

Die Begründung ihres Vorgehens offenbart, wie der Umgang mit den Vorgaben und Optionen einer Software von Verwendungsregeln gerahmt wird: Für die Betreiber von Facebook handelte es sich um eine unintendierte Nutzungsweise, weil gegen das Leitbild bzw. den technological spirit der Plattform verstoßen wurde: „As stated on our home page, Facebook is a social utility that connects you with the people around you, not a ‚social networking site'. It is meant to help reinforce pre-existing social connections, not build large groups of new ones" (Facebook-Kundendienst, zitiert nach Arrington 2008). Diese Begründung führte jedoch zu Protesten seitens der Nutzer, die sich nicht auf die Pflege bereits existierender Beziehungen beschränken lassen wollten, sondern das Kennenlernen neuer Personen, unter Umständen auch das Sammeln von Kontakten zu Unbekannten als ebenso angemessenes Verhalten empfanden.

In einer Klarstellung änderte Facebook daraufhin die Begründung und berief sich fortan auf die Nutzungsbedingungen: „users on Facebook cannot have more than one account and creating another account for the purpose of playing this game violates our Terms of Use" (Facebook-Kundendienst, zitiert nach Arrington 2008). Damit bezogen sie sich auf eine explizitere Form der Verwendungsregeln, um ihre Sanktionen gegen das empfundene abweichende Verhalten zu legitimieren. Die grundsätzliche Spannung zwischen unterschiedlichen Vorstellungen von Entwicklern bzw. Betreibern einerseits und (manchen) Nutzern andererseits lässt sich dadurch letztlich aber nicht auflösen: Welche Praktiken in Hinblick auf die Authentizität eines Profils, auf das Führen mehrerer Profile sowie das Kontaktieren anderer Nutzer als angemessen gelten, können nicht alleine die explizit formulierten Verwendungsregeln der Geschäftsbedingungen regulieren, sondern hier spielen die Bedürfnisse und Vorstellungen der Nutzer, die in sich auch nicht einheitlich verteilt sind, eine mindestens ebenso große Rolle.

4 Komponenten von Social-Web-Praktiken

Während die vorangegangenen Abschnitte begriffliche Grundlagen für eine praxistheoretische Perspektive auf das neue Netz gelegt haben, wendet sich mit diesem Abschnitt der Blick nun auf die konkreten Handlungsweisen. Dazu werden drei Handlungskomponenten näher diskutiert, die sich in durch Regeln, Relationen und Code strukturierten Praktiken der Social-Web-Nutzung äußern können (vgl. auch Tab. 5): Identitätsmanagement (vgl. Abschnitt 4.1) meint das Zugänglich-Machen von Aspekten der eigenen Person; Beziehungsmanagement (vgl. Abschnitt 4.2) die Pflege von bestehenden oder das Knüpfen von neuen Relationen; Informationsmanagement (vgl. Abschnitt 4.3) bezieht sich schließlich auf das Selektieren, Filtern, Bewerten und Verwalten von Informationen aller Art.[63]

Tab. 5: Handlungskomponenten von Social-Web-Praktiken

Handlungs-komponente	Tätigkeiten	Beispiele
Identitäts-management	Zugänglich-Machen von Aspekten der eigenen Person	Ausfüllen einer Profilseite; Erstellen eines eigenen Podcasts; Hochladen eines selbst erstellten Videos
Beziehungs-management	Pflege bestehender und Knüpfen neuer Relationen	Eintrag auf der Pinnwand eines Kontakts; Aussprechen oder Annehmen von Kontaktgesuchen; Verlinken von Weblogeinträgen
Informations-management	Selektieren, Filtern, Bewerten und Verwalten von Informationen	Taggen einer Website; Bewerten eines Videos durch Punktevergabe; Abonnieren eines RSS-Feeds

---

[63] Varianten finden sich z.B. bei Koch/Richter (2009), die sich auf eine frühere Fassung dieser Dreiteilung beziehen, neben Informationsmanagement jedoch Identitäts- und Netzwerkmanagement einerseits und Kommunikation andererseits voneinander unterscheiden. Schulzki-Haddouti (2008) erwähnt in ihrer Diskussion von Netzwerkplattformen neben Identitäts- und Beziehungsmanagement noch das Reputationsmanagement.

Im Hinblick auf den Vollzug dieser Praktiken von „-management" zu sprechen, erscheint in zweierlei Hinsicht gerechtfertigt.[64] Wie in den folgenden Abschnitten näher dargestellt wird, findet das Handeln in sozialen Kontexten statt, die eine aktive Rolle des Individuums voraussetzen: In Bezug auf den Umgang mit Informationen ist die hier gebrauchte Vorstellung von Management vermutlich intuitiv einleuchtend, weil hierbei der tagtägliche Zwang zur Selektion aus verfügbarer Fülle, aber auch das routinisierte und repertoiregeleitete Handeln besonders deutlich wird. Der Gedanke des Beziehungsmanagements kann einerseits an Vorstellungen des „networking", also der gezielten Beziehungsarbeit anknüpfen, andererseits aber auch an die alltägliche Pflege von Freundschaften und Kontakten. In Bezug auf Identität verblüfft die Kopplung mit dem Begriff „Management" möglicherweise, weil Identität von vielen als ein stabiles Merkmal angesehen wird, das eine Person auszeichnet. Wie in Abschnitt 4.1 näher ausgeführt werden wird, muss aber Identität (genauso wie die Orientierung in der Welt oder die Einbettung in soziale Netzwerke) aktiv hergestellt werden: „identity (is) a fluid, ongoing process, something that is permanently ‚under construction'. (…) [I]dentity is something we *do*, rather than simply something we *are*" (Buckingham 2008, S. 8; Kursivsetzung im Original).

Handeln als Sich-In-Beziehung-Setzen zum Selbst, zu anderen und zur Welt geschieht also nicht unhinterfragt und verlangt auch dort, wo es routinisiert oder gewohnheitsmäßig abläuft, ein aktives und explizites Gestalten oder Auswählen. Es muss dabei nicht zwingend einem strengen Verständnis von Management als strategischem, planerischem, rational Zwecke und Mittel abwägendem Handeln folgen, auch wenn dies in bestimmten Fällen (wie dem auf beruflichen Erfolg ausgerichteten Networking) zugrunde liegen kann. Vielmehr ist Management hier im Sinne von „Handhaben" oder „Bewerkstelligen" gemeint, also von Varianten des Handlungsvollzugs, die sehr viel stärker auf praktischem statt auf diskursivem Bewusstsein basieren und routinisiert, eingelebt, habitualisiert stattfinden.

Die Unterscheidung der drei Handlungskomponenten ist insofern analytisch, als es Überlappungen zwischen ihnen gibt und in konkreten Nutzungsepisoden mehrere von ihnen auftreten können. Dennoch verweisen die drei Bezugspunkte der Komponenten – Identität, Beziehungen und Informationen – auf jeweils unterschiedliche Anforderungen an die Handlungsausrichtung, die mit der Unterscheidung von

---

[64] Die Klarstellungen profitierten maßgeblich von der Diskussion zu einem Eintrag im das Buch begleitenden Weblog (vgl. http://www.dasneuenetz.de/archives/87 [15.08.2011]).

Selbst-, Sozial- und Sachauseinandersetzung korrespondieren (vgl. Paus-Hasebrink/Schmidt/Hasebrink 2009). Diese Entwicklungsaufgaben lassen sich in zentralen Fragen ausdrücken: Wer bin ich? Welche Position habe ich in meiner sozialen Umgebung? Wie orientiere ich mich in der Welt? Auch wenn im Folgenden die Praktiken mit besonderem Bezug auf die Social-Web-Nutzung diskutiert werden, besteht damit doch ein untrennbarer Bezug zu übergeordneten Anforderungen, mit denen sich ein Individuum im Lebensvollzug konfrontiert sieht.

In dem Maße, wie sich das Internet als Werkzeug für Interaktion und Kommunikation etabliert und veralltäglicht, werden diese Aufgaben auch onlinevermittelt erbracht; als Teil von ineinander verschachtelten Praktiken sowie in ihren Konsequenzen für weiteres Handeln und die (Re-)Produktion von Strukturen reichen die Praktiken des Identitäts-, Beziehungs- und Informationsmanagements aber immer auch über das Internet hinaus. Eine klare Trennung zwischen virtueller und realer Welt ist aus diesem Grund nicht haltbar – nicht zuletzt, weil das implizite Wissen, das den Vollzug von Praktiken erst möglich macht, unhintergehbar an den Körper gebunden ist und sich das Geschehen „im" Internet letztlich zwischen Menschen abspielt, die *vor* dem Rechner bzw. Bildschirm sitzen.

Unterschiedliche Aspekte der Social-Web-Praktiken machen die Durchlässigkeit der vermeintlichen Grenzen zwischen virtueller und realer Welt weiter deutlich: So geschieht Identitätsmanagement immer auch in Auseinandersetzung mit den leiblichen Aspekten des eigenen Selbst; der eigene Körper wird beispielsweise in Profilfotos repräsentiert, inszeniert oder verfremdet, oder steht im Mittelpunkt von problematischen Inszenierungen von selbstschädigendem Verhalten (wie z.B. „Ritzer"-Foren oder Pro-Anorexia-Weblogs). Beziehungsmanagement rekurriert in vielen Fällen auf solche Kontakte, die bereits vor der computervermittelten Interaktion bestanden und zudem über weitere Kanäle inklusive der face-to-face-Kommunikation gepflegt werden. Und auch das onlinebasierte Informationsmanagement bezieht sich vielfach auf Nachrichten, Neuigkeiten, Daten und Wissen, die ihre Relevanz in der „Offline-Welt" besitzen. Das Social Web ist nur vermeintlich virtuell, tatsächlich aber hochgradig real.

Eine letzte Vorbemerkung: Der Schwerpunkt der folgenden Diskussion liegt auf den Praktiken von Laien, die im Social Web als „aktive Nutzer" auftreten. Dies ist vor allem dem Platz geschuldet, denn auch das Handeln von professionell tätigen Akteuren wie Journalisten, Öffentlichkeitsarbeitern, Politikern oder Wissenschaftlern kann als Praxis beschrieben werden, um die spezifischen Strukturierungen des jeweiligen sozialen Felds herauszuarbeiten. Der hier skizzierte Begriffsrahmen ist dafür prinzipiell auch offen, weil sich bestimmte rollenspezifische Regeln identifizieren lassen, weil die Einbettung professioneller Akteure in spezifische Netzwerke und die daraus folgenden Ressourcen untersucht werden können, und weil die strukturierende Rolle des Software-Codes auch für professionelle Tätigkeit im Social Web gilt.

4.1 Identitätsmanagement

Ein zentrales Merkmal der Modernisierung, jenes langfristigen sozialen Wandlungsprozesses, der gegenwärtige Gesellschaften prägt, ist die besondere Bedeutung der Individualisierung.[65] Während sich den Menschen der Vormoderne die Frage nach der eigenen Identität nicht stellte, weil das Leben des Einzelnen durch Traditionen, klar strukturierte gemeinschaftliche Gefüge und Lebensverläufe eindeutig festgelegt war, haben sich solche unhinterfragten gesellschaftlichen Ordnungen im Zuge der Modernisierung aufgelöst oder zumindest ihre Selbstverständlichkeit verloren: Man erhält seine Stellung in der Gesellschaft nicht mehr zugewiesen, sondern muss sie – innerhalb gesellschaftlicher Rahmenbedingungen – selbst erreichen. Erst dadurch wird es möglich, dass Selbstreflexivität und das Formen einer eigenen, eindeutig bestimmbaren Identität zu kulturellen Leitbildern werden. Damit ist allerdings auch der Doppelcharakter von Identitätsmanagement (in einem weiten Sinn als „Arbeit an der eigenen Identität" verstanden) verbunden: Individualisierung macht es erst möglich, dass Menschen sich als eigenständige und autonome Personen verstehen können, doch gleichzeitig entsteht ein überindividueller Zwang, sich eben genau diesem Leitbild zu fügen: Menschen *können* sich und ihr Leben als Individuen entfalten, sie *müssen* es in der modernen Gesellschaft aber auch: „Das Ideal moderner Identitätsvorstellungen ist [..] ein starkes, stabiles und einheitliches Selbst, das allen Herausforderungen und Gefahren seiner Fragmentierung oder gar Auflösung zum Trotz stets mit sich identisch bleibt" (Schroer 2006, S. 49).

Diese normative Anforderung, die eigene Identität zu bilden und zu stabilisieren, wird durch eine ausdifferenzierte soziale Umwelt, eine

---

[65] Zahlreiche klassische und zeitgenössische soziologische Theorien machen Vorschläge, wie dieser historische Prozess in seinem Verlauf und seinen Konsequenzen zu beschreiben und zu erklären ist; Überblicke finden sich beispielsweise bei van der Loo/van Reijen (1992) oder Kron (2000). Mit den Akzentuierungen und Einschätzungen speziell der Individualisierung befasst sich Schroer (2000).

Vielfalt von möglichen Lebensentwürfen und Wertsystemen sowie unter Bedingungen von beruflicher und biografischer Mobilität durchaus problematisch. Insbesondere Adoleszenz (etwa von 13 bis 17 Jahren), Jugend (18 bis 22 Jahre) und frühes Erwachsenenalter (bis etwa 30 Jahre) sind Lebensphasen, in denen vielfältige Entwicklungsaufgaben bewältigt werden müssen (vgl. Oerter 1995; Buckingham 2008): Mit dem körperlichen Reifen wird das Orientieren in der eigenen Geschlechterrolle erforderlich; die Autonomie von den Eltern wird durch die Bindung an die Peer-Group der Gleichaltrigen gesucht, im späteren Lebensverlauf auch durch den Übergang aus den formalen Bildungsinstitutionen in die Berufswelt sowie in eigene partnerschaftliche und familiäre Beziehungen.

Doch während Psychologen in der Tradition von Erikson (1970) noch die Identitätsgenese mit dem Übergang aus dem „psychosozialen Moratorium der Adoleszenz" in die erwachsene Lebensphase weitgehend abgeschlossen sahen, wird Identität inzwischen als lebenslanger Prozess gedacht: Das Selbst bringt sich kontinuierlich neu hervor, um die eigene Identität an die Kontingenz, Ambivalenz und Unsicherheit der umgebenden sozialen Welt anzupassen. Diese Arbeit am eigenen Selbst kann in Form von Identitätsprojekten (vgl. Siegert/Chapman 1987) geschehen, die sich beispielsweise auf die Realisierung von bisher nicht verwirklichten Lebensplänen oder die Stabilisierung eines bereits erreichten Status beziehen; solche Identitätsprojekte bzw. biographische Narrative setzen ständige Selbstreflexivität voraus, weil das eigene Selbst und seine Stellung in der sozialen Welt mit den eigenen Zielen und den daran geknüpften gesellschaftlichen Leitbildern und Vorgaben abgeglichen werden muss. Unter Umständen kann die Auseinandersetzung mit der eigenen Stellung in der sozialen Welt auch Züge von „Identitätspolitik" annehmen, insbesondere wenn die Identitätsvorstellungen einer Person bzw. einer Gruppe mit den dominierenden kulturellen Mustern in Konflikt stehen, marginalisiert oder stigmatisiert werden – z.B. in Bezug auf ethnische Zugehörigkeit, sexuelle Orientierung oder körperliche Behinderung. Solche Auseinandersetzungen sind auch im Erwachsenenalter wichtig, weil kollektive Vorgaben ihre Strahlkraft verlieren und stattdessen die Identitätsprojekte oder -politiken von den Individuen selbst verfolgt werden müssen.

Bei diesen Prozessen spielen Medien eine wichtige Rolle, da sie nicht nur Identitätsressourcen wie Rollenvorbilder oder gesellschaftlich-kulturelle Leitbilder[66] vermitteln, sondern auch Ansatzpunkte für Selbst-reflexion und Selbstthematisierung bieten, somit als Werkzeug des Identitätsmanagements dienen können. Dabei hat es im Zuge der Gesellschafts- und Medienentwicklung eine Verschiebung gegeben (vgl. Schroer 2006): Unterstützten im Laufe der Herausbildung der Moderne zunächst Medien wie das Tagebuch, die Autobiografie oder der Roman eine vorrangig introspektive Selbst*erkennung* des Individuums, richten sich die gegenwärtigen Medien stärker auf eine Selbst*thematisierung* des Einzelnen. Diese wiederum unterliegt, je nach Format, unterschiedlichen Bedingungen. Die Präsentation des Einzelnen in Talkshows oder Castingshows im Fernsehen setzt noch einen Auswahlprozess und damit gewisse Barrieren voraus, verspricht jedoch den Auftritt vor einem relativ großen Publikum und bringt im Fall von Sendungen wie „Deutschland sucht den Superstar" sogar die Verheißung mit sich, zum Idol aufzusteigen.[67] Im Social Web dagegen sind die Hürden niedriger, sich selbst zu präsentieren, gleichzeitig richtet sich (wie in Abschnitt 5 näher ausgeführt wird) das Identitätsmanagement dort vorrangig an vergleichsweise kleine Publika.

Identitätsmanagement findet im Social Web an unterschiedlichen Stellen und auf unterschiedliche Arten statt, beispielsweise beim Ausfüllen von Profilseiten auf Netzwerkplattformen, durch die Themenwahl eines Weblog-Eintrags oder die Veröffentlichung eines selbst gedrehten Videos auf einer einschlägigen Plattform. Wie in anderen Interaktionssituationen (außerhalb des Internets) auch, beinhalten solche Handlungen das Aussenden von Hinweisen, die den Kommunikationspartnern Rückschlüsse auf die kommunikativen Absichten einer Person, aber auch ihre Interessen, Vorlieben, Meinungen oder Eigenschaften erlauben. Erving Goffman (1976, 1977) hat in seiner Analyse alltäglicher face-to-face-Situationen herausgearbeitet, wie ein solches „impression management" sowohl aus bewusst (wenngleich meist routinisiert) vermittelten Hinweisen, den „cues given", sowie den unbewussten „cues given off" besteht, die beispielsweise durch nonverbale Kommunikation oder den räumlichen Kontext einer Interaktion vermittelt werden.

---

[66] Darunter fällt auch der Wert der Individualität selbst; zudem können Medien und ihre Nutzung auch Risiken für die Identitätsentwicklung bieten, z.B. wenn widersprüchliche mediale Vorbilder nicht mit dem eigenen Selbst und sozialen Kontexten in Beziehung gesetzt werden können. Vgl. allgemein für die Mediensozialisation von Heranwachsenden Süss 2004; exemplarisch kann auch die Analyse zum Stellenwert von Talkshows im Alltag von Jugendlichen von Paus-Haase et al. 1999 dienen.

[67] Die Interviews in Pörksen/Krischke (2010) liefern aufschlussreiche, teils autobiographische Einblicke in die Mechanismen der „Casting-Gesellschaft".

Auch in der computervermittelten Kommunikation orientieren sich Menschen an solchen Hinweisen, die ihre Interaktionspartner wissentlich oder unwissentlich von sich geben. Zwar entfallen dort bestimmte Sinnesreize, doch als Ausgleich für reduzierte Signale beziehen Nutzer weitere verfügbare Informationen ein, um sich einen Eindruck ihres kommunikativen Gegenübers zu machen.[68] Identitätsmanagement umfasst somit mehr als das bewusste und aktive Publizieren bestimmter Inhalte einschließlich parasprachlicher Merkmale (wie der Smilies und Emoticons), sondern auch Aspekte wie beispielsweise den „Ort" einer Selbstdarstellung (ist diese unter einer eigenen Domain zu erreichen oder Bestandteil einer Netzwerk- oder Blog-Plattform?), den zeitlichen Rhythmus von Veröffentlichungen (werden regelmäßig Twitter-Einträge veröffentlicht oder gibt es größere und unregelmäßige Pausen?), oder die Qualität eines Videos (ist es professionell produziert oder erscheint es laienhaft?).

Hinzu kommt, dass aufgrund der strukturellen Merkmale der vernetzten Öffentlichkeiten die Reichweite der preisgegebenen Informationen nur eingeschränkt abschätzbar ist (vgl. ausführlicher Abschnitt 5): Da online vorliegende Informationen in der Regel persistent, kopierbar und durchsuchbar sind, können sie zu anderen Zeiten und in anderen Kontexten eingesehen werden, als beim Erstellen vorhergesehen. Diese Umstände verhindern oder erschweren zumindest, dass das Identitätsmanagement vollständig kontrolliert und strategisch abläuft. Dennoch gilt, dass im Social Web die Selbstpräsentation in weiten Teilen davon abhängt, welche Aspekte des eigenen Selbst eine Person bewusst preisgibt und explizit macht. Wie dieses „writing oneself into being" (boyd 2008c, S. 119) vonstatten geht, welche Praktiken des Identitätsmanagements also zur Anwendung kommen, wird sich je nach Nutzergruppe und Kommunikationssituation unterscheiden und muss somit letztlich in empirischen Studien geklärt werden. Nichtsdestotrotz lassen sich unter Rückgriff auf den im vorigen Kapitel skizzierten Begriffsrahmen einige Gemeinsamkeiten erläutern.

---

[68] Die Grundzüge dieser „Social information processing"-Theorie finden sich bei Walther 1992 und Walther/Parks 2002. Eine Anwendung dieser Theorie nehmen beispielsweise Ellison/Heino/Gibbs (2006) vor, die die Selbstdarstellung auf den Profilen von Online-Dating-Portalen untersuchen. Einen anderen Ansatz liefert die „Signaling theory" (Donath 2007), die den Einfluss der Gestaltung von Kommunikationsumgebungen auf die identitätsmarkierenden Signale untersucht. Eine zusammenfassende Diskussion verschiedener Theorien zum Zusammenhang von Identität und computervermittelter Kommunikation aus der Perspektive der Auswirkungen auf das Selbst bietet Köhler (2003).

Regelhafte Aspekte des Identitätsmanagements zeigen sich zunächst schon im Umstand, dass die Preisgabe persönlicher Informationen von den Kommunikationspartnern erwartet wird. Sie ist Voraussetzung, um an bestimmten Kommunikationsräumen des Social Web überhaupt teilhaben zu können: Erst das Ausfüllen eines Profils oder das Veröffentlichen von Einträgen im eigenen Blog oder Twitter-Stream ermöglicht es, sich in Beziehung zu anderen Nutzern zu setzen. Das passive Lurking, also das reine Abrufen von Inhalten oder Beobachten von Konversationen ohne sich selbst zu Wort zu melden, ist zwar möglich und mag in bestimmten Situationen oder für manche Nutzer bereits ausreichende Gratifikationen liefern. Doch der Lurker ist eben kein sichtbarer Teil der Kommunikationsgemeinschaft – und es hängt von den innerhalb dieser Gruppe herrschenden Konventionen und Normen ab, ob das Lurking als abweichendes Verhalten, als „Trittbrettfahren", „Stalking" oder ähnlich stigmatisiert und sanktioniert wird.

Regelhafte Aspekte äußern sich des Weiteren in Routinen und Konventionen, welche Art von Informationen in einem bestimmten zeitlichen und/oder sozialen Kontext preisgegeben werden. Ein Blog oder ein Profil auf einer Netzwerkplattform kann genutzt werden, um rollenspezifische Informationen preiszugeben, also zum Beispiel als Experte zu bestimmten Themen oder als Angehöriger einer bestimmten Subkultur oder Fangemeinschaft zu agieren. Welche Facetten der eigenen Person präsentiert werden, hängt mit vom erwartbaren Publikum sowie von Merkmalen und Vorgaben der Software ab – regelhafte Erwartungen sind also auch an Relationen und an Ausprägungen des Code gekoppelt.

Ein Vergleich der Selbstdarstellungen auf Netzwerkplattformen, die sich an Privatpersonen wenden, mit solchen, die sich an Personen in ihrer beruflichen Rolle wenden, macht die Einbettung von Identitätsmanagement in relationale Gefüge deutlich: Bei der Wahl eines Profilfotos müssen die Erwartungen des jeweiligen Publikums antizipiert werden, sodass auf XING eher Bilder vom Typ „Bewerbungsfoto" zu finden sind, während die Fotos beispielsweise auf Facebook größere Variation aufweisen. Welche Angaben im Profil eingestellt werden, ist hingegen (mit) von den Vorgaben abhängig, die die jeweiligen Plattformen machen – Facebook fragt beispielsweise unter anderem nach Lieblingsfilmen, Lieblingszitaten und betriebenen Sportarten, XING hingegen sieht die Angabe von Berufserfahrung und Qualifikationen sowie die Trennung von geschäftlichen und privaten Kontaktinformationen vor. Aber selbst innerhalb ein- und derselben Plattform können unterschiedliche Erwartungen das Identitätsmanagement beeinflussen, weil sie das Befolgen subkultur-spezifischer Normen oder das Verweisen auf bestimmte Marker der Gruppenidentität voraussetzen (vgl. z.B. die Analysen zur Selbstdarstellung auf Fotos bei Astheimer 2010 sowie Astheimer/Neumann-Braun/Schmidt 2011).[69]

Schließlich wird das Identitätsmanagement dadurch beeinflusst, inwiefern innerhalb einer Kommunikationsumgebung authentische Selbstdarstellungen erwartet oder gefordert werden. Mit Authentizität ist hier pragmatisch die weitgehende Übereinstimmung einer Online-Repräsentation mit der Identität „vor dem Bildschirm" gemeint und von Varianten des „identity play" zu unterscheiden, bei dem Nutzer z.B. ein anderes Alter oder Geschlecht vorgeben. Letzteres genoss in der Frühphase des World Wide Web hohe Aufmerksamkeit und wurde teils als positiv, weil befreiend und potenziell therapeutisch (vgl. Turkle 1998), teils als täuschend und potenziell desintegrierend interpretiert (vgl. van Gelder 1996).[70] Viele Anwendungen des Social Web basieren jedoch auf der Leiterwartung, dass Nutzer mit ihrer realweltlichen Identität vertreten sind.

So ist in der Blogosphäre Authentizität ein zentrales Leitbild, das vor allem gegen Professionalisierungs- und Kommerzialisierungsversuche seitens politischer oder unternehmerischer Blogs verteidigt wird (vgl. Schmidt 2006); bei Wissenschaftlerblogs dagegen ist die Kopplung von Selbstpräsentation im Netz und realer Identität entscheidend, um von den Vorteilen der Kommunikationsform zu profititieren, die das Knüpfen von Netzwerken und den Erwerb von onlinebasierter Reputation vorsieht (vgl. Walker 2006). Viele Netzwerkplattformen formulieren sogar die Pflicht zu Realnamen bereits in ihren Nutzungsbedingungen, wie z.B. Facebook, die von ihren Nutzern explizit erwarten, „ihre tatsächlichen Namen und Daten" anzugeben und „keine falschen persönlichen Informationen"[71] bereitzustellen.

---

[69] Die Rolle des Social Web für das Ausleben und die Formation subkultureller Interessen und Praktiken ist in einer Vielzahl von Studien untersucht worden, die sich zum Beispiel der Gothic-Subkultur auf LiveJournal (vgl. Hodkinson 2006), der „female vampire fan community" (vgl. Mellins 2007), dem Strickbloggen (vgl. Wei 2004), den Fans des Swing-Tanzes auf YouTube (vgl. Caroll 2008) oder Anhängern der Rolling Stones (Baker 2009) widmen.

[70] Das Ausmaß, zu dem Nutzer mit Identitäten experimentieren und sich in computervermittelten Kommunikationsumgebungen als eine andere Person ausgeben, hängt mit verschiedenen Merkmalen zusammen, darunter nicht zuletzt dem Alter: In einer Studie zum Identitätsmanagement bei jugendlichen Nutzern von Chat- und Instant-Messaging-Diensten fanden Valkenburg/Schouten/Peter (2005) heraus, dass junge Teenager (bis etwa 14 Jahre) in stärkerem Maße zu Identitätsexperimenten neigten; einen ähnlichen Befund berichten Hasebrink/Rohde (2009).

[71] Vgl. http://www.facebook.com/reqs.php#/terms.php. [15.08.2011]

Dennoch gibt es zahlreiche Beispiele, dass diese Leiterwartung des Social Web gebrochen wird. Großes Aufsehen erregte im Jahr 2006 der Fall des „Lonelygirl15" auf der Videoplattform YouTube (vgl. Näser 2008): Hinter diesem Nutzernamen stand vermeintlich eine Teenagerin namens Bree, die in mehreren Videos über ihre Erlebnisse und Empfindungen sprach und mit dem Publikum über die Kommentare in Dialog trat. Als sich herausstellte, dass es sich um einen Fake handelte, der von drei Filmemachern konzipiert worden war, kam es zu zahlreichen kritischen Kommentaren, in denen über das Verhältnis von Authentizität, Fiktion und Vermarktung auf einer kommerziell betriebenen Plattform diskutiert wurde.

Im Fall von „lonelygirl15" ist das Motiv für die Konstruktion einer fiktiven Identität im künstlerischen Streben der Produzenten zu suchen, möglicherweise auch mit dem Gedanken an eine spätere kommerzielle Verwertbarkeit. Daneben existieren weitere Motive, die unter bestimmten Umständen die nicht-authentische Selbstpräsentation begünstigen: Der Wunsch nach kreativem Ausdruck oder dem scherzhaften Verfremden einer Selbstpräsentation; der Versuch, bestimmte Restriktionen einer Seite (wie z.B. ein Mindestalter für die Registrierung) zu umgehen; vom Experimentieren mit bestimmten Selbstdarstellungen, um ein erwünschtes oder idealisiertes Selbst[72] auszudrücken und zu erproben, bis hin zu gewollten Täuschungen, mit denen anderen Personen geschadet werden soll, beispielsweise indem unter falschem Namen Informationen publiziert werden.

Aus Sicht der Betreiber von Netzwerkplattformen können „Fake-Profile" den Wert der auf der Plattform artikulierten Netzwerke vermindern, weil sie dem Charakter des Angebots (z.B. einer Plattform für geschäftliches Networking) widersprechen. Unter bestimmten Bedingungen kann Pseudonymität oder Anonymität aber auch als Schutz der eigenen Person und der Privatsphäre dienen, wenn zum Beispiel kritisch über bestimmte politische Entwicklungen oder Unternehmen berichtet wird, oder wenn die Verkettung von Selbstpräsentationen aus unterschiedlichen sozialen Kontexten verhindert bzw. zumindest erschwert werden soll.

Die bisherigen Bemerkungen machen deutlich, dass das Identitätsmanagement nicht losgelöst von einer Öffentlichkeit bzw. einem Publikum für die eigene Selbstpräsentation zu denken ist, also immer auch durch relationale Aspekte gerahmt wird. Wie solche Öffentlichkeiten

---

[72] Zur Unterscheidung von aktuellem Selbst („extant self"), erwünschtem Selbst („desired self") und sich darstellenden Selbst („presenting self") vgl. Flammer/Asaker (2002).

und Publika entstehen und gepflegt werden, ist Thema des folgenden Abschnitts 4.2; an dieser Stelle soll zunächst nur darauf hingewiesen werden, dass Informationen über soziale Beziehungen und die Stellung innerhalb eines sozialen Netzwerks auch als Identitätsmarker fungieren können. Das Offenlegen von Relationen beeinflusst, wie ein Nutzer wahrgenommen wird, weil sich darin beispielsweise thematische Vorlieben ausdrücken (wie die Links zu andere Weblogs in einer Blogroll) oder aber Vertrauen in die Selbstdarstellung vermittelt wird: Hat ein Nutzer mehrere bestätigte Kontakte, kann unterstellt werden, dass diese die Selbstdarstellung überprüft und durch ihre Kontaktbestätigung validiert haben (vgl. Donath/boyd 2004).

Auch die Anzahl der Freunde (die auf Netzwerkplattformen üblicherweise auf dem Profil angezeigt wird) hat einen Einfluss auf die wahrgenommene Popularität bzw. Attraktivität des Profileigners, wobei der Zusammenhang umgekehrt u-förmig ist (vgl. Tom Tong et al. 2008): Im Experiment erscheinen Personen mit wenigen, aber auch mit zu vielen Facebook-Kontakten weniger attraktiv als solche, die ein mittleres Maß an Kontakten aufweisen. Andere Experimentalstudien zeigen, dass auch die Kommentare der Freunde das Bild prägen, das sich Besucher vom Profilinhaber machen (vgl. Walther et al. 2008): Positive Kommentare auf der Pinnwand erhöhen die wahrgenommene soziale und aufgabenbezogene Attraktivität; negative Kommentare, die dem Profilinhaber z.B. exzessives Trinken, Flirten mit unattraktiven Personen oder Promiskuität nachsagen, wirken sich in Abhängigkeit vom Geschlecht des Profileigners unterschiedlich aus: Bei Männern erhöhten entsprechende Kommentare die Attraktivität, bei Frauen verringerten sie sie.

Schließlich rahmen Merkmale des Software-Codes das Identitätsmanagement – zunächst im trivialen Sinn, dass erst die Software die Möglichkeit eröffnet, bestimmte Aspekte der eigenen Person für andere zugänglich zu machen. Hinzu kommt jedoch der strukturierende Einfluss, den bestimmte softwareseitige Vorgaben oder Standardeinstellungen auf die Selbstpräsentation haben: Sie können beispielsweise den Umfang von Mitteilungen oder Texten einschränken (wie im Fall des Microblogging-Dienstes Twitter, der einzelne Nachrichten auf 140 Zeichen begrenzt) und sogar bereits durch die Gestaltung eines Eingabefelds bestimmte Nutzungsweisen nahelegen. Blood (2004) berichtet von einem kleinen, aber weit reichenden Unterschied im Design früher Weblog-Plattformen. Das Nutzerinterface von Pitas.com besaß getrennte Eingabefelder für eine verlinkte URL sowie für einen dazugehörigen Kommentar; dies legte die Praxis nahe, ein Weblog auf Pitas als kommentierte Linkliste zu führen. Die Eingabemaske von Blogger.com bestand dagegen aus nur einem Feld für Text; Verweise auf andere Seiten mussten mit HTML-Tags gesondert gekennzeichnet werden. Diese technische Gestaltung förderte einen Stil, der weniger mit Verweisen auf andere Seiten arbeitete und eher der Journal-Tradition entsprach, damit aber auch andere Praktiken der Selbstdarstellung förderte.

Ähnliches gilt für die Gestaltung von Profilseiten auf Netzwerkplattformen oder anderen Angeboten: Welche Merkmale abgefragt werden und welche nicht; ob die Eingaben aus einer Liste von Kategorien ausgewählt (vgl. beispielhaft die Liste der Vorgaben zum Beziehungsstatus auf verschiedenen Plattformen in Tab. 6) oder im Freitext eingegeben werden; inwieweit neben Text auch multimediale Inhalte wie Fotos und Videos eingebunden werden können; ob andere Webadressen (z.B. eines eigenen Blogs) explizit abgefragt, die Adressen per HTML eingefügt oder aber ausgefiltert werden – all dies unterliegt den Entscheidungen der Entwickler und Designer eines entsprechenden Angebots, die somit den Spielraum des Identitätsmanagements ihrer Nutzer einschränken oder öffnen können.

Tab. 6: Beziehungsstatus-Kategorien bei Netzwerkplattformen

StudiVZ/MeinVZ	Facebook	Google+
Solo	Single	I don't want to say
In Arbeit	In einer Beziehung	Single
Für alles zu haben	Verlobt	In a relationship
Verknallt	Verheiratet	Engaged
Romanze	Es ist kompliziert	Married
Frisch verliebt	In einer offenen	It's complicated
Verlobt	Beziehung	In an open relationship
Verheiratet	Verwitwet	Widowed
Vergeben	Getrennt	In a domestic
Offene Beziehung	Geschieden	partnership
Gute Frage		In a civil union
Problem		
Unglücklich verliebt		
Gerade getrennt		
Endlich wieder frei		
Geschieden		
Schwer zu sagen		
Unklar		

An der Entscheidung zwischen vorgegebenen Kategorien oder Freitextfeldern lässt sich zuletzt auch beispielhaft nachzeichnen, wie im Umgang mit Code die Vorstellungen von Entwicklern und Nutzern über das Identitätsmanagement aufeinander prallen können. Aus Betreibersicht eignen sich geschlossene Fragen besser, um die entsprechenden Merkmale für Suchanfragen zu erschließen und Nutzern die Möglichkeit zu bieten, gezielt nach Mitgliedern zu recherchieren, die beispielsweise „Single" oder „Für alles zu haben" sind. Anbieter könnten diese Information aber auch verwenden, um zielgruppenspezifische Werbung einzublenden, beispielsweise nur für Verheiratete oder frisch Verliebte.

Für Nutzer wiederum mögen solche Vorgaben einengend sein, selbst wenn die Alternativen bereits deutlich über die Klassifikationsvorgaben hinausgehen, die beispielsweise in amtlichen Formularen verwendet werden. Für diese Vermutung spricht, dass Nutzer kreative Wege gehen, um mit empfundenen Beschränkungen umzugehen: So sind auf den Plattformen der VZ-Gruppe die Möglichkeiten, das eigene Profil über das vorgegebene Raster hinaus zu gestalten, relativ gering. Viele Nutzer machen sich daher den Umstand zunutze, dass die Namen der Gruppen, denen man beigetreten ist, auf dem Profil angezeigt werden und sich so die Vorgaben der Profilmaske umgehen oder erweitern lassen. hinaus zu gestalten. Die Beschränkung auf bestimmte Kategorien bei der Angabe des Beziehungsstatus kann daher umgangen werden, indem man Gruppen wie „Beziehungsstatus: geschädigt" oder „Beziehungsstatus: schwer vermittelbar" beitritt.

Dieser Umstand lässt sich auch als generelle Aussage über das softwaretechnisch unterstützte Identitätsmanagement im Social Web formulieren: Profilseiten erzwingen eine Form der „standardisierten Selbstdarstellung", um am sozialen Leben des jeweiligen Angebots teilhaben zu können. Nutzer müssen bei der Registrierung gewisse Aspekte ihrer Person preisgeben und sich dabei an den Vorgaben der Profilmasken ausrichten, die bestimmte Merkmale abfragen bzw. Kategorien für die Selbstdarstellung vorgeben, möglicherweise sogar bestimmte Layouts oder Design-Vorgaben zur Verfügung stellen. Auch wenn die anzugebenden Informationen und die gestalterischen Vorgaben im Detail variieren, geht es letztlich darum, das eigene Selbst auf bestimmte Eigenschaften und Profilfelder zu komprimieren.[73] Dieser Standardisierungsaspekt kann jedoch in Konflikt mit dem Bedürfnis (und der gesellschaftlichen Anforderung) geraten, eine eigene, d.h. individuelle Identität zu entwickeln, auszudrücken und sichtbar zu machen.

---

[73] Boyd (2008c, S. 196ff.) schildert, wie amerikanische Jugendliche die beiden führenden Plattformen MySpace und Facebook ebenfalls anhand solcher Kategorien beurteilen; Schmidt/Paus-Hasebrink/Hasebrink (2009) berichten ähnliche Ergebnisse für deutsche Jugendliche, die zwischen SchülerVZ und StudiVZ einerseits und MySpace und Netlog andererseits urteilen.

4.2 Beziehungsmanagement

Identitäts- und Beziehungsmanagement sind schwer voneinander zu trennen, weil die Referenzpunkte dieser Handlungskomponenten – Identität und Beziehungen – untrennbar miteinander verbunden sind: Bereits zu Beginn des 20. Jahrhunderts hatte Simmel (1908/1999) erkannt, dass die Individualität eines Menschen in funktional differenzierten Gesellschaften aus seiner jeweils einzigartigen Kombination von Rollenbeziehungen, aus seiner Position im Schnittpunkt sozialer Kreise entsteht. Sein Zeitgenosse Tönnies (1887/1991) formulierte die einflussreiche Gegenüberstellung von „Gemeinschaft" und „Gesellschaft", um den Wandel von Beziehungen und Sozialformen im Übergang von Vormoderne zur Moderne zu charakterisieren.

Gegenwärtige Sozialtheorien und Gesellschaftsdiagnosen gehen über diese Dichotomie hinaus und argumentieren – aus unterschiedlichen Perspektiven und mit unterschiedlichen begrifflichen und methodischen Instrumentarien –, dass das Netzwerk zur vorherrschenden Form sozialer Organisation geworden sei.[74] Zunächst eher metaphorisch gebraucht, verweist das Konzept darauf, dass Menschen Teil eines Beziehungsgeflechts sind, in dem sie als „Knoten" mit anderen Menschen verbunden sind, wobei Inhalt und Stärke der sozialen Beziehung nicht von vorneherein festgelegt sind.[75] Soziale Netzwerke sind weder auf relativ geschlossene, auf Verwandtschaft oder räumliche Nähe basierende Gruppen (wie Tönnies' „Gemeinschaft"), noch auf rein aus strategischem Kalkül oder vertraglicher Bindung aufrechterhalten Beziehungen (wie die „Gesellschaft") reduzierbar.

Der Bedeutungsgewinn des Netzwerk-Konzepts äußert sich im Leitbild des „vernetzten Individuums" bzw. „networked individualism" (vgl. Wellman 2001; Wellman et al. 2003). Es lässt sich auf Veränderungen in den sozialen, zeitlichen und räumlichen Mustern von Interaktionen

---

[74] Für Hepp (2006b) ist dagegen das „Netzwerk" strukturelles Pendant zum Prozessbegriff des „Flusses" (im englischen: „flow"), die wiederum beide Facetten des übergeordneten Konzepts „Konnektivität" seien.

[75] Diagnosen wie die „Netzwerkgesellschaft" (Castells 2001; gleichlautend auch Messner 1995) oder das Konzept der „komplexen Konnektivität" (Tomlinson 1999) beziehen sich nicht nur auf individuelle Akteure und ihre Beziehungen, sondern beanspruchen, auch Veränderungen in der Organisationsform der kapitalistischen Wirtschaft, der Koordination politischen Handelns oder den kulturellen Verflechtungen und Strömen beschreiben zu können, beziehen also Organisationen, Staaten oder kulturelle Ressourcen als Elemente von Netzwerken mit ein. Für die Zwecke dieses Buches wird der Fokus jedoch auf den Beziehungen zwischen Individuen liegen.

zurückführen: In sozialer Hinsicht nehme aufgrund der Aus-
differenzierung von sozialen Zugehörigkeiten das relative Gewicht von
„bonding ties" (vgl. Abschnitt 3.2.2) ab, das von „bridging ties" dagegen
zu. In zeitlicher Hinsicht veränderten sich die vormals deutlichen
Rhythmen zwischen Arbeitszeit und Freizeit sowohl über den Tag als
auch über die Woche hinweg, sodass Menschen ständig für unterschiedliche Bezugspersonen bzw. -gruppen erreichbar seien. Schließlich steige
auch die räumliche Mobilität, die Menschen die Kommunikation und
Beziehungspflege auch von unterwegs bzw. unabhängig von einem
festen Standort ermögliche. Neben der zirkulären Mobilität, also der
Bewegung zwischen verschiedenen Orten (z.B. der Weg zur Arbeit oder
die Urlaubsreise), ist auch die residentielle Mobilität wichtig, denn die
Verlagerung des Wohnsitzes durch Umzug oder Migration in andere
Länder erzeugt neue Muster der Strukturierung sozialer Beziehungen,
die sich beispielsweise in Formen der transnationalen Vernetzung bzw.
Diaspora äußern (vgl. Hepp 2006a, insbes. S. 245ff.).

Ein wichtiger Treiber dieses Trends ist die Mediatisierung, also der
Umstand, dass nahezu sämtliche Lebensbereiche von medialer Kommunikation durchdrungen sind (vgl. Krotz 2007a).[76] Dies hat unter
anderem zur Konsequenz, dass Medien für das „Vernetzen", also den
Prozess des Knüpfens oder Pflegens von sozialen Beziehungen, eine
wichtige Rolle spielen. Solches Beziehungsmanagement findet in unterschiedlichen Sphären statt und ist als „Networking" bzw. „Netzwerken"
eine wichtige berufliche Anforderung geworden, weil die „Netzwerk-
Sozialität paradigmatische Sozialform des späten Kapitalismus und der
neuen Kulturökonomie" (Wittel 2006, S. 184) geworden ist. Dies gilt
speziell für die Angehörigen der postindustriellen Branchen wie z.B. der
Kreativ- und Medienwirtschaft, wo das Arbeiten in kurz- bzw. mittel-
fristig und projektbezogen zusammengestellten Teams von Freiberuf-
lern und Selbstständigen an Bedeutung gewinnt (vgl. Vogl 2008).[77]

---

[76] Krotz steht damit für ein weit gefasstes Verständnis des Mediatisierungskonzepts. Daneben gibt es in der Kommunikationswissenschaft auch Ansätze, die den Begriff nur auf
Veränderungen im Verhältnis von Mediensystem und anderer gesellschaftliche Subsysteme
beziehen (vgl. Kepplinger 2008) und sich damit auf den Bereich der öffentlichen, institu-
tionalisierten und organisiert betriebenen (Massen-)Kommunikation beschränken. Ähnlich
argumentiert Meyen (2009), der die Abgrenzung zum weiten Verständnis auch durch eine
begriffliche Unterscheidung zum Ausdruck bringt und von „Medialisierung" spricht.

[77] „Netzwerk" und „Networking" sind aber nicht nur Formalstruktur und Praxis, sondern
auch „Mythos der Innovationsgesellschaft" (Krücken/Meier 2003); zumindest im Über-
lappungsbereich von Politik und Wirtschaft, so die Autoren, würden Netzwerke nicht
mehr nur wegen ihrer (vermeintlichen) Effizienz bei Wissenstransfer und Koordination
komplexer Aufgaben gebildet, sondern vielmehr um die Vernetzungsleistung an sich zu
demonstrieren und daraus politische oder organisatorische Legitimität zu gewinnen.

Die Gestaltung bzw. Strukturierung von sozialen Netzwerken, um zukünftig von ihrer Strukturiertheit zu profitieren, findet dort nicht nur in face-to-face stattfindenden Networking-Veranstaltungen, sondern insbesondere auch in den onlinebasierten Praktiken des Netzwerkens auf Plattformen wie LinkedIn oder XING statt (vgl. Renz 2007). Zudem existiert eine Vielfalt an einschlägiger Ratgeberliteratur, die sich Themen wie „Kontakte knüpfen und beruflich nutzen: Erfolgreiches Netzwerken" (Fey 2007) oder „Erfolgsstrategie Networking" (Scheddin 2009) widmet. Positiv gewendet ist Networking zur Schlüsselqualifikation geworden, kritisch gewendet treibt es eine „Verwarung" von sozialen Beziehungen voran, da diese im wortwörtlichen (und nicht im soziologisch-reflektierten Sinn) als Sozialkapital wahrgenommen werden: als messbarer und expliziter Indikator von beruflichem Erfolg, Rang und Popularität (vgl. Wittel 2006).

Beziehungsmanagement soll hier allerdings nicht allein auf berufliche Zwecke bezogen verstanden werden, sondern allgemeiner als „active process of building, maintaining, and sustaining a specific set of mutually regarded relationships" (Hogan 2009, S. 14). Damit ist der Inhalt der Beziehungen nicht von vorneherein festgelegt, es geht also nicht ausschließlich (aber auch) um geschäftliche Kontakte, nicht ausschließlich (aber auch) um partnerschaftliche Beziehungen, nicht ausschließlich (aber auch) um Freundschaften, Bekanntschaften oder Verwandschaften, also jede Art von Relation zwischen Menschen.[78] All diesen Beziehungsformen ist gemeinsam, dass sie auch mit Hilfe von Medien aufrechterhalten werden können.[79]

Das Internet ist zwar nur einer von mehreren möglichen Kanälen, über die Personen miteinander kommunizieren können, doch computervermittelte Kommunikation ist inzwischen für viele Menschen ein etablierter Bestandteil des Kommunikationsrepertoires und in einer Vielzahl von Studien empirisch untersucht worden (vgl. die Überblicke bei Baym 2002; Döring 2003; Beck 2006). Innerhalb des Internets ste-

---

[78] Das Knüpfen von technischen Relationen, die zweite Variante dieser strukturellen Dimension von Praktiken, kann zwar wie zu zeigen sein wird eine Form des Beziehungsmanagements sein, interessiert an dieser Stelle aber nur als Ausdruck bzw. Instrument, um eine soziale Beziehung einzugehen.

[79] Krotz (2007b) weist darauf hin, dass in der Kommunikationswissenschaft der Zusammenhang von Kommunikation und Beziehungen lange Zeit nicht angemessen untersucht worden sei: Aufgrund der schwerpunktmäßigen Ausrichtung der Disziplin auf Nutzung und Wirkung von Massenkommunikation wurden interpersonale Beziehungen allenfalls als Gegenstand medialer Darstellungen, als „Resonanzboden" für die Rezeption und Verbreitung massenmedialer Botschaften, oder in ihrer Form der „parasozialen Beziehung" zwischen Rezipient und Medienfigur analysiert.

hen wiederum verschiedene Dienste und buchstäblich unzählige Angebote, Foren und Plattformen zur Verfügung, sodass Beziehungsmanagement immer auch Aspekte der Medienwahl – zwischen Medien und zwischen einzelnen Angeboten – beinhaltet. Wie in Abschnitt 3.2.3 geschildert, besitzen einzelne Kanäle jeweils spezifische technische Eigenschaften (affordances), die in Kombination mit sozialen Konventionen und Erwartungen (also Verwendungsregeln) sowie den Merkmalen einer gegebenen Beziehung (also relationalen Aspekten) ihre Adäquanz für bestimmte Kommunikationssituationen bestimmen.

Welcher Kanal für das Beziehungsmanagement gewählt wird, ist damit von der Art der Beziehung, aber auch von Ort und Zeit der jeweiligen Kommunikationssituation abhängig: Das Gespräch zwischen zwei befreundeten Schülern kann vormittags face-to-face auf dem Schulhof stattfinden, sich dann nachmittags auf die SchülerVZ-Pinnwand oder ICQ verlagern, und bei der Koordination vor der abendlichen Party schließlich auf das Mobiltelefon und die SMS zurückgreifen. Sind die Schüler hingegen nicht befreundet, haben aber ein romantisches Interesse aneinander, können das Gespräch auf dem Schulhof oder der Eintrag auf der Profilpinnwand sozial unmöglich, da (noch) zu öffentlich sein, während das Chatten über einen Instant-Messaging-Dienst eine adäquate Kombination aus Zugänglichkeit, Unverbindlichkeit und Sichtbarkeit verspräche.

Die Zunahme der möglichen Kanäle erhöht einerseits die Optionen für das Beziehungsmanagement, verkompliziert es andererseits aber auch, weil die Kanäle mit jeweils unterschiedlichen Adäquanzregeln verbunden sind. So besitzen Kommunikationspartner in Abhängigkeit von Situation, Beziehungsart und Kanal eine unterschiedliche „social accessibility" (Hogan 2009), die Einschätzungen und Entscheidungen verlangt: wann ist es akzeptabel, mit bestimmten Personen über bestimmte Wege zu kommunizieren? Unterschiede in der Zugänglichkeit von sozialen Kontakten führen dazu, dass Beziehungen vorrangig mit erreichbaren Personen gepflegt werden, die nicht notwendigerweise auch zu den engen Freunden oder Verwandten zählen müssen. Umgekehrt steigt mit der Zunahme von Kanälen, insbesondere wenn sie ort- und zeitunabhängige Kommunikation unterstützen, auch die Erwartung an eine ständige kommunikative Erreichbarkeit.

Routinen und Erwartungen rahmen zudem auch in Form von prozeduralen Regeln das Beziehungsmanagement, beispielsweise beim Umgang mit Kontaktversuchen oder -anfragen. Auch hier herrscht große Varianz: Für Teenager beispielsweise dienen die sozialen Räume auf Netzwerkplattformen vorrangig dem „Abhängen" in der eigenen Clique bzw. Peer-Gruppe (vgl. boyd 2010). Dennoch gilt es als legitim und sogar erwünscht, nicht nur mit den engeren Freunden verbunden zu sein, sondern auch das erweiterte Netzwerk abzubilden und beispielsweise Anfragen von Mitschülern, Geschwistern ihrer Freunde oder Jugendlichen aus dem gleichen Ort oder Stadtviertel zu bestätigen bzw. diese Kontakte selbst zu knüpfen. Eine entsprechende Anfrage abzulehnen, obwohl sich die Kommunikationspartner (wenngleich entfernt) kennen, gilt eher als unhöflich. Kontaktanfragen von unbekannten Personen, aber auch von unerwünschten Personen – zu denen in diesem Kontext Lehrer oder Eltern gehören können – werden hingegen eher abgelehnt bzw. ignoriert.

Auch das Beenden von Beziehungen ist durch Konventionen und Erwartungen geprägt, die die Beziehungspartner aneinander richten, aber auch das soziale Umfeld an die Beziehungspartner haben kann. Das Entfernen bzw. Löschen eines vorher explizit gemachten Kontakts auf einer Plattform ist eher selten (vgl. Golbeck 2007), da in den Umgebungen des Social Web die Leiterwartung gilt, Beziehungen aufrecht zu erhalten, weil sie ja zu späterem Zeitpunkt wieder aktiviert werden könnten. Einen besonderen Stellenwert besitzt das Beziehungsmanagement jedoch, wenn die dahinter liegenden „echten" Beziehungen beendet werden. Beim Ende einer Partnerschaft beispielsweise können das Löschen aus der Freundesliste und das „Aufräumen" des eigenen Profils (also das Entfernen von Fotos und Kommentaren des Ex-Partners) Rituale sein, um dieses Ende gegenüber dem eigenen sozialen Umfeld und dem Ex-Partner zu bekräftigen.[80] Sie dienen dazu, die Trennung gegenüber dem eigenen sozialen Umfeld, das sich in den Plattformen aufhält, zu markieren. Das Beziehungsmanagement in Umgebungen des Social Web berührt also nicht nur die beteiligten Personen, sondern findet in der Regel in Teilöffentlichkeiten statt, die an den Interaktionen teilhaben und sich gegebenenfalls auch einmischen können.

Im Zusammenhang mit Identitätsmanagement wurde bereits erwähnt, dass die Anzahl der Kontakte einen Einfluss auf die Einschätzung einer Person haben haben kann. Wie genau dieses Urteil ausfällt, variiert: Bei Künstlern, Politikern oder anderen Prominenten wird eher akzeptiert, dass diese mehrere tausend Kontakte auf einer Plattform wie MySpace oder Facebook besitzen, da hier die Beziehung als Ausdruck von Interesse, und die Anzahl der Freunde als Indikator für Popularität gedeutet wird. Dies gilt zwar im Prinzip auch für Privatpersonen, doch

---

[80] Eine eingehende Schilderung des veränderten Kontextes, in dem partnerschaftliche Beziehungen und „mediated breakups" vonstatten gehen, findet sich bei Pascoe (2010).

wenn deren Freundesanzahl außerhalb eines gewissen Durchschnitts (der wiederum von der generellen Verbreitung der Plattform abhängig ist) liegt, werden diese eher abgelehnt und beispielsweise als „MySpace whores" stigmatisiert (vgl. boyd 2010) – auch weil offensichtlich erscheint, dass sie nicht alle Kontakte persönlich kennen können, sondern diese nur um ihrer (vermeintlichen) Popularität willen hinzufügen und somit die Leiterwartung der Plattformen verletzen, dort „echte" Beziehungen zu pflegen und abzubilden. Solche Bezeichnungen bekräftigen letztlich die Norm, dass das Beziehungsmanagement zumindest dem Prinzip nach auf die eigenen sozialen Netzwerke auszurichten ist, um die soziale Validierung von der erweiterten eigenen Peer Group übernehmen zu lassen, nicht von einem dispersen Publikum.

Der Software-Code liefert zahlreiche affordances für das Beziehungsmanagement, nicht zuletzt weil er Optionen zur interpersonalen, gruppenbezogenen oder öffentlichen Kommunikation (wie Chaträume, plattforminterne Nachrichten oder Kommentarfunktionen) zur Verfügung stellt. Zu den affordances des Beziehungsmanagements im engeren Sinn gehören hingegen alle Varianten, soziale Beziehungen zu artikulieren (also explizit zu machen), einschließlich solcher Funktionen, die online abgebildeten und gepflegten Beziehungsgeflechte als Netzwerke auch zu visualisieren und navigierbar zu machen.

Basale Handlung in dieser Hinsicht ist das „Bestätigen" eines Kontakts; es kann sowohl der Übertragung einer offline bzw. über andere Kanäle geknüpften Beziehung in die jeweilige Kommunikationsumgebung dienen, als auch eine Affirmation eines erst über die jeweilige Plattform geknüpften Kontakts darstellen. Eine wichtige Design-Entscheidung, die sich auf die Gestalt und die Leistungen der online repräsentierten Netzwerke auswirkt, betrifft die Frage, ob Beziehung einseitig sein können (wie z.B. bei Flickr und Twitter) oder reziprok geknüpft sein müssen (wie z.B. bei den „normalen" Kontakten der meisten Netzwerkplattformen); darin spiegeln sich unterschiedliche Modelle von sozialen Beziehungen wieder. Einseitige Beziehungen können beispielsweise Fan-, Anhänger- oder Befürworter-Charakter annehmen, bei dem der Kontaktsuchende ausdrückt, dass er das Gegenüber beachtet oder favorisiert. Erlaubt eine Anwendung dagegen nur reziproke Kontakte, schränkt sie das Spektrum der repräsentierbaren Beziehungen ein, und erzwingt gleichzeitig Routinen und Konventionen für den Umgang mit solchen Anfragen, die man nicht bestätigen kann oder möchte.

Der zweite Punkt, in dem die Gestaltung des Software-Codes das Beziehungsmamagement berührt, betrifft die Repräsentation der artikulierten Beziehungen. Bereits die Benennung der Beziehung ist eine folgenreiche Entscheidung – werden auf der entsprechenden Plattform „Kontakte", „Freunde", „buddies" oder etwas anderes abgebildet? Wie auch immer die Benennung ausfällt – sie wird die Komplexität der tatsächlich existierenden und mit Hilfe der Software repräsentierten Beziehungen kaum abbilden können. Bemerkungen wie „she's not my friend, she's just my Friendster" (zitiert nach boyd 2006) illustrieren, was oben bereits für das Identitätsmanagement festgestellt wurde: Die Software gestaltet und strukturiert Beziehungen, indem sie Nutzer zwingt, gewisse relationale Aspekte in Kategorien auszudrücken oder zu formalisieren, um an den Kommunikationsräumen teilzuhaben. Dadurch werden Nuancen des sozialen Umgangs eingeebnet und dem technisch motivierten Wunsch untergeordnet, soziale Beziehungen algorithmisierbar, navigierbar und für Datenbanken handhabbar zu machen.

Dies zeigt sich besonders deutlich im oben bereits erwähnten Umstand, dass Code die Kontakte zwischen Nutzern binär ausdrückt – entweder jemand anderes ist mein „Freund" auf Facebook oder nicht, entweder jemand anderes gehört zu den Messenger-Kontakten oder nicht. Die soziologische Erkenntnis, dass eine Beziehung unterschiedliche Stärkegrade haben kann oder unterschiedliche Rollen ausdrücken kann, kommt nur dann zum Tragen, wenn der Code zusätzliche Differenzierungsmöglichkeiten unterstützt. Dies wirkt sich auf unterschiedliche Bereiche der Nutzungspraktiken aus, darunter insbesondere die Möglichkeit, den Zugang zu bestimmten Informationen oder Kommunikationsvorgängen zu regulieren. Eine solche Regulierung kann an den einzelnen Kontakten ansetzen, sodass man beispielsweise eine bestimmte Person alle beruflichen, aber nur ausgewählte private Kontaktmöglichkeiten einsehen lässt. Alternativ lassen sich solche Zugänglichkeiten auch im Kontext der jeweiligen „Objekte" bestimmen, sodass beispielsweise bei der Veröffentlichung eines Fotos festgelegt wird, welche Personen dieses sehen und kommentieren dürfen.

Eine technisch unterstützte explizite Differenzierung von Kontakten eröffnet aber auch die Möglichkeit, das eigene soziale Netzwerk zu „organisieren". Abb. 5 zeigt beispielhaft, wie dies auf den Plattformen Google+ und LinkedIn gelöst ist. Deutlich wird zum einen, dass die Vorgaben durchaus variieren können, wenn die Plattformen unterschiedliche Zielgruppen bzw. Nutzungskontexte ansprechen. Zum anderen lässt sich erkennen, dass beide Plattformen offen für neue Kategorien sind, denn Nutzer können eigene „circles" anlegen bzw. Schlagworte/"tags" vergeben. Die jeweiligen Charakterisierungen sind privat, also nur für den jeweiligen Nutzer, nicht aber für den Kontakt einsehbar.

Abb. 5: Beziehungsspezifizierung bei Netzwerkplattformen

Quelle: https://plus.google.com/circles bzw. http://www.linkedin.com/connections.

Die technischen Vorgaben zur Artikulation von Beziehungen sind allerdings nach wie vor noch defizitär, und zwar in zweifacher Hinsicht: [81] Erstens beinhaltet das Explizit-Machen eine Festlegung, die blind für den situationsspezifischen Spielraum ist, den wir uns in der alltäglichen Interaktion nehmen: Selbst wenn man jemanden zu seinen engen Freunden zählt, mag es Situationen oder Themen geben, wo man sich nicht offenbart; andersherum gibt es Situationen, in denen man sich auch fremden Personen öffnet. Zweitens verlangt es unter Umständen die Explizierung der Beziehung bereits vor der Interaktion, während man üblicherweise die Qualität der Beziehung zum kommunikativen Gegenüber nicht von vorneherein explizit kennt; die Interaktionssituation gibt vielmehr einen Rahmen vor, in der sich die Beziehung „aushandeln" lässt, sodass man situationsabhängig gewisse Dinge preisgeben oder zurück behalten kann. In all diesen Fällen unterwirft der Software-Code das Beziehungsmanagement seiner eigenen Logik, die auf Binarisierung und Datenbank-Tauglichkeit beruht.

Eine weitere Leistung, die Code für das Beziehungsmanagement erbringen kann, ist das Sichtbar-Machen von Beziehungsgefügen. Gerade bei Jugendlichen spielen explizite Freundschaftsbekundungen („Du bist meine beste Freundin") eine wichtige Rolle, um sich der eigenen Position innerhalb eines sozialen Netzwerkes von engen Freunden und entfernten Bekannten zu versichern. Funktionen wie die „Top Freunde"-Liste auf MySpace[82] oder die Anwendung „Top Ten Friends" auf Facebook unterstützen dieses Handeln, verkomplizieren jedoch das Beziehungsmanagement dadurch jedoch auch, weil Hierarchien explizit und für andere Personen (möglicherweise sogar die zweitbeste Freundin, die sich zurückgesetzt fühlt) offen gelegt werden.

---

[81] In der ersten Auflage dieses Buches wurde noch der Kritikpunkt genannt, dass viele Netzwerkplattformen nur wenige Rollenbeziehungen vorgaben und keine „Mehrfachzuordnung" erlaubten. Im Zuge von Relaunchs bzw. Weiterentwicklungen wurde dieses Manko allerdings zumeist behoben.

[82] MySpace sah lange Zeit nur die Option vor, acht der eigenen Kontakte in die „Top 8 friends"-Liste aufzunehmen. Diese Funktion hatte starke Auswirkungen auf die Beziehungen zwischen Nutzern (vgl. Boyd 2006) und ist zwischenzeitlich modifiziert worden: MySpace-Nutzer können nun eine beliebige Anzahl zwischen einem und 40 ihrer Kontakte als „Top Freunde" definieren oder aber einstellen, dass bei jedem Seitenaufruf eine Zufallsauswahl aus den eigenen Freunden hervorgehoben angezeigt wird.

Abb. 6: Visualisierte Netzwerkstrukturen auf Facebook und LinkedIn

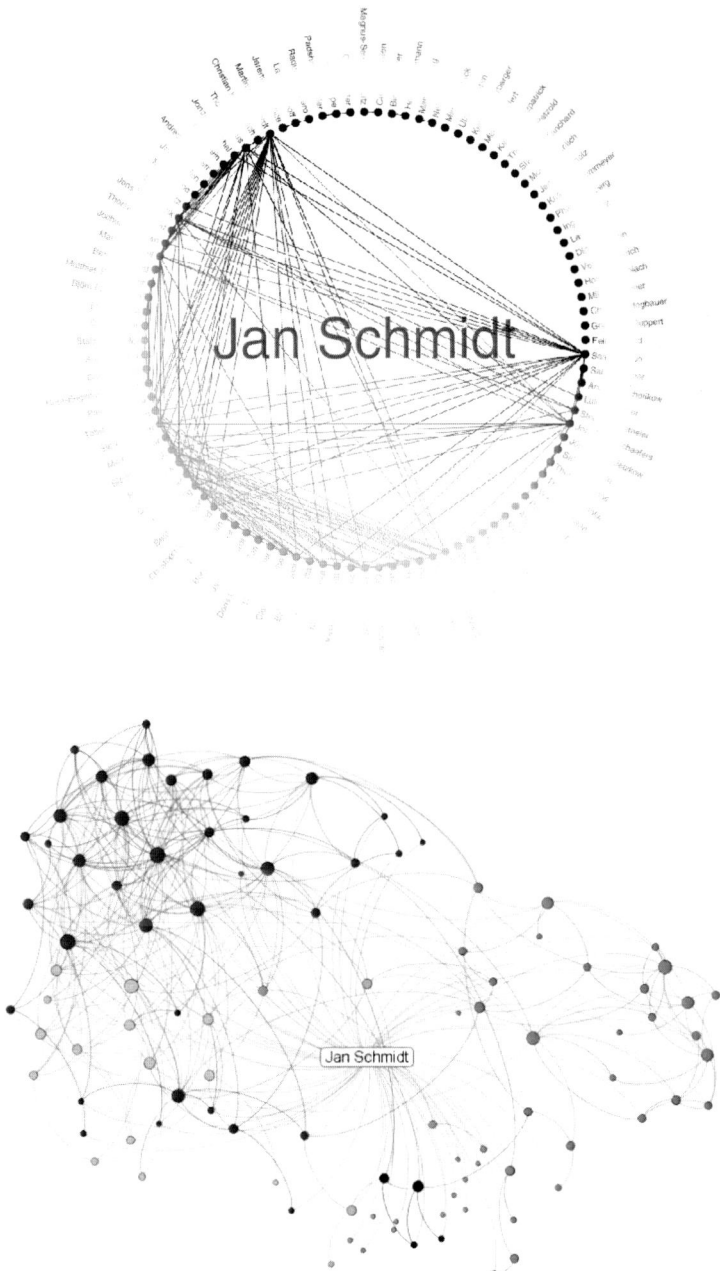

Quelle: http://apps.facebook.com/friendwheel bzw. http://inmaps.linkedinlabs.com

Eine andere Variante benutzt Visualisierungen, um über die eigene Position innerhalb eines sozialen Netzwerks zu informieren und Orientierung zu leisten (vgl. Tscherteu/Langreiter 2009; allgemein zur Visualisierung von sozialen Netzwerken auch Bender-deMoll/McFarland 2006). Eine gebräuchliche Form der Visualisierung ist die Anzeige des „Verbindungspfads" zwischen zwei Nutzer, also derjenigen Nutzer, zwischen denen bestätigte Kontakte existieren. Die Visualisierung von kompletten Netzwerkstrukturen ist hingegen auf Social-Web-Plattformen bislang noch so gut wie gar nicht implementiert, auch wenn sie bessere Einblicke in die Topologie von Netzwerkstrukturen bietet. Allerdings ist die Darstellung ganzer Netzwerke rechenintensiver als das bloße Verbindungspfade anzuzeigen, sodass Social-Web-Anwendungen entsprechende Funktionen in der Regel nicht standardmäßig anbieten und Nutzer auf externe Anwendungen oder Werkzeuge zurückgreifen müssen (vgl. Abb. 6).

4.3 Informationsmanagement

Individualisierung und vernetzte Individualität sind Leitbilder und Kontext für Identitäts- und Beziehungsmanagement; die dritte zu besprechende Facette von Nutzungspraktiken, das Informationsmanagement, wird hingegen durch Diagnosen wie Informations- oder Wissensgesellschaft gerahmt.[83] Erste Diagnosen der „Informationsgesellschaft" finden sich bereits in den 1960er Jahre (vgl. Kübler 2009, S. 59ff.); der Begriff ist im Lauf der folgenden Jahrzehnte im Gleichklang mit der steigenden Verbreitung von Mikroelektronik, Informations- und Kommunikationstechnologien populärer geworden. Im Anschluss an Castells (2001) lassen sich zwei miteinander verbundene Trends der Informatisierung identifizieren: Zum ersten das Vordringen von Informationstechnologien in tendenziell alle Lebensbereiche, von der Arbeit über die Freizeit bis in das häusliche Privatleben. Zum zweiten und daraus folgend wirkt sich die Informatisierung der Welt auf die Formen sozialer Organisation aus.

So beruht Arbeit und Wirtschaften in wachsendem Maße auf der Verarbeitung von Informationen (statt materieller Güter), was im Ge-

---

[83] Diese Begriffe werden nicht einheitlich gebraucht und erscheinen insbesondere in der politischen Auseinandersetzung oft als Mythen, die es zu beschwören gilt. Eine kritische einführende Darstellung zu unterschiedlichen Konzepten von Informations- und Wissensgesellschaft liefert Kübler (2009).

gensatz zur industriellen Verarbeitung flexiblere und offenere Formen der Produktion und Koordination erfordert. Das Social Web trägt zu der Informatisierung bei, weil es Werkzeuge und Mechanismen bietet, mit denen eine größere Zahl von Akteuren Informationen bereitstellen, mit anderen teilen, bearbeiten und weiter verbreiten kann. Dadurch geraten nicht zuletzt traditionelle kommunikationswissenschaftliche und soziologische Öffentlichkeitstheorien (vgl. überblicksartig Imhof 2003) auf den Prüfstand.

In seinen Überlegungen zum „Strukturwandel der Öffentlichkeit" hat Habermas (1962) ein idealtypisches Öffentlichkeitsverständnis herausgearbeitet, das sich in der Aufklärung und der frühen bürgerlichen Gesellschaft bildete – die Öffentlichkeit als diejenige Sphäre, in der sich ein räsonierendes Publikum politischer bzw. staatsbürgerlicher Belange genauso wie universell gültiger Werte vergewissert. Diese Form der Öffentlichkeit ist zwar durch Vermachtungsprozesse innerhalb der massenmedialen Öffentlichkeiten sowie durch einen Wandel vom räsonierenden zum konsumierenden Publikum verschwunden. Doch trotz der faktischen Abweichungen vom Ideal existieren weiterhin normative Ansprüche an Öffentlichkeit: Sie soll politisch-rechtliche Transparenz herstellen, vorgebrachte Argumente validieren sowie den sozialen Zusammenhalt über die Orientierung und Selbstvergewisserung der Gesellschaft wahren (vgl. Neidhardt 1994; Donges/Imhof 2001). Diese Ziele könne nach Habermas (1981) insbesondere die Deliberation, also der verständigungsorientierte und weitgehend herrschaftsfreie Austausch gesellschaftlicher Gruppen und Akteure gewährleisten.

Ein solcher Austausch geschieht nicht allein in massenmedial hergestellten Öffentlichkeiten, sondern findet auf unterschiedlichen Ebenen statt (vgl. Gerhards/Neidhardt 1991): Die kleinste Reichweite und den geringsten Grad an Stabilität haben Öffentlichkeiten auf der „Encounter"-Ebene der einfachen Interaktionssysteme, die durch das mehr oder weniger zufällige Aufeinandertreffen von Personen in Cafés oder Kneipen, in der Eisenbahn oder am Arbeitsplatz zustandekommen. Versammlungsöffentlichkeiten sind demgegenüber stabiler und durch eine Trennung von unterschiedlichen Kommunikationsrollen gekennzeichnet; sie entstehen beispielsweise bei öffentlichen Diskussionsveranstaltungen, Sitzungen von Parteigliederungen oder Demonstrationen. Massenmediale Kommunikation schließlich stellt Öffentlichkeit mit Hilfe von spezialisierten und professionellen Leistungsrollen (insbesondere dem Journalismus) her, die Themen für ein disperses, raumzeitlich nicht anwesendes Publikum auswählen und aufbereiten.

Im Hybridmedium Internet finden sich nun alle drei Ebenen auf ein und derselben technischen Plattform: So sind mit den Online-Ablegern etablierter publizistischer Angebote auch massenmedial-journalistische Öffentlichkeiten im World Wide Web vertreten; Äquivalente zur Versammlungsöffentlichkeit lassen sich in thematisch fokussierten Foren oder Weblogs finden, und die Encounter-Öffentlichkeiten können sich auf Profilwänden von Netzwerkplattformen oder in Chatrooms niederschlagen. Die unterschiedlichen Öffentlichkeitsebenen lassen sich im Internet daher nicht mehr so leicht voneinander trennen, da sich sowohl die Grenzen zwischen raumzeitlich separierten Kommunikationsarenen als auch zwischen klar unterscheidbaren Kommunikationsrollen auflösen.

Bereits vor mehr als zehn Jahren konstatierten Hasse/Wehner (1997), dass das Internet das Entstehen und die Fortdauer von Teilöffentlichkeiten unterstützt, die sich der Unterscheidung zwischen „Öffentlichkeit" und „Privatheit" entziehen. In ihnen findet a) die Kommunikation nicht-generalisierbarer Themen in sich gerade dadurch begrenzenden Teilnehmerkreisen (also nicht-öffentlich) statt, dort entstehen aber auch b) nicht vorab definierte, sondern sich erst durch die Kommunikation konstituierende (nicht-private) Themengemeinschaften. Anders als die massenmediale Kommunikation, die sich einem unspezifischen, dispersen und nicht organisierten Publikum zuwendet, können in den Teilöffentlichkeiten des Internets Mitteilungen thematisch bzw. kontextorientiert zugeschnitten, somit auf Adressatenkreise hin spezifizierbar sein: „Netz-Öffentlichkeiten zeichnen sich dadurch aus, daß mitunter weltweit vergleichsweise wenige gleichgesinnte Teilnehmer über ein besonderes Thema (*special issue*) nach Maßgabe spezifizierter Regeln sich wechselseitig informieren und miteinander kommunizieren. Ihr Sinn scheint darin zu liegen, ein Forum für Meinungen jenseits offizieller bzw. öffentlicher Berichterstattungen, wie sie von den Massenmedien verbreitet werden, bereitzustellen" (Hasse/Wehner 1997, S. 63f.; Kursivsetzung im Original).

Die Entwicklungen der letzten Jahre haben diese Formierung von Teil-Öffentlichkeiten noch verstärkt, weil die Barrieren gesunken sind, Informationen zugänglich zu machen bzw. zugängliche Informationen zu rezipieren.[84] Der Umstand, dass sich kleinere und/oder spezifischere Gruppen medienvermittelt ihrer Gemeinsamkeiten bewusst werden können, lässt sich je nach Perspektive als Pluralisierung oder aber Frag-

---

[84] Im folgenden Kapitel 5 wird diese Entwicklung unter dem Begriff der „Persönlichen Öffentlichkeit" wieder aufgegriffen.

mentierung und Zersplitterung deuten. Diagnosen der Pluralisierung sehen im Internet die Ideale verwirklicht, die bereits Brecht (1967) oder Enzensberger (1973) formuliert haben und die vorsehen, dass nicht mehr nur ein eingeschränkter Kreis von Personen qua Profession und technisch-organisatorisch bedingter Verfügungsgewalt über Medientechnologien bestimmen kann, welche Informationen öffentlich zugänglich werden. Stattdessen stünde es durch Weblogs, Videoplattformen o.ä. prinzipiell jedem frei, die eigene Stimme zu Gehör zu bringen, wodurch sich Gegenöffentlichkeiten bilden können, die verschiedene Gestalten und Reichweiten besitzen (vgl. Engesser/Wimmer 2009).[85] Benkler (2006) hebt zudem hervor, dass in der „networked public sphere" die Machtungleichheiten aufgehoben würden, die die etablierten Medien kennzeichneten: „the social practices of information and discourse allow a very large number of actors to see themselves as potential contributors to public discourse and as potential actors in political arenas, rather than mostly passive recipients of mediated information who occasionally can vote their preferences" (ebda. S. 220).

Vertreter der Fragmentierungsthese deuten gerade diese Entwicklung jedoch als gesellschaftlich problematisch: Weil immer mehr Sprecher auftreten und immer mehr Informationen verfügbar seien, würde die Basis für gemeinsames Wissen und geteilte Themen immer kleiner, denn das Publikum zerfiele „im virtuellen Raum in eine riesige Anzahl von zersplitterten, durch Spezialinteressen zusammengehaltenen Zufallsgruppen" (Habermas 2008, S. 162). Die Möglichkeit, online verfügbare Informationen nach eigenen Interessen zu filtern, würde zudem zu einer Einschränkung von Perspektiven führen und Menschen letztlich nur in einmal gefassten Meinungen bestärken, anstatt sie neuen Informationen und Argumenten auszusetzen (vgl. Sunstein 2004; Pariser 2011). Auch wenn die Zunahme verfügbarer Informationen per se noch keine negativen Folgen für gesellschaftliche Integration habe, sei doch das Fehlen von vermittelnden Institutionen bzw. Intermediären problematisch (vgl. Jarren 2008), die die verstreuten Stimmen bündeln und zwischen gesellschaftlichen Subsystemen vermitteln.

Zwischen der Pluralisierungs- und der Fragmentisierungsthese vermittelt die Vorstellung einer „integrierten Netzwerköffentlichkeit"

---

[85] Gegenöffentlichkeiten beschränken sich allerdings nicht auf emanzipativ-aufklärerische Themen, sondern können auch die Verbreitung von radikalen Inhalten umfassen. So argumentiert Müller (2008) am Beispiel des islamophoben Weblogs „Politically Incorrect", dass „gerade Verbreiter von *Hate Speech*, also von menschenverachtenden Äußerungen und Hetze, [...] durch das Internet überproportional gewinnen", weil sie „besonders vom Wegfall des *Gatekeeping* profitieren" (S. 114; Kursivsetzung im Original).

(Neuberger 2009, S. 49). Demnach wirke bereits integrativ, dass Teilöffentlichkeiten mit unterschiedlicher Reichweite auf einer gemeinsamen technischen Basis entstehen könnten: „Im Internet können *Medien-, Format- und Angebotsbrüche* gekittet werden, die bisher die Weiterverbreitung von Informationen behindert haben" (Neuberger 2009, S. 44; Kursivsetzung im Original).[86] Informationen und Meinungen könnten zumindest prinzipiell aus dem „long tail" der reichweitearmen Nischenangebote zu reichweitestärkeren Angeboten, unter Umständen auch in die traditionellen Massenmedien wandern. Anders als beim journalistischen „Gatekeeping", das nicht-selektierte Informationen unsichtbar lässt, blieben beim „Gatewatching" (vgl. Bruns 2005) der internetbasierten Öffentlichkeiten auch alternative Positionen und widersprechende Informationen sichtbar.

Letztlich handelt es sich bei diesen Thesen um empirisch zu überprüfende Aussagen, sodass der Blick den Mechanismen gelten muss, die angesichts einer Vielzahl von massenmedialen, von thematisch spezialisierten sowie von persönlichen Öffentlichkeiten, und angesichts der Vielzahl der im Internet bereitstehenden Daten und Ressourcen, das Informationsmanagement unterstützen. Anders formuliert: Welche Prozesse und Praktiken befähigen Nutzer dazu, in einer „multiagoralen Gesellschaft" (Meyer-Lucht 2008) Informationen auszuwählen, zu filtern, mit anderen zu bearbeiten und weiter zu verbreiten? Zwei Bereiche des onlinebasierten Informationsmanagements sollen im Folgenden unterschieden werden: Das „Aufmerksam Werden", und zwar sowohl über pull- wie push-Mechanismen, sowie das „Bewerten".

Die Suche nach relevanten Informationen ist ein wesentlicher Bestandteil der Internetnutzung: 83 Prozent der Onliner nutzen zumindest einmal in der Woche eine Suchmaschine, und 43 Prozent geben zudem an, mindestens einmal wöchentlich zielgerichtet nach bestimmten Angeboten zu suchen (vgl. van Eimeren/Frees 2011, S. 340). In der Frühphase des World Wide Webs dominierte die „vertikale Suche" wie sie beispielsweise Yahoo! bot: Informationen und webbasierte Ressourcen (einzelne Seiten, Portale o.ä.) waren in hierarchisch gegliederten Katalogen gebündelt, deren Kategorien und die darin jeweils zu findenden Verweise redaktionell betreut wurden (vgl. van Couvering 2008). Das Eintreten von Google in den Suchmaschinenmarkt beendete die Vor-

---

[86] Neuberger (2009, S. 41f) weist auch darauf hin, dass der Eindruck von Fragmentierung durch den Umstand entstehen könnte, dass nun bestimmte Teilöffentlichkeiten im Internet sichtbar würden, die schon in früheren Medienphasen existierten, beispielsweise in Form von Präsenzkommunikation (wie Versammlungen oder Demonstrationen) oder von Medien mit geringer Reichweite (wie Plakate oder Flugblätter).

rangstellung solcher Webkataloge (obgleich sie in bestimmten thematischen Bereichen oder auch in Form von Linklisten o.ä. nach wie vor existieren); Google erreicht inzwischen in Deutschland einen Marktanteil von etwa 88 Prozent.[87] Diese Dominanz der „horizontalen Suche" in umfassenden und thematisch nicht beschränkten Verzeichnissen hat die Suchstrategien der Nutzer erheblich verändert (vgl. die Synopse entsprechender Studien bei Machill/Beiler/Zenker 2007): Das „trial & error"-Verhalten dominiert über rational-systematische Suchstrategien, auch wenn unter den Suchmaschinenbenutzern große Unterschiede im Vorwissen und in den individuell vertretenen Suchstrategien und -routinen feststellbar sind.

Da Google als universale Suchmaschine das komplette World Wide Web durchsucht, kann es auch herangezogen werden, um sich in den Öffentlichkeiten und Informationssammlungen des Social Web zu orientieren. Allerdings treten dort weitere Anwendungen und Mechanismen hinzu, die – in unterschiedlicher Weise – aktives Nutzerhandeln beim Informationsmanagement mit einbeziehen.[88] Hierunter fallen beispielsweise spezialisierte Suchmaschinen wie Icerocket, Social Mention oder Twazzup, die verschiedene Bereiche des Social Web erschließen. Neben der reinen Suche vermitteln sie auch Einblicke, welche Themen und Beiträge in den verteilten Konversationen der Blogosphäre besonders stark diskutiert werden, indem sie die entsprechenden Verlinkungen auswerten. Der Dienst Blogpulse visualisiert beispielsweise das Auftauchen bestimmter Suchbegriffe in Blogbeiträgen bis zu sechs Monate in die Vergangenheit.[89] Abb. 7 zeigt dies am Beispiel des Suchbegriffs „Fukushima", der im März 2011 nach den Natur- und Reaktorkatastrophen auch in etwa 0,6 Prozent aller erfassten Blogeinträge[90] auftauchte, in den Wochen danach aber wieder – mit einigen Schwankungen – an Konjunktur verlor. Während die genannten Dienste ihren Schwerpunkt im englischsprachigen Social Web haben, bündelt die Plattform Rivva tagesaktuell Beiträge, die in der deutschsprachigen Blogosphäre und Twittersphäre populär sind, d.h. stark verlinkt werden.[91]

---

[87] Vgl. http://www.webhits.de/deutsch/index.shtml?webstats.html [15.08.2011]. Zudem ist Google nicht mehr nur auf dem Suchmaschinenmarkt aktiv, sondern einer der wichtigsten Werbevermarkter (vgl. Kaumanns/Siegenheim 2008).

[88] Vgl. auch den Überblick zu Werkzeugen des Themenscan in Social-Web-Öffentlichkeiten bei Schmidt/Fisch/Frees 2009.

[89] Vgl. http://www.blogpulse.com. [15.08.2011]

[90] Anfang August 2011 umfasste die Datenbank von Blogpulse etwa 165 Mio. Weblogs.

[91] Vgl. http://rivva.de. Dabei werden nicht alle verfügbaren Weblogs bzw. Twitteraccounts erfasst, sondern „nur" etwa 4.350 deutschsprachige Blogs und redaktionell erstellten

Abb. 7: Vorkommen des Begriffs „Fukushima" in Blogbeiträgen

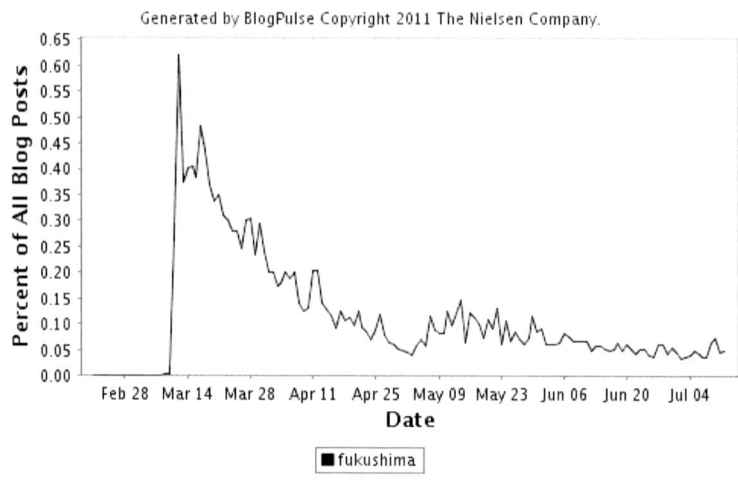

Quelle: http://www.blogpulse.com/trend?query1=fukushima [14.7.2011].

Die bisher genannten Werkzeuge und Mechanismen des Informations-managements beruhen auf „pull-Prinzipien", also vor allem darauf, dass Nutzer entweder mit spezifischen Informationsbedürfnissen gezielt oder aber „stöbernd" nach bestimmten Informationen recherchieren. Technische Innovationen des Social Webs erleichtern jedoch auch „push-Prinzipien", um sich automatisch über Aktualisierungen be-stimmter Quellen auf dem Laufenden halten zu lassen. E-Mail-Benach-richtigungen sind für diese Zwecke zwar seit langem üblich und weiter-hin verbreitet, aber mit RSS-Feeds (vgl. Abschnitt 2.2.5) steht eine Al-ternative bereit, um sich über neue Einträge der favorisierten Blogs oder auch über neue Treffer für spezielle Suchanfragen (wie es z.B. bei Technorati möglich ist) informieren zu lassen. Auf Netzwerkplattfor-men wie Facebook oder beim Microblogging-Dienst Twitter hingegen fungieren explizit gemachte soziale Kontakte – zusammen mit techni-schen Algorithmen – als Filter für den Informationsfluss: Die Inhalte der „newsfeeds" bzw. „timelines", also der beständig aktualisierten Ströme an Informationen, werden aus dem eigenen sozialen Netzwerk der Facebook-Kontakte oder der Personen gespeist, denen man auf Twitter folgt.

Angebote sowie etwa 1.250 englischsprachige Quellen. Hinzu kommen etwa 59.000 aktiv verfolgte Twitter-Accounts (Auskunft von Frank Westphal in persönlicher E-Mail-Korrespondenz, 15.7.2011).

Neben dem „Aufmerksam Werden" ist das „Bewerten" ein zweites wichtiges Prinzip des Informationsmanagements im Social Web. Viele Plattformen bieten eine Funktion an, die jeweiligen Inhalte mit Punkten, Sternen o.ä. bewerten zu lassen und machen diese Bewertungen wiederum für andere Nutzer sichtbar. So ist beispielsweise auf Facebook nahezu jede Aktivität oder Äußerung, die ein Nutzer auf der Plattform tätigt (und die daraufhin auf dessen Profil sowie im Newsfeed seiner bestätigten Kontakte erscheint), mit Hilfe des „Gefällt mir"-Buttons anderen Nutzern bewertbar. Sowohl die Kommentare als auch die Bewertungen („Gefällt mir") erscheinen unter dem jeweiligen Eintrag und sind ebenfalls wiederum für andere Nutzer einsehbar. Auf YouTube hingegen sind die Bewertungen einzelner Videos zudem Grundlage für Ranglisten populärer Inhalte, die den Besuchern als „YouTube-Charts"[92] zugänglich gemacht werden.

Eine weitere prototypische Praxis des aktiven Informationsmanagements im Social Web ist das „tagging" (vgl. ausführlich Abschnitt 7.1). Es stellt dem einzelnen Nutzer Möglichkeiten zur Verfügung, online vorliegende Inhalte nach eigenen Kriterien zu verschlagworten, geht also über eine reine Bewertung hinaus. Dabei sind zwei Varianten denkbar: Die Vergabe der Schlagworte durch diejenige Person, die Inhalte auf Multimediaplattformen wie Flickr und YouTube oder im eigenen Weblog veröffentlicht, sowie die Vergabe der Schlagworte durch andere Nutzer, wie es beispielsweise kollektive Verschlagwortungssysteme wie Delicious oder Mister Wong vorsehen. Indem diese Schlagworte einzeln oder in aggregierter Form anderen Nutzern zugänglich gemacht werden, kann das zunächst für individuelle Zwecke betriebene Verschlagworten auch das kollaborative Informationsmanagement innerhalb webbasierter Öffentlichkeiten fördern.

Daneben existieren aber auch spezialisierte Portale für die Aggregation von Bewertungen über einzelne Angebote hinweg; so beruht das Prinzip von Social-News-Plattformen (vgl. ausführlich Abschnitt 6.1) ebenfalls darauf, dass Nutzer online vorliegende Inhalte (wie Blogeinträge, journalistische Nachrichten, YouTube-Videos oder Fotos) bewerten und sich aus der Aggregation der einzelnen Bewertungen besonders populäre Themen oder Inhalte erkennen lassen. Und auch das nicht explizit als Bewertung gedachte Verhalten kann für Informationsmanagement nutzbar gemacht werden: YouTube beispielsweise führt neben einer Rangliste der besonders positiv bewerteten Videos auch

---

[92] Vgl. http://www.youtube.com/charts/videos_top_rated. [15.08.2011]

laufend aktualisierte Listen der besonders häufig kommentierten oder häufig abgerufenen Videos; Technorati misst den Einfluss bzw. die „authority" eines Weblogs durch die Anzahl anderer Weblogs, die auf das Angebot verlinken. In all diesen Fällen wird bestimmtes Nutzerverhalten als impliziter Indikator für Beliebtheit oder Relevanz gedeutet, auch wenn es aus Sicht des Einzelnen anderen Zwecken diente.

Praktiken des Informationsmanagements sind somit immer von spezifischen technischen und sozialen Verflechtungen gerahmt. Erst aus der technisch unterstützten Verknüpfung von Texten und Daten entstehen die hypertextuellen onlinebasierten Öffentlichkeiten, in denen Nutzer nicht einem linearen Programmablauf oder den zu Ressorts gebündelten Nachrichten folgen (müssen), sondern sich Informationen punktuell und nach situationsspezifischen Bedürfnissen erschließen (können bzw. müssen). Durch das eigene Handeln entstehen neue Verknüpfungen, beispielsweise indem unabhängig voneinander gleichartig verschlagwortete Quellen bei zukünftigen Recherchen als „verwandt" gekennzeichnet werden, oder indem aus dem Nutzerverhalten einer Vielzahl von Personen geschlossen wird, dass Personen die ein bestimmtes Video favorisiert haben, auch andere ähnliche Videos gut finden müssten.

Ein besonders prägendes Prinzip des Informationsmanagements im Social Web ist, dass existierende Beziehungsgeflecht einer Person für das Filtern und Recherchieren von relevanten Informationen einzubeziehen. Dieses „soziale Filtern" (siehe auch Abschnitt 6.1) geschieht durch die Weitergabe einzelner Links über Instant-Messaging-Dienste und plattforminterne Nachrichtendienste oder durch das Abonnieren der Weblogs von Freunden oder Kollegen genauso wie durch automatisierte Empfehlungen bestimmter Inhalte, weil die bestätigten Kontakte auf einer Social-News-Plattform diese Quellen als relevant einschätzen. Informationsmanagement im Social Web bedeutet in dieser Hinsicht auch, sich ein eigenes Repertoire an relevanten Quellen zusammen zu stellen, das neben redaktionell erstellten Inhalten beispielsweise auch die Weblogs von Freunden oder Kollegen sowie das Abonnement bestimmter Suchabfragen einschließt. So zeigte Efimova (2009) in ihrer Analyse der Praktiken von Wissensarbeitern, dass bestimmte Relationen geknüpft werden, also um Informationsbedürfnisse zu befriedigen, nicht um persönliche Beziehungen aufzubauen: „[knowledge workers] often distinguish between weblogs of people they know and others that they read to monitor particular topics" (ebda., S. 158).

Ähnlich wie beim Identitäts- und Beziehungsmanagement spielt der Software-Code auch für das Informationsmanagement eine wichtige

Rolle: Die Algorithmen von Suchmaschinen und Verschlagwortungssysteme haben einen starken Einfluß darauf, in welcher Rangfolge die Ergebnisse zu einer bestimmten Suchanfrage präsentiert oder die Verbindungen zwischen verschlagworteten Ressourcen angezeigt werden. Die technische Gestaltung von Plattformen und Portalen entscheidet auch darüber, ob explizite oder implizite Bewertungen und Handlungen der Nutzer aggregiert und sichtbar gemacht werden, um anderen Nutzern wiederum zur Orientierung zur Verfügung zu stehen. Software-Code kann dadurch aus dem individuellen Handeln bestimmte geteilte Ordnungsstrukturen extrahieren, derer sich der einzelne Nutzer wiederum bedienen kann.

Die regelhaften Aspekte der geschilderten Mechanismen des Informationsmanagements im Social Web hingegen sind, im Gegensatz zu den Praktiken des Identitäts- und Beziehungsmanagements, bislang nicht hinreichend sozialwissenschaftlich untersucht worden. Es fehlen beispielsweise Erkenntnisse darüber, nach welchen Kriterien sich Nutzer des Social Web ihre Informationsrepertoires zusammenstellen, inwiefern das Informationsverhalten im Social Web bereits routinisiert verläuft und welche Erwartungen und Routinen handlungsleitend sind. Diese Forschungslücken sind umso bedauerlicher, als es sich um eine Schlüsselpraxis des neuen Netzes handelt, die unser Bild von der Welt maßgeblich prägt.

4.4   Fazit: Drei zentrale Social-Web-Praktiken

Dieses Kapitel hat drei zentrale Praktiken des Social Web identifiziert und diskutiert: Identitäts-, Beziehungs- und Informationsmanagement stehen für jeweils spezifische Weisen, sich zu sich selbst, zu seinem sozialen Umfeld sowie zur Welt insgesamt zu verhalten. Das Social Web unterstützt diese Praktiken mit einer Vielzahl von Werkzeugen und Mechanismen, ohne dabei rein auf die Online-Welt beschränkt zu sein. Im Gegenteil: Social-Web-Praktiken reichen immer auch über das Internet hinaus, nicht zuletzt weil sie Menschen in die Lage versetzen, bestimmte Anforderungen und Entwicklungsaufgaben zu erfüllen, die individualisierte, vernetzte und von Informationsfülle gekennzeichnete Gesellschaften kennzeichnen.

Bei der Diskussion der Praktiken wurde auch deutlich, dass die in Kapitel 3 entwickelte praxistheoretische Heuristik hilfreich sein kann, um die strukturellen Rahmungen für das individuelle Handeln zu identifizieren und zu beschreiben. Alle drei Praktiken sind von Regeln, Relationen und Software-Code gerahmt: In Bezug auf Identitätsmanagement sind dies normative Leitbilder wie Individualität, Authentizität oder die Ausrichtung der Selbstdarstellung an den Erwartungen spezifischer Publika. Der Software-Code von Anwendungen wie Facebook, Blogs oder YouTube macht es erst möglich, Aspekte der eigenen Person für andere zugänglich zu machen, stellt zugleich aber auch jeweils eigene Beschränkungen oder Vorgaben dar, die eine Spanung zwischen freier Gestaltung und Standardisierung des Identitätsmanagements erzeugen.

Das Beziehungsmanagement, oft nur analytisch vom Identitätsmanagement zu trennen, ist ebenfalls durch regelhafte Aspekte gekennzeichnet, die zum Beispiel den Umgang mit Kontaktanfragen oder das Verhalten in onlinebasierten Konversationen prägen. Es trägt zum Aufbau und zur Pflege von sozialen Beziehungen und Netzwerken bei, die mit Hilfe von Software abgebildet und visualisiert werden. Informationsmanagement im Social Web beruht in vielen Fällen auf solcherart explizit gemachten sozialen Beziehungen, die als Filter für die Verbreitung von Informationen dienen können. Hinzu treten weitere routinisiert (d.h. regelhaft) ablaufende und technisch unterstützte Mechanismen des Auffindens, Bewertens und Austauschens von Informationen, die in ihrer Gesamtheit es den Menschen ermöglichen, sich in den erweiterten Öffentlichkeiten des Internets zu orientieren.

5 Persönliche Öffentlichkeiten und Privatsphäre

Die bisherigen Kapitel haben argumentiert, dass das Social Web die technischen Hürden für Praktiken des Identitäts-, Beziehungs- und Informationsmanagements senkt, wobei Unterschiede in der Software-Architektur und den in Verwendungsgemeinschaften geltenden Adäquanz- und prozeduralen Regeln dafür verantwortlich sind, dass die Nutzungsweisen und die Konsequenzen des neuen Netzes durchaus unterschiedlich ausfallen. Dieser Abschnitt diskutiert eine besonders bedeutsame Folge dieser Praktiken: das Entstehen eines neuartigen Typs von Öffentlichkeit, der als „persönliche Öffentlichkeit" bezeichnet werden soll. Darunter lässt sich in einer ersten Annäherung das Geflecht von online zugänglichen kommunikativen Äußerungen zu Themen von vorwiegend persönlicher Relevanz verstehen, mit deren Hilfe Nutzer Aspekte ihres Selbst ausdrücken und sich ihrer Position in sozialen Netzwerken vergewissern.[93] Anders ausgedrückt: Persönliche Öffentlichkeiten entstehen an denjenigen Stellen im Netz, an denen Nutzer sich mit ihren eigenen Interessen, Erlebnissen, kulturellen Werken oder Meinungen für ein Publikum präsentieren, ohne notwendigerweise gesellschaftsweite Relevanz zu beanspruchen. Abschnitt 5.1 beschreibt dieses Phänomen auf der Grundlage von konzeptionellen Überlegungen und empirischen Befunden näher; Abschnitt 5.2 diskutiert die Veränderungen, die das Auftreten von persönlichen Öffentlichkeiten für das gesellschaftliche Verständnis von Privatsphäre mit sich bringt.

---

[93] Bereits Gräf (1997) verwendete den Begriff „persönliche Öffentlichkeit" und verstand darunter „alle Personen, die Ego kennen und mit seinem Namen eine Handlungsgeschichte verbinden können" (1997, S. 103); allerdings bezieht sich dieses Begriffsverständnis vor allem auf diejenigen Zonen des sozialen Netzwerks einer Person, die nicht in direktem Kontakt mit ihr stehen. Demgegenüber bezieht sich das hier vertretene Verständnis von persönlicher Öffentlichkeit gerade darauf, dass Informationen direkt, wenngleich technisch vermittelt und nicht notwendigerweise reziprok übertragen werden.

5.1 Die Struktur(ierung) persönlicher Öffentlichkeiten

Die verschiedenen Gattungen des Social Web, die in Abschnitt 2.2 vorgestellt wurden, unterstützen kommunikative Akte, die öffentlich im Sinne von „für andere zugänglich" sind, aber Informationen auf dem Spektrum von „intim" über „privat" und „für Teilgruppen relevant" bis „universell relevant" enthalten können (vgl. zu den unterschiedlichen Facetten von „publicness" auch Weintraub 1997; Heller 2006). Im Folgenden sollen insbesondere Netzwerkplattformen zum einen und Weblogs inklusive der neueren Variante des Microblogging zum anderen im Mittelpunkt stehen, weil sich an ihnen das Herausbilden persönlicher Öffentlichkeiten besonders deutlich demonstrieren lässt.[94] Von der massenmedialen Kommunikation, die den zentralen Modus zur Herstellung von gesellschaftlicher Öffentlichkeit darstellt, unterscheiden sich persönliche Öffentlichkeiten in zwei grundlegenden Punkten.

Erstens gelten in ihnen andere Selektionskriterien: Die zugänglich gemachten Informationen, Inhalte und Themen werden vorrangig nach Kriterien der subjektiven Relevanz ausgewählt bzw. umfassen personenbezogene Informationen (wie Geburtsdatum, Hobbies oder Vorlieben). Journalistische Nachrichtenfaktoren oder „news values", die Teil professionell-redaktioneller Entscheidungsprogramme für massenmediale Publikationen sind (vgl. Maier/Stengel/Marschall 2010), spielen demgegenüber keine hervorgehobene Rolle. Sie adressieren zweitens in aller Regel eher kleine Publika, die oft (aber nicht notwendigerweise) aus solchen Personen bestehen, zu denen bereits ein Kontakt besteht – anders als in der Massenkommunikation, die ein unverbundenes und personell nicht definiertes Publikum adressiert.

Aus diesen beiden Unterschieden folgen weitere Merkmale, die persönliche Öffentlichkeiten auszeichnen. In ihnen dominiert der Kommunikationsmodus des „Konversation Betreibens", also des wechselseiti-

---

[94] Persönliche Öffentlichkeiten im hier gebrauchten Verständnis sind nicht erst in den letzten Jahren entstanden. Schon vor dem Aufkommen des World Wide Web konnten Nutzer mit Hilfe von Online-Diensten wie dem Usenet oder dem Chat ihre persönlichen Interessen oder auch thematisch spezifischen Kenntnisse mit anderen diskutieren. Im Verlauf der Etablierung des WWW als Universaldienst des Internets gingen einige dieser Formen allmählich im Web auf. Zudem bildete sich mit der persönlichen Homepage ein Vorläufer der heutigen Varianten von persönlichen Öffentlichkeiten heraus. Noch 2005 galt „die private Homepage als *das* Medium zur virtuellen Selbstdarstellung" (Renner et al. 2005, S. 192; Hervorhebung im Original; vgl. auch Konert/Hermanns 2002; Misoch 2004), auf der sich Personen nicht vorrangig in organisatorischer oder beruflicher Rollen präsentieren, sondern biografische Informationen und Eindrücke aus dem Privatleben für ein zunächst nicht näher abgrenzbares Publikum bereitstellen.

gen Austauschs und Dialogs, über den des „Publizierens". Dies lässt sich auch darauf zurückführen, dass die Rollen von Sender und Empfänger in persönlichen Öffentlichkeiten verschwimmen. Zwar lässt sich analytisch in einzelnen Episoden noch festlegen, wer z.b. Urheber eines Eintrags auf der Facebook-Pinnwand oder eines Tweets ist. Nutzer können allerdings im Vollzug dieser Episoden sehr rasch zwischen den Rollen wechseln: Indem sie Informationen, Meinungen oder Themen für andere zugänglich machen, speisen sie ihre eigene persönliche Öffentlichkeit als Produzent; indem sie sich ein eigenes Informationsrepertoire zusammenstellen – das wiederum auf persönlichen Öffentlichkeiten anderer Nutzer, aber auch auf journalistischen Quellen beruhen kann – und daraus Informationen filtern und rezipieren, nehmen sie ihre eigene persönliche Öffentlichkeit als Rezipient in Anspruch. In gewisser Weise ist es also eine Frage der Perspektive bzw. des Erkenntnisinteresses, ob der Fokus auf der persönlichen Öffentlichkeit als Folge von Identitäts- und Beziehungsmanagement aktiver Nutzer im Mittelpunkt steht, oder ob sie als Quelle und Bezugspunkt von Informationsmanagement betrachtet wird.

In den letzten Jahren haben zahlreiche empirische Studien Entstehen und Merkmale von persönlichen Öffentlichkeiten im Social Web näher untersucht und dabei herausgearbeitet, dass dort eigene Selektionskriterien und Publika existieren. Zunächst standen Weblogs im Fokus: Eine Inhaltsanalyse von Blogs amerikanischer Jugendlicher zeigt beispielsweise, dass vorrangig Themen aus dem persönlichen Alltag wie Schule, Beziehungen oder populärkulturelle Interessen verhandelt sowie eine Reihe von personenbezogenen Informationen preisgegeben werden (vgl. Huffaker/Calvert 2005). Ähnliche Befunde liefern Studien zu polnischen Weblogs (vgl. Trammell et al. 2006) oder MySpace-Profilen (vgl. Jones et al. 2008). Quantitative Befragungen (z.B. Lenhart/Fox 2006; Schmidt/Wilbers 2006) erhärten diese Befunde und belegen, dass Berichte, Episoden und Anekdoten aus dem Alltag zu den bevorzugten Themen von Bloggern gehören. Diese beabsichtigen vorrangig, solche Erlebnisse und Eindrücke für sich selbst festzuhalten, möchten diese aber auch mit anderen Personen teilen (vgl. Schmidt/Wilbers 2006; Zajac et al. 2008). Aber auch erste Analysen des Kommunikationsverhaltens beim Microblogging-Dienst Twitter verdeutlichen, dass dort der Austausch über aktuelle Aktivitäten aus persönlicher Perspektive vorherrscht (vgl. Java et al. 2007; Altmann 2009; Naaman/Boase/Lai 2010).

Während Weblogs aufgrund ihrer Kommunikationsarchitektur, die das Publikum nicht direkt einschränkt, eher noch ein potenziell diffuses (wenngleich faktisch meist relativ kleines) Publikum adressieren, dienen

Netzwerkplattformen tendenziell eher der Selbstdarstellung und dem Austausch in begrenzten Publika. Die Grenzen sind dabei jedoch fließend: Plattformen wie LiveJournal oder MySpace verbinden Elemente von Netzwerkplattformen – den Fokus auf einer Selbstpräsentation via Profil statt via Narrativ sowie die Artikulation sozialer Beziehungen – mit den eher journalhaften Funktionen eines Blogs (vgl. Kendall 2007; Brake 2008). In jüngerer Zeit binden viele Plattformen auch die Option ein, zusätzlich zu den eher statischen Informationen des eigenen Profils Mitteilungen über aktuelle Aktivitäten oder Zustände zu veröffentlichen. Funktionen wie das „Was machst Du gerade?"-Feld (Facebook, MySpace) oder der „Buschfunk" der VZ-Plattformen lehnen sich an das Grundprinzip des Microblogging an, in kurzen Nachrichten Auskunft über sich zu geben und diese Updates in den explizit gemachten sozialen Netzwerken des jeweiligen Nutzers zu verbreiten.[95]

Der besondere Wert von Netzwerkplattformen wie Facebook oder StudiVZ liegt genau darin: den Austausch mit dem erweiterten sozialen Netzwerk zu ermöglichen, das als Publikum für die eigene Selbstpräsentation fungiert. Die Kommunikationspartner sind dabei vorrangig bereits bekannte Personen und erst in zweiter Linie bislang unbekannte Personen, sodass Netzwerkplattformen „friendship-driven participation" (Ito et al. 2010) unterstützen. Wenn neue Kontakte hinzugefügt werden, dominiert das „social searching", die Suche nach Bekannten, über das „social browsing", das Kontaktieren von unbekannten Personen (vgl. Lampe/Ellison/Steinfield 2006).

So erbrachte eine Sonderauswertung der ARD/ZDF Onlinestudie 2010, dass das „In Kontakt bleiben mit Freunden" und das „Wiederfinden alter Freunde" zu den wichtigsten Motiven der Nutzer von Netzwerkplattformen in Deutschland gehört (vgl. Frees/Fisch 2011, S. 159). Zu ähnlichen Ergebnissen kommen internationale Studien. Unter amerikanischen Nutzern von Netzwerkplattformen beispielsweise hält die überwiegende Mehrheit (89 Prozent der Erwachsenen und 91 Prozent der Teenager) dort den Kontakt zu Freunden und Bekannten (vgl. Lenhart 2009). Das Finden neuer Freunde oder Bekannter ist demgegenüber für nur etwa die Hälfte der Befragten ein Nutzungsmotiv. In Großbritannien kommunizieren etwa zwei Drittel der erwachsenen Nutzer (16 Jahre und älter) von Netzwerkplattformen mit Freunden oder Familienmitgliedern, zu denen sie auch außerhalb des Internet

---

[95] Bei zahlreichen Netzwerkplattformen, darunter z.B. Facebook und die VZ-Netzwerke, lässt sich der eigene Twitter-Account auch mit dem plattforminternen Status-Update-Dienst koppeln.

Kontakt haben (vgl. Ofcom 2008). Etwa die Hälfte (47%) nutzt entsprechende Plattformen, um den Kontakt zu Freunden oder Bekannten wieder aufzunehmen, die sie aus den Augen verloren haben. Bei den unter 16-Jährigen geben sogar mehr als 90 Prozent an, mit Hilfe von Netzwerkplattformen den Kontakt zu Freunden oder Familienmitgliedern zu halten; etwa 60 Prozent nutzen die Angebote, um neue Kontakte zu knüpfen.

Die eher begrenzte Reichweite persönlicher Öffentlichkeiten lässt sich an der faktischen Größe der artikulierten Netzwerke (und damit: Publika) ablesen. So besaßen Jugendliche und junge Erwachsene in Deutschland, die Netzwerkplattformen nutzen, Ende 2008 im Durchschnitt etwa 130 Freunde bzw. Kontakte auf der meistgenutzten Plattform, wobei im Vergleich der Altersgruppen insbesondere die 15- bis 17-Jährigen herausstechen, die von fast 150 Freunden im Durchschnitt berichteten (vgl. Hasebrink/ Rohde 2009). Auch hier zeigt sich, dass es sich vor allem um Beziehungen handelt, die durch persönliche Treffen im „real life" gekennzeichnet sind; 85 Prozent der Befragten geben an, die meisten oder alle dieser Kontakte bereits persönlich getroffen zu haben. Eine aktuelle US-amerikanische Studie ermittelte, dass Facebook-Nutzer durchschnittlich 229 Kontakte auf der Plattform haben, und durchschnittlich 89 Prozent von ihnen bereits mehr als einmal face-to-face getroffen haben (Hampton et al. 2011, S. 25ff.)

Bei Weblogs lässt sich die Größe des Publikums für die persönlichen Öffentlichkeiten deutlich schwerer ermitteln, da Leser solange unsichtbar bleiben, bis sie einen Kommentar hinterlassen oder von einem eigenen Weblog auf einen Beitrag verlinken. Spezialisierte Dienste wie Blogoscoop, Icerocket oder Technorati liefern zwar Daten über die Zugriffe oder Verlinkungen innerhalb der Blogosphäre, können aber jeweils nur einen Ausschnitt aller Angebote bzw. Aktivitäten erfassen und damit letzlich keine umfassenden Daten liefern. Bei Microblogging-Diensten wie Twitter lässt sich die Größe des Publikums hingegen über die Anzahl derjenigen Nutzer bestimmen, die einer Person folgen, mithin über deren neue Nachrichten benachrichtigt werden. So ermittelten Huberman/Romero/Wu (2009) eine Durchschnittsanzahl von 85 Followern – etwas größer als die durchschnittliche Anzahl der Twitter-Nutzer, denen gefolgt wird (der Wert betrug in ihrer Studie 80).[96]

---

[96] Da bei Twitter Kontakte nicht zwingend reziprok sein müssen, sondern auch unidirektional vorliegen können, ist das Publikum für die eigenen Äußerungen und der Personenkreis, dessen Updates man selbst verfolgt, zumeist nicht deckungsgleich. Extremfälle sind die beiden Nutzertypen der „Broadcaster" sowie der „miscreants" bzw. „evangelists" (vgl. Krisnamurthy/Gill/Arlitt 2008): In erstere Gruppe fallen insbesondere Twitter-Feeds von

Weitere strukturelle Merkmale von persönlichen Öffentlichkeiten lassen sich in zeitlicher, räumlicher sowie sozialer Hinsicht beschreiben. In *zeitlicher Hinsicht* können persönliche Öffentlichkeiten unterschiedlich stabile oder dynamische kommunikative Äußerungen umfassen. Stabile Merkmale sind solche Aspekte, die sich im Zeitverlauf selten oder gar nicht wandeln bzw. kaum oder nicht aktualisiert werden, wie beispielsweise Benutzername, Geschlecht, Geburtsdatum oder Kontaktadressen. Gerade Netzwerkplattformen, die auch solche eher statischen Informationen umfassen, erfüllen eine „Verzeichnisfunktion" bzw. können als erweitertes Adressbuch fungieren: Kontaktadressen von Personen aus dem erweiterten sozialen Netzwerk lassen sich in die entsprechenden Plattformen auslagern und bei Bedarf abrufen; an die Geburtstage der entfernten Bekannten erinnert die Plattform, sodass man einen Gruß und Glückwunsch senden kann.

Dem stehen als dynamische Anteile von persönlichen Öffentlichkeiten beispielsweise Weblog- oder Twittereinträge („tweets") gegenüber, oder auch die oben erwähnten Status-Updates, die zu den Profilseiten treten. Solche Facetten von persönlichen Öffentlichkeiten erzeugen einen mehr oder weniger dauerhaften Strom an Meldungen, Hinweisen und Aktualisierungen, was sich in Metaphern wie beispielsweise „Lifestreaming" (Perez 2008) ausdrückt. Indem Nutzer in ihrer Rolle als Rezipienten die Äußerungen anderer für sie relevanter Personen wahrnehmen, entsteht in den persönlichen Öffentlichkeiten eine „community awareness" (Prinz 2001) bzw. „ambient awareness" (Thompson 2008). Die beständig aktualisierten Aktivitäten, Meinungen, Trends oder Gedanken aus dem eigenen sozialen Netzwerk befriedigen deutlich personalisiertere Informationsbedürfnisse, als es universelle Suchmaschinen leisten können: „If you're looking for interesting articles or sites devoted to Kobe Bryant [ein amerikanischer Basketball-Profi; JS], you search Google. If you're looking for interesting comments from your extended social network about the three-pointer Kobe just made 30 seconds ago, you go to Twitter." (Johnson 2009, o.S.).

Die Recherche in persönlichen Öffentlichkeiten kann ad hoc geschehen, in dem man beispielsweise das Profil oder den YouTube-Kanal eines Bekannten aufsucht, um zu sehen, ob es Aktualisierungen gibt. Da dies aber ab einer gewissen Anzahl von Personen bzw. Knoten im eige-

---

Organisationen wie Webradios oder Online-Nachrichtenportalen, die vorrangig über Aktualisierungen ihrer Webangebote benachrichtigen, selbst aber keine Meldungen anderer Nutzer verfolgen. In die zweite Gruppe fallen beispielsweise Spammer, die eine Vielzahl von anderen Nutzern abonnieren und darauf hoffen, dass zumindest ein Teil dieser Kontakte bestätigt wird.

nen sozialen Netzwerk nicht mehr praktikabel ist, entsteht ein Bedarf für technisch unterstützte Aggregation der verschiedenen persönlichen Öffentlichkeiten. Eine Variante sind RSS Reader, also spezifische Programme bzw. webbasierte Dienste, mit deren Hilfe man Aktualisierungen von Webseiten und Blogs verfolgen kann. Hingegen bündeln Microblogging-Dienste wie Twitter oder auch Netzwerkplattformen die Aktualisierungen oder Statusmeldungen der eigenen bestätigten Kontakte direkt innerhalb des eigenen Angebots, beispielsweise in Funktionen wie dem „news feed" bzw. den „Neuigkeiten" (Facebook), dem „Buschfunk" (VZ-Netzwerke) oder der „Timeline" (Twitter).[97]

Damit ist eine zweite Dimension von persönlichen Öffentlichkeiten angesprochen, die neben zeitliche Unterschiede tritt, nämlich die Strukturierung in *räumlicher Hinsicht*. Bei onlinebasierter Kommunikation von „räumlichen Aspekten" sprechen, mag auf den ersten Blick verwundern, ist sie doch aufgrund ihrer technischen Vermittlung von konkreten Territorien bzw. physikalischen Räumen abgekoppelt. Gemeint ist in diesem Zusammenhang auch vielmehr, dass die persönliche Öffentlichkeit einer Person an unterschiedlichen Stellen im Internet verortet sein kann, wenn das Identitäts-, Beziehungs- und Informationsmanagement mit Hilfe verschiedener Dienste geleistet wird, oder aber sich vorrangig auf einer Plattform oder bei einem Dienst konzentriert.

Eine auf verschiedene Kommunikationsorte verteilte persönliche Öffentlichkeit bietet dem Nutzer nicht nur die Möglichkeit, unterschiedliche Facetten der jeweiligen Dienste auszunutzen, also beispielsweise Texte in einem Weblog, Fotos auf Flickr und Videos zu veröffentlichen. Die unterschiedlichen Dienste können durchaus auch strategisch eingesetzt werden, um sich für unterschiedliche Bezugsgruppen unterschiedlich zu präsentieren, somit also den Anforderungen an differenziertes Identitätsmanagement gerecht zu werden, das aus unterschiedlichen Rollenzugehörigkeiten oder biographischen Veränderungen erwächst. Im Jahr 2008 pflegte über ein Drittel (37%) der 12- bis 24-Jährigen in Deutschland mehr als ein Profil auf einer Netzwerkplattform, wobei der Anteil unter den 18- bis 20-Jährigen mit 44 Prozent deutlich höher lag

---

[97] Diese Form der aggregierten Informationen aus dem eigenen Netzwerk ist von den Erkenntnissen zu unterscheiden, die eine plattformweite Analyse von Äußerungen erbringt. Sie ist in der Regel nur dem Betreiber oder externen Beobachter möglich, der Zugang zu einem umfassenden Datensatz besitzt. So lassen sich beispielsweise mit Data-Mining-Methoden die Einträge zu Lieblingsbüchern, -filmen oder -aktivitäten auf einer Netzwerkplattform erfassen und zu „taste fabrics", also Geflechten von kulturellen Vorlieben verdichten (vgl. Liu/Maes/Davenport 2006). Dem einzelnen Nutzer bleiben solche aggregierten Informationen jedoch verborgen, da er nur Einblick in sein eigenes Kontaktnetzwerk hat.

(vgl. Hasebrink/Rohde 2009). Diese Altersgruppe, so ist zu vermuten, erlebt im Übergang von der Schule in Beruf oder Universität auch die Notwendigkeit, sich für die neuen Bezugsgruppen auf andere Art und Weise zu präsentieren, was zum Beispiel die parallele Nutzung von SchülerVZ und StudiVZ begünstigt.

Gegenläufig zu dieser soziologisch begründbaren Differenzierung von persönlichen Öffentlichkeiten nach kommunikationsräumlichen Bezugsgruppen bzw. Rollenanforderungen gibt es aber auch Aspekte, die eine Aggregation der unterschiedlichen Facetten und Interessen einer Person an einem Ort im Internet fördern: Dazu zählt auf Nutzerseite beispielsweise der Wunsch, eine möglichst geringe Anzahl von Profilen oder Angeboten zu führen, um bestimmte Veränderungen nicht an vielen verschiedenen Stellen einpflegen zu müssen. Dieser wird von technischen Funktionen unterstützt, die Inhalte von unterschiedlichen Quellen an einer Stelle aggregieren, also beispielsweise mit Hilfe von Plugins die neuesten Flickr-Fotos und Delicious-Lesezeichen im eigenen Weblog anzuzeigen, oder aber die dort neu veröffentlichten Beiträge auch in das eigene Profil auf Facebook einzuspeisen. Mittlerweile existieren sogar eigenständige Dienste: mit „Friendfeed" beispielsweise lassen sich die eigenen Aktivitäten auf mehr als 50 Plattformen erfassen und in einen einzigen Feed integrieren.

Persönliche Öffentlichkeiten können schließlich auch in *sozialer Hinsicht* unterschiedlich strukturiert sein. Wenngleich es sich bei ihnen um Öffentlichkeiten mit deutlich geringerer Reichweite als die massenmedialen Öffentlichkeiten mit dispersem Publikum handelt, umfassen sie doch Beziehungen ganz unterschiedlicher Stärke. Die im Zusammenhang mit der Größe von persönlichen Öffentlichkeiten bereits erwähnten Studien geben Hinweise darauf, dass auf Netzwerkplattformen nicht ausschließlich enge Freundschaften gepflegt werden, sondern sich vielmehr periphere Bereiche des eigenen sozialen Netzwerks artikulieren, also auch die ehemaligen Schulfreunde, Nachbarn oder Ex-Kollegen, Party- oder Urlaubs-Bekanntschaften o.ä. zu den bestätigten Kontakten gehören können.

Die technische Gestaltung von Netzwerkplattformen verdeckt in aller Regel diese Differenzierung von sozialen Beziehungen, weil sie Beziehungen ganz unterschiedlicher Stärke mit einer einzigen Bezeichnung („Freund", „Kontakt" o.ä.) zusammenfasst. Doch für die Nutzer existieren diese Differenzierungen weiterhin: Nur 15 Prozent der 12- bis 24-Jährigen Nutzer von Netzwerkplattformen geben an, dass sie die meisten ihrer bestätigten Kontakte auch zu ihren engen Freunden zählen würden, während 58 Prozent sagen, dass weniger als die Hälfte ihrer

Kontakte in diese Kategorie fallen würde (vgl. Hasebrink/Rohde 2009). Der Anteil derjenigen Personen, zu denen kein enger oder direkter Kontakt bzw. Bekanntschaft mehr besteht, korreliert dabei mit der Größe des Netzwerks, was darauf hindeutet dass die Erweiterung von Kontakten vor allem in den peripheren Bereichen des eigenen sozialen Netzwerks stattfindet.

Ein interessanter Sonderfall in dieser Hinsicht ist die Social-Web-Präsenz von Prominenten (Künstler, Sportler, Politiker, o.ä.), die oft mehrere 1.000 Kontakte auf MySpace, mehrere 10.000 Follower bei Twitter besitzen oder in Extremfällen wie bei Barack Obama, Lady Gaga oder Justin Bieber sogar mehrere Millionen Fans bzw. Befürworter auf Facebook zählen können.[98] Auch wenn Anmutung und Inszenierungspraktiken an die persönlichen Öffentlichkeiten „normaler" Nutzer erinnern, und auch wenn Prominente in ähnlicher Weise davon profitieren, dass sie die etablierten journalistischen Gatekeeper umgehen können, um sich direkt an ein Publikum zu wenden[99], lässt sich doch nur schwerlich von persönlichen Öffentlichkeiten sprechen. Es dominieren dort letztlich parasoziale Beziehungen, die zwar denen in kleineren Gruppen ähneln, allerdings einseitig bleiben.[100]

Die fehlende Reziprozität bzw. die Statusungleichheit, die dem Verhältnis „Prominenter – Anhänger" inhärent ist, wird im Social Web unterschiedlich behandelt. Sie kann im Software-Code eingeschrieben sein, wenn Plattformen explizit auch unilaterale Beziehungen vorsehen – bei Twitter mit dem Prinzip des „Followers" gelöst, bei Facebook über den Sonderfall der „Seiten", die keine reziproken Kontakte, sondern „Fans" bzw. „Befürworter" haben. Prominente können Reziprozität jedoch auch simulieren bzw. strategisch einsetzen, indem sie vereinzelt Kontaktaufnahmen eines Fans erwidern (vgl. Marwick/ boyd 2011). Letztlich dienen die Social-Web-Öffentlichkeiten von Prominenten allerdings weniger dem direkten Austausch zwischen Fan und Star. Vielmehr

---

[98] An dieser Stelle soll nicht zwischen solchen Personen unterschieden werden, die ihre Prominenz aus einer Tätigkeit außerhalb des Internets beziehen, und solchen, die man als „Internet Celebrity" bezeichnen könnte (vgl. Tanz 2008).

[99] So das Fazit von Sanderson (2008), der das Weblog des amerikanischen Baseballprofis Curt Schilling analysiert und resümiert, das Internet „provide[s] celebrities with a self-presentation tool that can assist in managing their identity and counteract their portrayals by the mass media" (ebda., S. 930).

[100] Das Konzept der parasozialen Beziehung wurde ursprünglich von Horton/Wohl (1956) formuliert, um die Beziehungen zwischen Rezipienten und TV-Ansagern, Quizmastern o.ä. zu charakterisieren. Wie Keller (2008, S. 156ff.) anmerkt, trennen sie allerdings nicht klar zwischen Beziehungen und Interaktionen, sodass besser allgemein von „parasozialen Bezugnahmen" gesprochen werden müsste.

fungieren sie als Kristallisationspunkt der Aufmerksamkeit für Ankündigungen und Mitteilungen vom Star, unter Umständen auch als Forum für den Austausch der Fans untereinander. Auf Grundlage seiner Analyse des MySpace-Profils von Jarvis Cocker, einem britischen Popstar, argumentiert Beer (2008), dass „not only do people ‚make friends' with the popstar Jarvis, but also that Jarvis acts to introduce people as they orbit around his online profile and meet to discuss shared interests, tastes, and so on" (S. 224). Das Profil des Prominenten wird so zum doppelten Scharnier, weil es einerseits die Verbindung der Fans zum Popstar – und damit parasoziale Beziehungen –, andererseits die Netzwerkbildung und Vergemeinschaftung der Fans untereinander fördert.

5.2 Zur Regulierung von Privatsphäre im Social Web[101]

Indem Menschen Themen und Informationen von persönlicher Relevanz öffentlich zugänglich machen, werden vertraute Grenzen zwischen Öffentlichkeit und Privatsphäre brüchig. Der folgende Abschnitt diskutiert, auf welche Weise diese Grenzen im Social Web gezogen bzw. neu verhandelt werden und wie der Zugang zur Privatsphäre reguliert wird. Dazu ist vorab darauf hinzuweisen, dass Privatheit bzw. Privatsphäre kein kulturell universelles und fixes Konzept ist.[102] Es ist vielmehr immer epochen-, kultur- und situationsspezifisch zu sehen, weil in diesen Grenzen unterschiedliche Normen (rechtlich wie informell) gelten können, wie das Verhältnis von Öffentlichkeit und Privatsphäre gestaltet sein sollte (vgl. Rössler 2003; Weiß 2002). Informations- und Kommunikationstechnologien beeinflussen den Kontext, in dem die Grenzen zwischen diesen Sphären gezogen werden – dabei ist das Social Web nur ein Bereich einer Vielzahl von technologischen Entwicklungen, die Fragen der Überwachung und Kontrolle der Privatsphäre aufwerfen, darunter beispielsweise die Zunahme von Überwachungskameras im öffentlichen Raum, biometrische Pässe oder RFID-Chips (vgl. Bendrath 2007;

---

[101] Die Überarbeitung dieses Abschnitts für die 2. Auflage profitierte vom Austausch im Rahmen des „DFG Young Scholars' Networks on Privacy and Web 2.0", insbesondere mit Wiebke Loosen, Leonard Reinecke und Monika Taddicken.

[102] Drei Varianten von Privatheit lassen sich unterscheiden (vgl. Rössler 2003): Die „dezisionale Privatheit" bezieht sich auf die Möglichkeit, persönliche Entscheidungen auch selbstbestimmt treffen zu können, die „lokale Freiheit" auf die Kontrolle des Zugangs zu eigenen Räumen (wie der eigenen Wohnung), und die „informationelle Freiheit", um die es an dieser Stelle auch vorrangig geht, auf die Kontrolle darüber, was andere Personen über einen selbst wissen können.

Royal Academy of Engineering 2007; UNESCO 2007; Schmidt/ Weichert in Vorb.).

Aus einer sozialpsychologischen Perspektive besteht zwischen Öffentlichkeit und Privatsphäre deswegen ein Spannungsfeld, weil zwei grundlegende, aber widerstrebende individuelle Bedürfnisse berührt sind: Als soziale Wesen sind Menschen auf soziale Interaktion und Selbstoffenbarung angewiesen, besitzen gleichzeitig aber auch den Wunsch nach Kontrolle des Zugangs zu persönlichen Informationen und deren Verbreitung. Sowohl der Schutz der Privatsphäre als auch soziale Interaktion und Selbstoffenbarung stellen grundlegende psychologische Ressourcen dar, die für die eigene Persönlichkeitsentwicklung und -entfaltung, die psychische Gesundheit und die allgemeine Lebenszufriedenheit bedeutsam sind.

Die Privatsphäre bietet Menschen die Möglichkeit zum Rückzug von sozialer Überwachung und gesellschaftlich bedingten Spannungen, was sie zum Schutzraum für die Selbst-Evaluation der eigenen Persönlichkeit macht, bei der Bewältigung von Belastungen hilft und der Aufrechterhaltung des Wohlbefindens dient (vgl. Westin 1967; Pedersen 1997). Andererseits kann erst durch Selbstoffenbarung, also die Vermittlung von Informationen über das eigene Denken, Fühlen und Handeln, soziale Nähe entstehen. Dies wiederum ist Voraussetzung insbesondere für enge und intime Beziehungen, für die Verarbeitung psychischer Belastungen und für emotionale Erleichterung von Sorgen und Problemen (vgl. Altman/Taylor 1973). Das Herstellen von Privatsphäre ist somit kein reiner Rückzugsprozess, und ein optimales Maß an Privatsphäre ist nicht dann erreicht, wenn keinerlei persönlichen Informationen preisgegeben werden. Privatsphäre wird vielmehr dann als optimal wahrgenommen, wenn beide Bedürfnisse in Einklang gebracht werden können und somit angestrebtes und tatsächlich erreichtes Ausmaß an Privatsphäre übereinstimmen (vgl. Altman 1975).

Diese grundlegenden psychologischen Erkenntnisse gelten auch für onlinebasierte Kommunikation, wo die Regulierung von Privatsphäre im Sinne eines selektiven Zugangs zum eigenen Selbst allerdings besonderen Bedingungen unterliegt (vgl. für einen Überblick Trepte/Reinecke 2011). Mit Hilfe der praxistheoretischen Begriffe lässt sie sich als fortlaufendes Identitätsmanagement verstehen, in dem sich individuelle Motive und Einstellungen, aber auch überindividuelle Werte und Erwartungen in Bezug auf „angemessene" oder „erwünschte" Selbstoffenbarung niederschlagen. Dieses Handeln geschieht jeweils in Bezug auf ein Publikum, das sich aus Beziehungen unterschiedlicher Stärke oder Rollenkontexte zusammensetzen kann, und innerhalb von Kommunikationsräumen mit je eigener softwaretechnisch realisierter Architektur.

Um diese Überlegungen näher ausführen zu können, ist zunächst eine analytische Differenzierung des Publikumsbegriffs in vier Formen notwendig: Das *intendierte Publikum* ist derjenige Personenkreis, der dem Nutzer im Sinne eines „vorgestellten Empfängerkreises" vorschwebt und die Themenwahl und -präsentation anleitet. Es resultiert gerade auf Netzwerkplattformen aus früheren Episoden des Beziehungsmanagements, die Größe und Zusammensetzung des artikulierten Kontaktnetzwerks bestimmen. In den tendenziell offenen Weblogs können dagegen allgemeine Annahmen über die Reichweite und Relevanz der behandelten Themen die Vorstellung vom intendierten Publikum beeinflussen. Das *adressierte Publikum* ist dann derjenige Personenkreis, der in einer spezifischen Kommunikationssituation tatsächlich erreicht werden soll. Dies kann durch eine spezifische Ansprache einer Teilgruppe (z.B. alle Kontakte in einer Stadt oder alle, die sich in einem bestimmten Thema gut auskennen) geschehen, oder auch durch das gezielte technische Einschränken der Sichtbarkeit bestimmter Fotos o.ä. für spezifische Gruppen gesteuert werden.

Intendiertes und adressiertes Publikum unterliegen somit der Kontrolle (bzw. Vorstellungskraft) des Nutzers. Davon ist das *potenzielle Publikum* zu unterscheiden, also derjenige Personenkreis, der prinzipiell technisch erreichbar wäre bzw. von den hinterlassenen Informationen Kenntnis erhalten könnte. Dies schließt in der Regel auch die Betreiber von Plattformen oder Diensten mit ein, ist ansonsten aber vor allem an die jeweiligen technischen Bedingungen gekoppelt, auf denen die Kommunikationsräume basieren (s.u.). Damit unterscheidet sich zumeist aber auch das *empirische Publikum*, worunter alle Personen fallen, die tatsächlich von bestimmten Äußerungen oder Informationen Kenntnis nehmen, vom intendierten wie vom adressierten Publikum. In manchen Fällen wird es nur eine Teilmenge umfassen, z.B. weil die (eigentlich adressierten) Freunde das persönliche Weblog nur sporadisch lesen, in anderen Fällen wird es aber auch darüber hinausreichen, z.B. wenn ein Foto an bislang unbekannte Personen weitergeleitet wird.

In den persönlichen Öffentlichkeiten des Social Web wird die tatsächliche Reichweite von kommunikativen Äußerungen, also das potenzielle wie empirische Publikum, wesentlich durch die softwaretechnische Architektur beeinflusst. Sie teilen diese mit anderen onlinebasierten vernetzten Öffentlichkeiten und unterscheiden sich so von Situationen der face-to-face-Interaktion, aber auch von Kommunikation über andere

Vermittlungstechnologien (wie Telefon, Print oder Rundfunk) (vgl. boyd 2008c):

- *Persistenz*: Die Informationen, die im Internet veröffentlicht werden, sind nicht flüchtig, sondern dauerhaft gespeichert. Während der Eindruck, den man in einer alltäglichen Interaktionssituation am Arbeitsplatz, in der Schule oder vor dem Café hinterlässt, kurze Zeit später bereits vergessen sein mag, ist die Wortmeldung in einem Gästebuch oder das hochgeladene Foto auch Tage, Wochen oder Jahre später noch abrufbar. Selbst wenn es gelöscht wird, besteht die Möglichkeit, dass es mit Hilfe von Diensten wie dem Internet Archive[103], dem Cache der Google-Suche oder auch auf den Backup-Servern von Plattformbetreibern wieder aufgefunden werden kann.

- *Duplizierbarkeit*: Weil die Informationen digital vorliegen, können sie ohne Qualitätsverlust (und damit möglicherweise unbemerkt) kopiert werden. Dadurch ist zum Beispiel möglich, Aktivitäten und Inhalte von einer Plattform an andere Stellen zu übertragen, einzubetten oder zu aggregieren. Informationen lassen sich so aber auch aus ihrem ursprünglichen Kontext lösen, modifizieren und in einen anderen Kontext stellen. Während dies in Form des Remixing zu einer etablierten Praxis des künstlerischen Ausdrucks im Social Web geworden ist, beruhen auch problematische Verhaltensweisen wie Cybermobbing oder -Bullying auf diesem technischen Umstand, beispielsweise wenn Fotos von Profilen einer Netzwerkplattform kopiert werden und in Gruppen wieder auftauchen, in denen sich Nutzer über „Die dümmsten Gesichter von StudiVZ" o.ä. lustig machen.

- *Skalierbarkeit*: Auch wenn persönliche Öffentlichkeiten meist nur vergleichsweise kleine Publika haben, ist die Reichweite prinzipiell doch nicht eingeschränkt. Ein Weblogeintrag oder ein YouTube-Video kann eine Vielzahl von Verlinkungen oder Zugriffen erzielen, wenn es – aus welchen Gründen auch immer – besondere Beachtung findet. Dies betrifft auch ungewollte Fälle, in denen die Selbstpräsentation zu besonderer Prominenz geführt, wie der Fall des „Star Wars Kid" zeigt (vgl. Lischka 2007b). Hinzu kommt, dass das spezifische Muster der Aufmerksamkeitshierarchie – einige wenige Inhalte erzielen eine hohe Reichweite, die meisten Inhalte dagegen liegen im eher gering beachteten long tail (vgl. Abschnitt 2.1) –

---

[103] Vgl. http://www.archive.org/index.php. [15.08.2011]

nicht nur in Bezug auf ganze Angebote oder Plattformen gilt, sondern sich auch in Teilmengen der dort vorgehaltenen Inhalte widerspiegelt, wenngleich in jeweils kleinerem Maßstab.

- *Durchsuchbarkeit*: Schließlich sind Informationen, die im Internet vorliegen, mit Hilfe von Suchmaschinen auffindbar. Dies erlaubt es unter anderem, Inhalte aus unterschiedlichen Kontexten nebeneinander zu stellen, also beispielsweise unterschiedliche Selbstdarstellungen ein und derselben Person auf verschiedenen Plattformen miteinander zu vergleichen. So lassen sich getrennt voneinander geführte „digitale Identitäten" miteinander verketten (vgl. Hansen/Meissner 2008); unter Umständen kann eine Identifizierung sogar dann geleistet werden, wenn die Identität einer Person zwar verborgen ist, aber dafür Informationen über ihre Position innerhalb eines sozialen Netzwerks bekannt sind (vgl. Bonneau et al. 2009; Narayanan/Shmatikov 2009).

Diese vier Merkmale der kommunikationstechnischen Architektur persönlicher Öffentlichkeiten werden für die Regulierung von Privatsphäre deswegen relevant, weil sie das Identitätsmanagement mit unintendierten empirischen Publika in sozialer und/oder in zeitlicher Hinsicht konfrontieren können. In sozialer Hinsicht lässt sich dies als Rollenkonflikt auffassen: Bestimmte Selbstdarstellungen entspringen einem rollenspezifischen Kontext, können aber auch von Personen eingesehen werden, zu denen entweder überhaupt keine Beziehung besteht oder die dem Urheber zwar bekannt sind, aber anderen Rollenkontexten bzw. Bezugsgruppen angehören. Solche „known, but inappropriate others" (Livingstone 2008, S. 405) können für Jugendliche beispielsweise die eigenen Eltern oder Lehrer sein, denen man lieber vorenthalten möchte, wie man sich den Freunden und der peer group gegenüber präsentiert. Andere Nutzer wollen möglicherweise ihre privat-persönliche Selbstdarstellung nicht mit den Erwartungen und Anforderungen aus dem beruflichen Kontext in Bezug gebracht sehen. In der öffentlichen Diskussion drückt sich ein solches unintendiertes Publikum zum Beispiel in der Figur des Personalverantwortlichen aus, der die Profile von Bewerbern auf Facebook überprüft.

Während in den genannten Fällen davon auszugehen ist, dass das unintendierte Publikum sich selbst Zugang zu der Selbstdarstellung verschafft, indem es gezielt nach Profilen von Schülern, Kindern oder Bewerbern sucht, können Privatsphären-Konflikte aber auch entstehen, wenn sich die zugrundeliegende Architektur einer Plattform ändert. So führte die Netzwerkplattform Facebook im September 2006 die Funktion des „News Feeds" ein, die jeden Nutzer über die Profilaktualisierungen und anderen Aktivitäten der Personen aus der eigenen Kontaktliste informierte. Dadurch wurden Handlungen, die vormals nur zwischen zwei oder wenigen Teilnehmern stattfanden – zum Beispiel der Eintrag auf einer Profil-Pinnwand oder das Akzeptieren einer Freundschaftsanfrage – auf einmal zu einer netzwerköffentlichen Angelegenheit: „Participants had to shift their default expectation that each action would most likely be unnoticed to an expectation that every move would be announced" (boyd 2008a, S. 15). Nach massiven Protesten der Nutzer modifizierten die Betreiber von Facebook diese Funktion und führten eine Reihe von Konfigurationsmöglichkeiten ein, um bestimmte Aktivitäten zu unterdrücken.

Unintendierte Publika in zeitlicher Hinsicht hingegen entstehen aufgrund der Persistenz und Durchsuchbarkeit von persönlichen Öffentlichkeiten – Besucher eines Profils oder Weblogs können dadurch möglicherweise ungewollt oder gezielt auf Facetten einer Person stoßen, die sich zwischenzeitlich verändert haben. Gerade biographische Übergänge, beispielsweise zwischen Schule und Studium oder zwischen Studium und Beruf, aber auch andere persönliche Entwicklungen können dazu führen, dass ältere Selbstentwürfe und -darstellungen nicht mehr treffend sind. Nutzer reagieren darauf, indem sie zu bestimmten Lebensphasen ihre Selbstdarstellung in andere Umgebungen bzw. auf andere Plattformen verlagern, um sich dort gewissermaßen „neu zu erfinden". Unter Bedingungen von persistenten und durchsuchbaren persönlichen Öffentlichkeiten werden solche Wechsel allerdings potenziell zum Problem, weil Personen mit früheren Identitätsentwürfen konfrontiert werden können, was wiederum Rollenkonflikte auslösen kann (vgl. Ferdig et al. 2008).

Der Umstand, dass persönliche Öffentlichkeiten in sozialer und zeitlicher Hinsicht unintendierten Publika ausgesetzt sein können, lässt sich als spezifische Form der Überwachung deuten – insbesondere wenn man in Betracht zieht, dass bestimmte persönliche Informationen zumindest den Plattformbetreibern oder Suchmaschinenbetreibern zur Verfügung stehen. Zimmer (2008) spricht in dieser Hinsicht vom „faustian bargain", von einem spezifischen und in seinen Konsequenzen möglicherweise nicht vollständig überblickbaren Tausch von sehr weitreichenden persönlichen Daten gegen komfortablere, effizientere und angenehmere Optionen des Beziehungs- und Informationsmanagements. Während manche Autoren die Sammlung von Daten bei Betreibern als Form der „Electronic Surveillance" kritisch sehen (vgl. Fuchs 2009b), heben andere die positiven Funktionen dieser Datensammlung für die beteiligten Nutzer hervor, die dadurch in die Lage versetzte würden, durch Formen der „participatory surveillance" (Albrechtslund 2008) mit einem erweiterten sozialen Netzwerk verbunden zu bleiben, mit dem aus Kapazitätsgründen keine direkten interpersonalen Beziehungen möglich wären.

Allerdings werden im Internet nicht, wie Funk (1994) noch konstatierte, private und öffentliche Kommunikation identisch. Es spricht vielmehr einiges dafür, dass persönliche Öffentlichkeiten einen eigenen Kontext für Kommunikation und Interaktion darstellen, in dem bestimmte Daten einem vorgestellten, wenngleich nicht immer klar identifizier- und abgrenzbaren Publikum zugänglich gemacht werden. Dabei folgen die Nutzer kontextspezifischen Adäquanz- und prozeduralen Regeln darüber, welche Informationen unter welchen Umständen präsentiert, verknüpft und ausgewählt werden. In den informationsethischen Begriffen von Nissenbaum (2004) existieren im Kontext der persönlichen Öffentlichkeit also eigene Normen und Konventionen, die den angemessenen Grad an Selbstoffenbarung („norms of appropriateness") sowie die Verbreitung dieser Informationen („norms of flow/ distribution") betreffen.

Ein Bruch dieser kontextspezifischen Normen kommt einer Verletzung der „contextual integrity" gleich und verletzt somit die Privatsphäre der entsprechenden Personen – dabei ist zunächst einmal unerheblich, ob andere Personen oder technische Verfahren diese Kontextüberschreitung vornehmen.[104] Entsprechende Erfahrungen sind durchaus verbreitet, wenngleich nicht die Regel: 13 Prozent der deutschen Internetnutzer zwischen 12 und 24 Jahren hatten 2008 bereits die Erfahrung gemacht, dass andere Personen Fotos oder Informationen von ihnen ins Internet gestellt hatten, mit denen sie nicht einverstanden waren. Neun Prozent gaben an, dass sie selbst Dinge ins Internet gestellt hatten, über die sich dann jemand anderes beschwert hat (vgl. Hasebrink/Rohde 2009). In der JIM-Studie 2010 gaben 15 Prozent der befragten 12- bis 19-Jährigen an, dass schon einmal jemand peinliche oder beleidigende Videos oder Fotos im Internet verbreitet hatte (vgl. MPFS 2010, S. 48). Aber auch spezialisierte Suchmaschinen wie 123people.com oder yasni.de, die personenbezogene Daten aus unterschiedlichen Quellen (also aus unterschiedlichen Kontexten des Zur-Verfügung-Stellens) aggregieren und wiederum frei verfügbar machen,

---

[104] So erklärt sich beispielsweise, dass Schüler irritiert bis ärgerlich darauf reagieren, wenn Pädagogen ihre SchülerVZ-Profile im Klassenzimmer aufhängen, um auf die Gefahren der Selbstdarstellung hinzuweisen (vgl. Schmiedekampf 2008).

verletzen die informationsethische Forderung nach kontextueller Integrität (vgl. Nagenborg 2009).

Aus sozialpsychologischen Studien liegen widersprüchliche Informationen über den Zusammenhang zwischen Einstellungen zu Privatsphäre bzw. Datenschutz einerseits und dem faktischen Handeln im Social Web andererseits vor: Umfragen unter College-Studierenden erbrachten einerseits einen allenfalls schwachen Zusammenhang zwischen der generellen Einstellung zur Privatsphäre und dem Ausmaß der Offenlegung persönlicher Informationen auf den Netzwerkplattformen Facebook und MySpace (vgl. Tufekci 2008). Andererseits haben Nutzer mit einem höheren individualpsychologischen Bedürfnis für Privatspäre ein höheres Bewusstsein für mögliche Datenschutzprobleme bei der Internetnutzung (vgl. Yao/Rice/Wallis 2007). Reinecke/ Trepte (2008) ermittelten in einer Befragung von 702 (vergleichsweise intensiven) Internetnutzern, dass die aktiv produzierenden Nutzer des Social Web eine höhere Bereitschaft aufweisen, auch persönliche Informationen preiszugeben, aber den Schutz der Privatsphäre höher einschätzen als die nur rezipierend teilhabenden Nutzer. Anders ausgedrückt: Lurker haben weniger Interesse daran, selbst Informationen preiszugeben, messen aber auch dem Schutz der Privatsphäre anderer keinen besonderen Wert zu – ein Muster, das man als „Voyeurismus" bezeichnen kann.

Gerade weil onlinebasiertes Identitäts- und Beziehungsmanagement in einem situationsspezifischen, meist komplexen und nicht immer widerspruchsfreien Kontext stattfindet, ist Privatsphäre unter solchen Bedingungen nicht einfach gegeben. Vielmehr müssen Menschen in ihren persönlichen Öffentlichkeiten stärker noch als außerhalb des Internets den Zugang zum eigenen Selbst zu kontrollieren versuchen, um Privatsphäre herzustellen (vgl. Altman 1975).[105] Für die weitere wissenschaftliche wie gesellschaftliche Auseinandersetzung mit dieser Entwicklung erscheint das Konzept der informationellen Selbstbestimmung hilfreich. Es betont das aktive Tun von Menschen und öffnet so den Blick auch

---

[105] Eine sehr weitreichende These konstatiert angesichts der Entwicklung konvergenter digitaler Medien bereits den „Kontrollverlust" (vgl. exemplarisch für eine solche „post privacy"-Position Schramm 2011). Von einzelnen individuellen Erfahrungen abgesehen ist diese Diagnose allerdings problematisch bzw. unzutreffend: Wir verlieren individuell wie gesellschaftlich nicht die Kontrolle über persönliche Informationen, wir verzichten allenfalls auf ihre Ausübung. Unabhängig von dieser normativen Frage erscheint jedoch durchaus fraglich, ob das Konzept von „Privatsphäre" noch geeignet ist, um die Veränderungen in den Kommunikations- und Interaktionsumgebungen zu erfassen – nicht zuletzt, weil es eher „defensiv" angelegt ist und die Assoziation einer „Blase" um eine Person mit sich trägt, die vor dem Eindringen bzw. Übergriffen anderer geschützt werden muss (vgl. Bennett 2011).

für diejenigen Situationen, in denen Menschen aktiv persönliche Informationen von sich preisgeben, um ihre persönliche Autonomie zu stärken, also um soziale Beziehungen zu pflegen, um gesehen zu werden, um Anerkennung und Respekt zu erlangen, o.ä. Es ist zudem anschlussfähig an juristische, politische oder technische Diskussionen, die sich auch um Themen wie Persönlichkeitsrechte oder Datenschutz drehen (vgl. z. B. die Beiträge in Schulzki-Haddouti 2003 oder Seubert/ Niesen 2010).

Ursprünglich im Kontext der Datenschutzdebatte in den 1980er Jahren entstanden und im „Volkszählungsurteil" des Bundesverfassungsgerichts geprägt (vgl. Papier 2011), kann das Konzept für die Auseinandersetzung mit dem Social Web aktualisiert und in dreifacher Hinsicht verstanden werden: Erstens ist informationelle Selbstbestimmung ein *normatives Konzept*, das als Bestandteil der verfassungsmäßigen Ordnung unserer Gesellschaft auch die Verwendungsregeln berührt, an denen sich das Handeln unterschiedlicher Akteure orientieren soll. Sie umfasst die Selbstbestimmung bzw. Kontrolle einer Person (1) über die von ihr selbst mitgeteilten Daten, (2) über die sie betreffenden Daten, die andere Nutzer preisgeben sowie (3) über die Daten, die Betreiber etc. sammeln. Diese Bereiche werden durch konkrete datenschutzrechtliche Bestimmungen und Regelungen, insbesondere aber auch durch geteilte, wenngleich ungeschriebene soziale Normen und Konventionen beeinflusst und gerahmt.

Zweitens ist informationelle Selbstbestimmung eine *Kompetenz*, was darauf verweist, dass das eigenständige Wahrnehmen des „Rechts auf Privatheit" auch bestimmte Wissensformen (z. B. über die mittel- und langfristigen Konsequenzen des eigenen informationsbezogenen Handelns) und Fertigkeiten (z. B. im Umgang mit technischen Optionen) voraussetzt. Erst sie machen die „informierte Einwilligung" möglich, bei der ein Nutzer (unter Kenntnis von Umfang und Zweck) einer Verarbeitung der eigenen Daten zustimmt oder diese ablehnt. Es umfasst dem hier vertretenen Verständnis nach zudem das Konzept der „informationellen Autonomie", das Kuhlen (2004, S. 162ff aus einer informationsethischen Perspektive entwickelt und das die Freiheit und Fähigkeit betont, auf Informationen aller Art zugreifen zu können.

Drittens schließlich ist informationelle Selbstbestimmung eine *ausgeübte Praxis*. Nutzer betreiben informationelle Selbstbestimmung (und zwar mehr oder weniger kompetent, reflektiert, evtl. auch scheiternd), wenn sie sich in den vernetzten persönlichen Öffentlichkeiten des Social Web bewegen. Dabei sind eine Reihe von Strategien und Varianten denkbar, die sich in den Begriffen des praxistheoretischen Analyserahmens ausdrücken lassen: Regulierung von Privatsphäre im Social Web kann an den Publika (Relationen), an der technischen Basis (Code) oder aber den herrschenden Konventionen und Normen (Regeln) ansetzen.

Informationelle Selbstbestimmung über die unterschiedliche Darstellung für unterschiedliche Publika wurde oben schon angesprochen; sie beinhaltet beispielsweise, das eigene Identitätsmanagement auf unterschiedliche Kommunikationsräume zu verteilen und sich auf einer Plattform wie Facebook gegenüber den Freunden und Bekannten anders zu präsentieren, als auf einer Plattform wie XING, wo sich das Identitätsmanagement vor allem an den Erwartungen des berufsbezogenen Netzwerkens ausrichtet. Diese Strategie stößt allerdings, wie oben geschildert, aufgrund der Merkmale von Persistenz und Durchsuchbarkeit an gewisse Grenzen, denn die Grenzen zwischen verschiedenen sozialen Kontexten lassen sich im Netz durch nur einen Mausklick bzw. eine Suchanfrage aufheben.

Ergänzend bieten daher zahlreiche Plattformen weitergehende Mechanismen der Privatsphären-Kontrolle an, die in den Software-Code eingelassen sind, somit die zweite Facette von informationeller Selbstbestimung als Praxis berühren. Dies kann von vergleichsweise simplen Maßnahmen wie einem Passwortschutz oder dem Verhindern von Zugriffen durch nicht auf einer Plattform angemeldeten Nutzern bis hin zu komplexeren Systemen reichen, bei denen der Zugriff zu Informationen nur für bestimmte Nutzer freigeschaltet werden kann. Dies kann wiederum technisch unterschiedlich gelöst sein, beispielsweise indem gruppenspezifische Zugriffsrechte erteilt werden (wie bei Facebook) oder indem für jeden Nutzer individuell Aspekte des eigenen Profils freigeschaltet bzw. verborgen werden (wie bei XING).

Über die Verbreitung solcher technisch unterstützter Maßnahmen, die eigene Privatsphäre zu schützen, liegt eine Reihe von empirischen Befunden vor. Bei Weblogs ist die selektive Freigabe von einzelnen Beiträgen oder des gesamten Angebots für einen bestimmten Personenkreis nicht sehr weit verbreitet: Drei Viertel (76%) der von Viégas (2005) befragten Blogger (n=486; nicht repräsentativ) beschränken den Zugang zum eigenen Blog in keiner Weise, und in der „Wie ich blogge?!"-Studie gaben etwa 90 Prozent der Autoren an, dass ihr Angebot prinzipiell allen Lesern offen steht; nur sieben Prozent machen einzelne Beiträge, nur vier Prozent ihr gesamtes Weblog einem eingeschränkten Personenkreis zugänglich (vgl. Schmidt/Wilbers 2006).

Profile auf Netzwerkplattformen sind demgegenüber deutlich geschützter, auch weil die Zugangskontrolle bei den geschlossenen Plattformen technisch einfacher zu realisieren ist. Der „EU Kids Online"-

Studie zufolge hatten im Jahr 2010 europaweit 73 Prozent der neun- bis 16-Jährigen Nutzer von Netzwerkplattformen die Sichtbarkeit ihres Profils eingeschränkt (Livingstone/Ólafsson/Staksrud 2011, S. 7). In Deutschland waren es unter den Nutzern von schülerVZ in diesem Alter 79 Prozent, und in Österreich unter den gleichaltrigen Nutzern von Facebook sogar 81 Prozent. Einer Befragung im Jahr 2009 zufolge hatten 65 Prozent der erwachsenen US-amerikanischen Nutzer von Netzwerkplattformen den Zugang zu ihrem Profil eingeschränkt (vgl. Madden/Smith 2010, S. 30). Der entsprechende Anteil fiel bei den unter-30-Jährigen (71%) allerdings deutlich höher aus als unter den Nutzern, die älter als 50 Jahre sind (52%).

Letzlich reichen diese Mechanismen aber noch nicht aus, um dem Nutzer auch tatsächlich eine möglichst weitgehende Kontrolle über die Reichweite der eigenen Selbstdarstellung zu geben. Plattformbetreiber sollten die Auswirkungen bestimmter Design-Entscheidungen und insbesondere der Standardeinstellungen („default settings") auf informationelle Selbstbestimmung bereits im Verlauf der Software-Entwicklung reflektieren und evaluieren (vgl. Dwyer/Hitz 2008; Krishnamurty/Wills 2008), ähnlich wie Aspekte der Usability und Sicherheit systematisch mitbedacht werden (sollten). Dies betrifft in erster Linie technische Sicherheitslücken, die beispielsweise Zugangsbeschränkungen durch einfache Suchfunktionen umgehen lassen, aber auch die nur rudimentären Differenzierungen der Zugangskontrolle, wie sie verschiedene Netzwerkplattformen implementiert haben (vgl. die Evaluation des Fraunhofer-Instituts für Sichere Informationstechnologie SIT 2008).[106]

Über diese Minimalanforderungen hinaus sind weitere technische Merkmale denkbar und zum Teil bereits umgesetzt, die den Nutzer beim Schutz der eigenen Privatsphäre unterstützen könnten. So bietet beispielsweise Facebook beim Setzen von individuellen Privatsphäre-Einstellungen auch eine Vorschau auf das eigene Profil an, wie es für andere Nutzer aussieht. Ein solches „privacy feedback" kann Nutzern deutlich machen, welche Auswirkungen bestimmte Einstellungen haben, also wie sich das eigene Profil bei bestimmten settings z.B. für Freunde und für Nicht-Freunde darstellt. Eine weitere Variante ist, in regelmäßigen Abständen die Nutzer daran zu erinnern, Privatsphäre-Einstellun-

---

[106] Es ist allerdings fraglich, ob genug Anreize existieren, dass Betreiber von Netzwerkplattformen oder anderen Social-Web-Angeboten tatsächlich weitreichende und nutzerfreundliche Privatsphären-Einstellungen implementieren. Amerikanische Betreiber zumindest behandeln ihre Nutzer in den „Privacy Statements" vorrangig als Quelle für nutzergenerierte Inhalte, von denen sich profitieren lässt, nicht aber als schutzbedürftige Verbraucher (vgl. Fernback/Papacharissi 2007).

gen anzupassen. Damit kann auf den Umstand reagiert werden, dass sich die Privatsphäre-Bedürfnisse im Lauf der Zeit wandeln können, zum Beispiel weil sich im eigenen Profil zwischenzeitlich mehr Informationen angesammelt haben oder weil sich die Qualität einzelner sozialer Beziehungen gewandelt hat und Kollegen zu Freunden wurden o.ä.

Hilfreich könnte auch sein, implizite Konventionen und Erwartungen, mithin Verwendungsregeln explizit zu machen, also dem Nutzer zu spiegeln, welcher Grad an Privatsphäre oder Öffentlichkeit innerhalb einer Plattform bzw. einer Verwendungsgemeinschaft gebräuchlich ist. Ob ein Facebook-Profil nur eingeschränkt sichtbar ist, hängt nicht nur individuellen Merkmalen des Inhabers, sondern auch von Mechanismen des sozialen Einflusses ab: die Wahrscheinlichkeit, dass ein Nutzer sein Profil nicht öffentlich zugänglich macht, steigt wenn auch dessen Freunde bzw. Kontakte nur eingeschränkt sichtbare Profile haben (vgl. Lewis/Kaufman/Christakis 2008). Mit anderen Worten: Die relationalen Strukturen der sozialen Netzwerke, in die ein Nutzer eingebunden ist, beeinflussen das Identitätsmanagement, weil in ihnen gruppenspezifische Normen entstehen können.

Damit ist der Bereich der Verwendungsregeln angesprochen, die neben die Segmentierung von Publika und die codeseitigen Regulierung von Zugangskontrollen treten. In diesem Zusammenhang ist eine Differenzierung von Verwendungsregeln nach dem Träger und der Sanktionskraft hilfreich, denn Konventionen und Normen bezüglich des Schutzes von Privatsphäre können innerhalb von Nutzergemeinschaften selbst entstehen und dort gegebenenfalls sanktioniert werden, können aber auch durch Selbstverpflichtungen oder rechtliche Vorgaben übergreifende Gültigkeit beanspruchen.

Wie Konventionen innerhalb von Nutzergemeinschaften wirken, kann die Antwort einer jungen Frau auf die Frage nach möglichen Problemen im Umgang mit peinlichen Fotos im Internet illustrieren: „Also bei uns ist das eigentlich so, bei meinen ganzen Bekannten, wir fragen vorher, ob wir das Foto reinstellen können […]. Weil ich weiß nicht, nachher fotografieren die mich, wenn ich da halbwegs irgendwie besoffen […] in den Hafen reinfall' oder so was. Das will ich ja auch nicht, dass das im Internet ist und daher wird eigentlich bei uns immer vorher gefragt".[107] Hier äußert sich eine Reziprozitätsnorm – man will nicht, dass über einen selbst peinliche Fotos im Internet verfügbar sind,

---

[107] Das Zitat stammt aus einer Gruppendiskussion mit 18- bis 24-Jährigen, die im Rahmen des Projekts „Jugendliche und Web 2.0" durchgeführt wurde (vgl. Schmidt/Paus-Hasebrink/Hasebrink 2009).

deswegen fragt man auch bei den Freunden und Bekannten nach –, die zumindest in überschaubaren Gruppen geeignet scheint, die Veröffentlichung von allzu persönlichen Informationen zu verhindern.

Auch in der weblogbasierten Kommunikation, die gegenüber dem Austausch innerhalb einer Clique oder eines Freundeskreises etwas weitere Kreise bzw. Publika erreichen kann, haben sich bestimmte Konventionen ergeben, um den Schutz der Privatsphäre von anderen Personen zu gewährleisten. In der „Wie ich blogge?!"-Studie gab etwa jeder Zehnte der Befragten an, grundsätzlich keine anderen Privatpersonen im Weblog zu erwähnen (vgl. Schmidt/Paetzolt/Wilbers 2006). Die übrigen Befragten nutzen unterschiedliche Routinen, z.B. das Verschleiern der Identität durch die Nennung von Initialen, Abkürzungen, Spitznamen oder Rollenbezeichnungen wie „Mutter" oder „Chefin". Allerdings variieren die Strategien zum Teil deutlich, je nachdem ob der Blogger selber anonym bzw. unter Pseudonym publiziert oder nicht: Personen, die in ihrem Weblog keine Informationen über die eigene ‚reale' Identität preisgeben, geben etwas häufiger an, grundsätzlich keine anderen Personen zu erwähnen. Wenn sie es doch tun, nutzen sie signifikant häufiger Initialen, Abkürzungen oder Spitznamen, dagegen signifikant seltener den vollen Namen und/oder Verweise auf andere Online-Quellen.

Während diese Verwendungsregeln sich meist „lokal", also innerhalb von kleineren Nutzergruppen formieren und über Mechanismen der Nachahmung und des sozialen Einflusses weitergegeben werden, beanspruchen andere Varianten von Verwendungsregeln größere Reichweite. Dazu zählen zum einen Allgemeine Geschäftsbedingungen bzw. Terms of Service, die die vertraglichen Grundlagen zwischen Plattformbetreiber und –nutzer enthalten und bei der Registrierung akzeptiert werden müssen, aber auch darüber hinausgehende Verhaltensregeln, die Plattformbetreiber für ihre Mitglieder setzen, beispielsweise in Form des „Verhaltenskodex" bei den VZ-Plattformen oder der von Facebook aufgestellten „Facebook-Grundsätze".[108] Zum anderen unterliegt das Handeln von Betreibern wie Nutzern gleichermaßen den allgemeinen gesetzlichen Rahmenbedingungen, sodass z.B. auch das Datenschutzrecht oder das allgemeine Persönlichkeitsrecht Einfluss auf die Verwendung personenbezogener Informationen ausüben.

Die konkrete Gestaltung solcher explizit formulierter und extern sanktionierbarer Verwendungsregeln zum Umgang mit der (eigenen

---

[108] Vgl. http://www.meinvz.net/l/rules sowie http://www.new.facebook.com/home.php#/ principles/german.php. [15.08.2011]

oder fremden) Privatsphäre in den persönlichen Öffentlichkeiten des Social Web ist insbesondere mit dem Aufkommen von Netzwerkplattformen in den vergangenen Jahren auch Bestandteil des öffentlich-politischen Diskurses geworden. Von Organisationen wie der der „European Network and Information Security Agency" (ENISA 2007), der „International Working Group on Data Protection in Telecommunications" (2008) oder dem „Düsseldorfer Kreis" (2008), dem Zusammenschluss der obersten Datenschutz-Aufsichtsbehörden im nichtöffentlichen Bereich, liegen Memoranden vor, die Bestandsaufnahmen und Empfehlungen an Betreiber, Regulierungsinstanzen und Nutzer formulieren. Dazu zählen beispielsweise Apelle, die pseudonyme Nutzung entsprechender Plattformen zu ermutigen bzw. diese, wo bislang anbieterseitig nicht erwünscht, zu erlauben; oder auch die Forderung, die Standardeinstellungen so zu gestalten, dass möglichst weitreichender Schutz des eigenen Profils besteht, insbesondere bei jugendlichen Nutzern.

Sowohl auf europäischer als auch auf nationaler Ebene existieren Initiativen zur Selbstkontrolle der Plattformbetreiber, die inzwischen auch auf einige der genannten Memoranden reagiert haben. So hat beispielsweise die „Social Networking Task Force", die im Herbst 2008 auf Betreiben der EU-Kommission eingerichtet worden war, im Februar 2009 die „Safer Social Networking Principles" (Europäische Kommission 2009) vorgelegt. Darin verpflichten sich die Betreiber von insgesamt 18 Netzwerkplattformen, darunter Facebook, MySpace und die VZ-Gruppe, unter anderem dazu, eine Meldetaste für anstößige Kontaktaufnahmen bzw. Verhaltensweisen einzuführen oder die Profile von Nutzern unter 18 Jahren per Standardeinstellung auf „privat" zu setzen. Eine Evaluation der Plattformen Ende 2009 ergab allerdings, dass nur acht der Betreiber alle Punkte der Selbstverpflichtung umgesetzt hatten (vgl. Staksrud/Lobe 2010).

In Deutschland haben im Rahmen der „Freiwilligen Selbstkontrolle Multimedia-Dienstleister" (FSM) die Betreiber der VZ-Plattformen, wer-kennt-wen und Lokalisten einen gesonderten Verhaltenssubkodex (vgl. FSM 2009) formuliert, der jedoch an manchen Stellen weniger weit reicht. So wird die Altersgrenze für das standardmässig auf „privat" gestellte Profil bei 14 Jahren gesetzt oder die Forderung nach der Unterstützung von Pseudonymen abgelehnt. Letzteres geschieht mit dem explizitem Hinweis auf Praktiken ihrer Nutzer: „Wer eine Social Community nutzt, möchte in dieser gefunden werden, aber auch wissen, mit wem er es zu tun hat. Zur Identifikation ist die Verwendung von realen Vor- und Nachnamen im Gegensatz zu Pseudonymen in den Nutzerprofilen notwendig und erwünscht. [...] Eine Nutzung der Social

Communities unter Verwendung der realen Namen ist gerade Sinn und Zweck des Netzwerkes und Grundstein tatsächlicher sozialer Vernetzung und sozialer Kontrolle" (FSM 2009, S. 13).

Der Verweis auf die leitenden Erwartungen, zu denen auch Authentizität und Identifizierbarkeit gehört, ist durchaus berechtigt. Doch in dem Statement der Betreiber bleibt gerade in Hinblick auf die soziale Kontrolle ein wichtiger Aspekt unberücksichtigt, der mit der Asymmetrie zwischen Profilinhaber und Betrachter zusammen hängt. Letztere bleiben nämlich bei vielen Plattformen „unsichtbar", weil ihr Besuch auf einem Profil nur angezeigt wird, wenn sie sich explizit zu Wort melden, beispielsweise durch den Eintrag auf einer Pinnwand oder im Gästebuch.[109] Für die Wahrung der Privatsphäre wäre es aber angebracht, in diesem Punkt die Architektur der sozialen Räume auf Netzwerkplattformen umzugestalten und auch das „unsichtbare Publikum" sichtbar zu machen. Dadurch würde den Nutzern die faktische Reichweite ihrer persönlichen Öffentlichkeit stärker bewusst werden, auch weil sie erkennen könnten, ob ausser bestätigten Kontakten möglicherweise auch andere Nutzer ihr Profil aufrufen.[110]

Schließlich ist aber auch zu fragen, inwiefern der Schutz der Privatsphäre auch gegenüber externen Beobachtern gewährt werden kann, worunter nicht nur die bereits erwähnten Gruppen (Personalverantwortliche, Lehrer, Eltern o.ä.) fallen. Persönliche Öffentlichkeiten, insbesondere auf Netzwerkplattformen, dienen immer wieder auch als Quelle für journalistische Recherche – in den USA z.B. nach dem Amoklauf an der Virginia Tech University, als das Facebook-Profil des Täters von Journalisten herangezogen wurde, um die Berichterstattung zu ergänzen und Kommilitonen von Täter und Opfern zu kontaktieren (vgl. Stabe 2007). In Deutschland erlangte der Fall einer Lufthansa-Pilotin Aufmerksamkeit, die im Frühjahr 2008 in einen Beinahe-Absturz verwickelt war. Die Bild-Zeitung hatte daraufhin Bilder aus dem StudiVZ-Profil zur Berichterstattung verwendet; auf gleiche Weise

---

[109] Es handelt sich damit um eine Variante der „kognitiven Asymmetrie" bei der informationellen Privatheit (vgl. Rössler 2003), die den Umstand beschreibt, dass eine Person nicht weiß, ob bzw. welche Informationen über sie aufgezeichnet werden; in Fall des unsichtbaren Publikums ist es aber nicht die Aufzeichnung, sondern das Einsehen dieser Aufzeichnung, das unklar bleibt. Unter Umständen kann auch „voluntative Asymmetrie" vorliegen, bei der Personen wissen (zumindest damit rechnen), dass Daten über sie gesammelt werden, ohne aber damit einverstanden zu sein.

[110] Die auf berufliches Netzwerken ausgelegte Plattform XING monetarisiert das Bedürfnis nach Einblick in das Publikum der eigenen Selbstdarstellung: Dort ist nur für zahlende Premium-Mitglieder einsehbar, welche Nutzer über welche Wege auf das eigene Profil gefunden haben.

gelangten Journalisten in Passau an Informationen über eine ermordete Studentin (vgl. Mrazek 2008).

Solche journalistischen Praktiken verletzen die Regeln journalistischer Ethik, die im Pressekodex des Deutschen Presserats (2007) formuliert sind und unter anderem das Offenlegen der eigenen journalistischen Tätigkeit betreffen sowie die Veröffentlichung von persönlichen Informationen zugunsten der die Achtung von Privatleben und Intimsphäre einschränken. Allerdings müssen diese Regeln auf die veränderten technischen Bedingungen und individuellen Erwartungen im Umfeld von persönlichen Öffentlichkeiten (aber nicht nur dort) angewandt werden. Eine wachsende Zahl von Redaktionen formuliert daher Richtlinien und Hilfestellungen für ihre Journalisten, wie mit Inhalten aus den persönlichen Öffentlichkeiten umzugehen ist (vgl. Siegert 2011).[111]

Ähnlich gelagerte Probleme entstehen für die sozialwissenschaftliche Onlineforschung, die die persönlichen Öffentlichkeiten z.B. mit Verfahren der teilnehmenden Beobachtung oder der Netzwerk- oder Inhaltsanalyse untersucht. Auf die entstehenden forschungsethischen Fragen, die sich unter anderem um Aspekte der Einwilligung in die Datenerhebung oder die Anonymisierung von zitierten Textausschnitten oder Profilfotos drehen, geben die derzeit gültigen Ethikerklärungen und Codizes verschiedener Fachgesellschaften nur bedingt Antwort. In der Ethikerklärung der DGPuK (1999) heißt es beispielsweise nur: „5. Bei empirischen Untersuchungen sind die Persönlichkeitsrechte von Probanden zu achten und die relevanten Datenschutzbestimmungen zu berücksichtigen". Das bislang ausführlichste Dokument einer Fachgesellschaft zur Forschungsethik im Internet stammt von der interdisziplinären internationalen „Association of Internet Research" (2002), konnte allerdings den Bedeutungszuwachs des Social Web mit der einhergehenden rasanten Zunahme von persönlichen Öffentlichkeiten nicht vorherschen und wird derzeit überarbeitet (vgl. auch Buchanan 2011.).

An anderer Stelle (Schmidt 2009b) hat der Verfasser dafür plädiert, das Leitprinzip der kontextuellen Integrität auch für forschungsethische Abwägungen heranzuziehen. Um zu entscheiden, ob eine Einwilligung in die Datenerhebung notwendig ist, wäre somit zu prüfen, welcher Grad an Privatheit für einen zu untersuchenden Kommunikationsraum unterstellt werden kann. Hinweise darauf können beispielsweise Selbst-

---

[111] Die öffentlich-rechtliche „Australian Broadcasting Corporation" (2009) hat beispielsweise eine Hilfestellung veröffentlicht, wie über das Aufgreifen von Bildern aus Netzwerkplattformen in eigenen Berichten entschieden werden kann. Die „American Society of News Editors" hat eine Liste von Vorschlägen zusammengestellt und die „social media policies" von 18 Nachrichtenorganisationen zusammengestellt (ASNE 2011).

verständnis-Dokumente oder explizite Äußerungen der Kommunikationsteilnehmer sein. Ein relativ hartes Kriterium ist, ob man sich bei einer Plattform o.ä. Registrieren bzw. Einloggen muss, um Informationen einsehen zu können. In diesen Fällen scheint ethisch geboten, eine Einwilligung der Nutzer einzuholen, bevor Daten für Forschungszwecke aus dem relativ geschlossenen Kontext der Plattform herausgelöst werden.

5.3 Fazit: Der Stellenwert persönlicher Öffentlichkeiten

Das Social Web macht es den Menschen leichter, Informationen von persönlicher Relevanz mit anderen zu teilen. Eine Konsequenz dieser Entwicklung ist, dass persönliche Öffentlichkeiten entstehen – Geflechte von kommunikativen Äußerungen, die teils dem Modus der Konversation entspringen und eher an interpersonale oder gruppenbezogene Kommunikation erinnern, teils aber auch auf Modi des Publizierens basieren, weil Informationen mit einem eher unbestimmten, wenngleich kleinen Publikum geteilt werden. (Micro-)Blogs und Netzwerkplattformen sind Anwendungen, die zum Bedeutungsgewinn von persönlichen Öffentlichkeiten beigetragen haben, die aber auch darauf verweisen, dass deren Architektur ganz unterschiedlich gestaltet sein kann, und zwar in zeitlicher, räumlicher und sozialer Hinsicht.

In persönlichen Öffentlichkeiten sind Nutzer in verschiedenen Rollen aktiv, zwischen denen sie im Verlauf der Nutzung beständig wechseln: Wenn sie aktives Identitäts- und Beziehungsmanagement betreiben, produzieren sie ihre eigene persönliche Öffentlichkeit; als Rezipient können sie aber auch von der „ambient awareness" profitieren, die der beständig aktualisierte Strom von Neuigkeiten und Empfehlungen aus dem eigenen sozialen Netzwerk liefert. Merkmale wie Persistenz, Duplizierbarkeit, Skalierbarkeit und Durchsuchbarkeit sorgen nicht nur dafür, dass sich Informationen vergleichsweise rasch verbreiten, sondern führen auch zu Verschiebungen im Verhältnis von Privatsphäre und Öffentlichkeit. Privatsphäre wird nicht obsolet, muss jedoch durch neu zu lernende Strategien und Routinen unter veränderten technischen Bedingungen hergestellt werden; die Ausrichtung an unterschiedlichen Publika, die Inanspruchnahme von technischen Optionen oder das Entwickeln von sozialen Konventionen zum selektiven Umgang mit Informationen sind solche Strategien, um auch unter veränderten technologischen Bedingungen die eigene informationelle Selbstbestimmung auszuüben.

Die Frage, was akzeptable Formen der Selbstpräsentation im Internet sind, wird derzeit gesellschaftlich verhandelt. Dabei dominiert ein Gefährdungsdiskurs, der den „digitalen Exhibitionismus" anprangert und deutlich macht, dass nicht nur rein technische Entwicklungen, sondern auch soziale Entscheidungen und Bewertungen darüber bestimmen, wo die Grenzen der Privatsphäre zu ziehen sind. Die Diskussion ist aber verkürzt, wenn sie nicht die kontextspezifischen Erwartungen und Regeln anerkennt, die das Agieren in persönlichen Öffentlichkeiten leitet. Dies lässt sich abschließend mit einem Vergleich illustrieren: Die persönlichen Öffentlichkeiten des Social Web ähneln holländischen Wohnzimmern. In Holland ist es (aus historischen Gründen) unüblich, Gardinen oder Rollos vor die Fenster zu hängen. Die Wohnzimmer sind dadurch von der Straße aus einsehbar, stellen aber unzweifelhaft weiterhin einen Teil der Privatsphäre dar, das man sich nach dem eigenen Geschmack einrichtet und mit Bildern dekoriert. Hier trifft man sich mit Familie oder Freunden, zu bestimmten Anlässen auch mit Freunden der Freunde, die man als Gast im Wohnzimmer willkommen heißt.

In Holland (wie anderswo) gebietet es jedoch die Höflichkeit, sich nicht vor das Wohnzimmer einer fremden Person zu stellen und hinein zu schauen. Übertragen auf das Social Web bedeutet dies: Nicht der vermeintliche „digitale Exhibitionist" ist zu kritisieren, der persönliche Inhalte für sein eigenes soziales Netzwerk zugänglich machen möchte. Wenn, dann sind die „digitalen Voyeure" zu kritisieren, die solche persönlichen Öffentlichkeiten aufsuchen, obwohl die Inhalte überhaupt nicht an sie gerichtet sind – dies schließt selbstverständlich den Personalverantwortlichen ein, der unter falschem Namen in StudiVZ Bewerberprofile durchcheckt. Stünde der gleiche Personalchef abends vor dem Fenster eines Wohnzimmers – möglicherweise auch noch versteckt hinter einem Busch, sodass er für die Bewohner unsichtbar bliebe – während dort gerade eine Party mit Freunden gefeiert wird, würde wohl schnell deutlich, dass hier Regeln der Höflichkeit und der Achtung der Privatsphäre verletzt werden.

6 Die Erweiterung professionell hergestellter Öffentlichkeiten

In den vorigen Kapiteln wurden die geänderten Bedingungen für online-basiertes Identitäts-, Beziehungs- und Informationsmanagement skizziert und argumentiert, dass in der Folge persönliche Öffentlichkeiten entstehen, in denen Menschen Themen von vorrangig persönlicher Relevanz mit relativ kleinen Publika teilen. In den Begriffen von Neuberger (2009) handelt es sich dabei vorrangig um „selbstorganisierte Laienkommunikation" (vgl. Abb. 8) – die jedoch mit professioneller Kommunikation und Vermittlung durch Prozesse der wechselseitigen Beobachtung und Anschlusskommunikation verbunden ist und unter Bedingungen von Dis- und Re-Intermediation stattfindet.

Abb. 8: Aktuelle Öffentlichkeit unter den Bedingungen des Internets

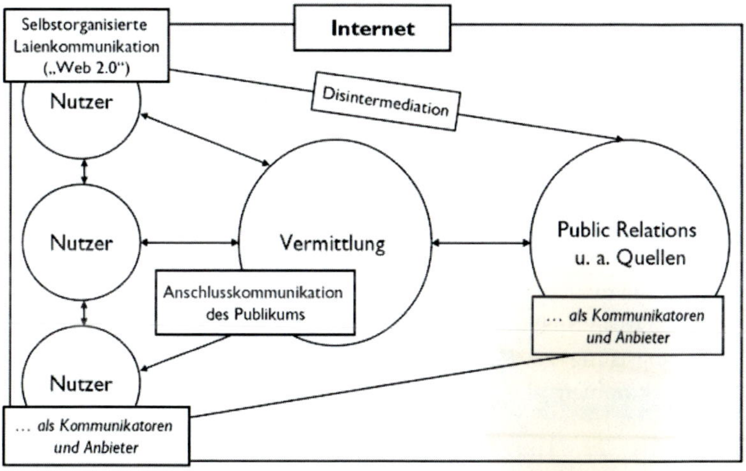

Quelle: Neuberger 2009, S. 41.

Diese Facetten des Wandels von Öffentlichkeit im Social Web stehen im Mittelpunkt dieses Kapitels. Zunächst werden Erkenntnisse über den Wandel des Journalismus durch das Social Web vorgestellt (Abschnitt

6.1), anschließend liegt der Fokus auf den Veränderungen für die politische Kommunikation (Abschnitt 6.2).[112]

6.1 Journalismus: Die Konvergenz von Publikation und Konversation

Im Internet wandeln sich die technischen, aber auch ökonomischen, kulturellen und rechtlichen Rahmenbedingungen, unter denen massenmediale Akteure operieren, was beispielsweise Fragen der Finanzierung von journalistischen Inhalten oder der Organisation von crossmedialer bzw. konvergenter Inhalteerstellung aufwirft (vgl. u.a. Küng/Picard/ Towse 2008; Kiefer 2011). Zwar wird der Journalismus im Sinne einer professionell betriebenen Praxis des Auswählens, Aufbereitens und Zugänglich-Machens von Informationen für ein disperses und vergleichsweise passives Publikum nicht obsolet. Doch seine unter massenmedialen Bedingungen eher exklusive Stellung bei der Vermittlung von Informationen wird durch Mechanismen der partizipativen und der technischen Vermittlung ergänzt (vgl. Neuberger 2009, insbes. S. 60ff.).

Dieser Umstand wurde zunächst insbesondere am Beispiel von Weblogs diskutiert.[113] Dabei artikulierten sich immer wieder Hoffnungen auf eine grundlegende Veränderung des Mediensystems und von Öffentlichkeiten, beispielsweise indem Blogs als Vehikel für „Bürgerjournalismus" bzw. „grassroots journalism" (Gillmor 2004), für „participatory news" (Deuze/Bruns/Neuberger 2007) und „partizipativen Journalismus" (Engesser 2008) oder für die „open source democracy" (Rushkoff 2003) bezeichnet wurden. Blogs sollten letztlich nicht weniger leisten als „smashing the old media monopoly and giving individuals power in the marketplace of ideas" (so der Untertitel von Hewitt 2005).

Solcherart in Stellung gegen die „alten Medien" gebracht, musste es fast zwangsläufig zu Konflikten mit Vertretern des etablierten Journalismus kommen, die ihre Formen der professionell-redaktionell be-

---

[112] Die Veränderungen, die das Social Web für andere Bereiche der professionellen Kommunikation, insbesondere der internen und externen Organisationskommunikation, mit sich bringt, können hier nicht ähnlich ausführlich behandelt werden. Entsprechende Erkenntnisse sind jedoch an geeigneter Stelle in anderen Kapiteln eingebaut; Überblicke finden sich u.a. bei Hass/Walsh/Kilian 2008; Koch/Richter 2009; Michelis/Schildhauer 2010.

[113] Diese Debatte lässt sich wiederum auch als Ausdruck einer gesellschaftlichen Verständigung über adäquate Einsatzzwecke, Verwendungsweisen und Leistungen eines neuen, prinzipiell verwendungsoffenen Kommunikationsformats verstehen (vgl. Schmidt 2006; Neuberger/Nuernbergk/Rischke 2009a).

triebenen Produktion von Öffentlichkeit gegen die aufkommenden Varianten von partizipativ-vernetzter Öffentlichkeit zu verteidigen suchten.[114] Das Verhältnis zwischen Journalisten und Bloggern, oder allgemeiner: zwischen Praktiken und Öffentlichkeiten des Social Webs einerseits und des Journalismus andererseits jedoch als reine Konkurrenz oder Verdrängungswettbewerb zu denken, wäre falsch. Vielmehr führen verschiedene Umstände und Prozesse dazu, dass die beiden Bereiche aufeinander aufbauen und ineinander verschränkt sind, wie dies bereits Willis/Bowman (2003) beschrieben haben (vgl. Abb. 9).[115]

Abb. 9: Das „Media Ecosystem" des Social Web

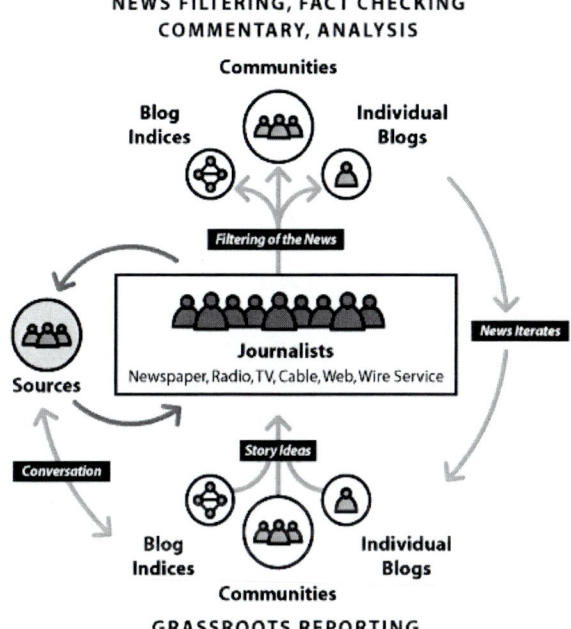

Quelle: Willis/Bowman 2003, S. 12.

---

[114] Eine ausführliche Chronik der deutschsprachigen Debatte zwischen Bloggern und Journalisten bieten Neuberger/Nuernbergk/Rischke (2009a, S. 137ff.). Eine Inhaltsanalyse der journalistischen Berichterstattung über Blogs zwischen 1999 und 2005 in den USA erbrachte: „blogs were framed as benefit most of the time, but when it came to the world of journalists then blogs were framed mostly as a threat" (Jones/Himelboim 2010, S. 285).

[115] Für Weblogs haben dies Neuberger/Nuernbergk/Rischke (2007) mit Hilfe einer umfangreichen Forschungssynopse gezeigt.

Diese sich verändernden Konstellationen von Intermediation bzw. Vermittlung, bei denen technische, partizipative und professionelle Mechanismen und Akteure ineinander greifen, sollen im Folgenden anhand von drei Bereichen beschrieben werden: Erstens in Bezug auf Prozesse und Ergebnisse der *Selektion*, wobei sowohl technische als auch soziale Filtermechanismen behandelt werden. Zweitens in Bezug auf die *Publikation*, also das öffentlich zur-Verfügung-Stellen von Informationen, was im Social Web Aspekte der Anschlusskommunikation der „people formerly known as the audience" (Rosen 2006) mit einschließt. Letztere ist unter den technologischen Bedingungen des Social Web wiederum untrennbar mit neuen Mechanismen der *Distribution* von Informationen verbunden.

Zunächst zu Prozessen des technischen und sozialen Filterns im Internet: Als Musterbeispiel für eine weitgehend technisierte Selektion und Neubündelung aktueller Informationen kann Google News[116] dienen. Der Dienst, seit 2002 öffentlich zugänglich, kombiniert die Funktionen von Nachrichtenportalen und Suchmaschinen, stellt also einerseits aktuelle Nachrichten gebündelt dar und macht anderseits Meldungen aus der Vergangenheit durchsuchbar. Die Plattform beschäftigt keine eigenen Journalisten, um Nachrichten aufzubereiten, sondern greift auf redaktionell erstellte Online-Quellen zurück, die von großen Leitmedien bis hin zu kleineren und unbekannteren Nachrichtenangeboten reichen. Ein Algorithmus ordnet Meldungen aus unterschiedlichen Quellen automatisch zu thematisch verwandten Einheiten, wobei die Reihenfolge, in der Meldungen präsentiert werden, keiner redaktionellen Entscheidung entspringt, sondern ebenfalls technisch festgelegt wird.[117]

Google News dringt damit in einen Bereich vor, der bislang dem professionellen Journalismus vorbehalten war, nämlich das Bündeln, in-Bezug-Setzen und Hierarchisieren aktueller Themen von gesellschaftlicher Relevanz für ein disperses Publikum. Problematisch daran erscheinen insbesondere drei Aspekte:

1. *Probleme der Selektion* entstehen, weil Google News zwar betont, sein Nachrichtenangebot werde ohne Einwirkung menschlicher Redakteure erstellt und sei damit immun gegen subjektive Verzerrungen. Allerdings erfolgt die Auswahl der beobachteten Quellen „von

---

[116] Vgl. http://news.google.de. [15.08.2011]

[117] Die genauen Parameter, mit denen der „story rank" einer Nachricht, die Rangfolge sowie Kategorisierung und Gewichtung von Quellen ermittelt werden, sind nicht bekannt. Zu vermuten ist, dass darin Variablen einfließen wie Anzahl, Länge und Platzierung der Beiträge, die zu einem bestimmten Thema oder Ereignis bei den beobachteten Quellen veröffentlicht werden (vgl. Neuberger 2004, S. 25).

Hand" durch Mitarbeiter von Google, sodass sich das Selektions-problem verlagert – auf die Entscheidung zwischen „Nachrichten-quelle" und „Nicht-Nachrichtenquelle". Dieser Selektionsprozess bleibt intransparent: Weder ist eine offizielle und vollständige Liste aller Quellen, auf die Google News zurückgreift, vorhanden noch sind die Kriterien, nach welchen diese ausgewählt wurden, offen-gelegt. Dadurch können unter Umständen auch politisch-ideolo-gisch extreme Inhalte Eingang finden.[118] Zudem wird keine Ab-grenzung redaktioneller Inhalte von PR vorgenommen, da über spezialisierte Portale auch Pressemitteilungen in den Index von Google News mit aufgenommen werden (vgl. Machill/Beiler/Zenker 2007, S. 22f.).

2. *Probleme der Homogenität* berühren den Umstand, dass Google News mit der Anzeige verschiedener Quellen zu einer bestimmten Nach-richt Diversität suggeriert, die nicht immer gegeben sein muss. So verlinkt Google News zumeist Meldungen, zu deren Erstellung auf die Angebote derselben Presseagenturen zurückgegriffen wurde, Exklusivbeiträge werden dagegen kaum berücksichtigt. Zudem sind die meisten Meldungen auf wenige Quellen, vor allem große Me-dien und Nachrichtenagenturen konzentriert, womit strukturelle und inhaltliche Vielfalt nicht immer gewährleistet ist (vgl. Machill/Lewandowski/Karzauninkat 2005, S. 152).

3. *Urheberrechtliche Probleme* entspringen schließlich dem Umstand, dass Google News bei den jeweils angezeigten Meldungsausschnitten auf urheberrechtlich geschütztes Material anderer Online-Medien zu-rückgreift. Dies hat zu einigen Klagen geführt, darunter von der französischen Nachrichtenagentur Agence France-Presse (AFP) und von „Copiepresse", die Urheberrechte der deutsch- und fran-zösischsprachigen Presse in Belgien vertritt (vgl. Keith 2007). Aus Sicht der Kritiker ist neben der Urheberrechtsverletzung vor allem auch der wirtschaftlich relevante Umstand problematisch, dass Google News potenzielle Besucher von den eigenen Onlineange-boten fernhalten könnte – entweder ganz und gar, oder zumindest von den *Start*seiten der Nachrichtenportale, die für die Werbefinan-zierung der Angebote bedeutsam sind. Den Urhebern von Nach-richten entstünde so finanzieller Schaden, der durch Google nicht

---

[118] 2005 nahm Google News nach einer kritischen öffentlichen Debatte das Online-Angebot des rassistischen Magazins „National Vanguard" von seinem Index (vgl. Ulken 2005). In Deutschland nutzte die rechtsextreme NPD Google News zur Verbreitung ihrer Positionen, indem sie Pressemitteilungen über Verteiler von PR-Agenturen verbreiten, die wiederum von Google News beobachtet werden (vgl. Gensing 2008).

abgegolten würde, obwohl Google durch eigene Anzeigen-programme an den Zugriffen auf das Google-News-Angebot profitiert. Google entgegnet diesem Argument, dass sein Dienst die Aufmerksamkeit für Nachrichtenportale steigere.[119]

Während Google News eine technisierte Selektion von relevanten Themen mit Hilfe von Algorithmen vornimmt, beruhen partizipative Mechanismen der Selektion auf dem kollaborativen Filtern und Bewerten durch eine Vielzahl von Nutzern.[120] Diese Prinzipien finden sich auf einer Reihe von Social-Web-Angeboten; in Form von Social-News-Plattformen, deren bekanntester Vertreter der im Jahr 2004 gestartete Dienst Digg.com ist, hat sich auch eine eigene Angebots-gattung rund um diese Praxis entwickelt. Nutzer können dort Links zu anderen Seiten im Netz (z.B. zu Blog-Einträgen, Videos oder anderen Artikeln) mit einer selbstgewählten kurzen Beschreibung versehen und kategorisieren. Andere Nutzer können diese dann positiv („digg it!") bzw. negativ („bury") bewerten. Besonders populäre Beiträge werden auf der Startseite präsentiert. Die exakte Formel, nach der diese Aus-wahl geschieht, ist nicht bekannt, orientiert sich aber augenscheinlich an der Anzahl und Qualität der Bewertungen (vgl. Lerman 2007).

Im Vergleich zu journalistischen Online-Medien, bei denen Themen von professionell ausgebildeten Redakteuren ausgewählt, aufbereitet und für die Rezipienten auf einer Hauptseite sowie in Ressorts gebündelt werden, binden Social-News-Plattformen also die Nutzer in die Auswahl und Hierarchisierung von Themen ein. Wie Google News produzieren sie keine eigenen Inhalte, sondern filtern und hierarchi-sieren – wenngleich auf Grundlage unterschiedlicher Relevanz-Kriterien und mit anderen Mechanismen – nur solche Informationen, die andere Akteure publiziert haben. Während Google News aber beansprucht, seine Quellen auf journalistisch produzierte Meldungen, Texten, Bildern oder Videos zu beschränken, sind Social-News-Plattformen im Prinzip für alle Quellen offen. Je nach Interesse und Relevanzkriterien der aktiven Nutzer von Digg oder anderen Angeboten kann dort der Blogeintrag einer Privatperson genauso populär werden wie die

---

[119] Einer Analyse von Comscore zufolge kommt bei großen Medienseiten zwischen etwa einem und vier Prozent der Besucher über Google News auf die jeweiligen Angebote (vgl. Schmidt 2011).

[120] Bereits das 1997 gestartete Angebot „Slashdot" (http://slashdot.org) zeigte Ansätze von „social news": Leser schlagen dort Meldungen vor, die dann von Redakteuren für die Ver-öffentlichung auf der Seite gefiltert werden. Die Seite besitzt zudem ein ausgefeiltes tech-nisches System, um Beiträge in verschiedenen Kategorien zu bewerten sowie Kommentare von Lesern selbst moderieren zu lassen (vgl. Poor 2005; Bruns 2005, S. 31-52).

Reportage eines professionellen Online-Journalisten, das Home-Video genauso wie der für das Fernsehen produzierte Beitrag aus einer Mediathek.

Digg.com dominierte für einige Jahre das kollaborative Filtern – der Dienst wurde im Juni 2009 von fast 40 Millionen Menschen alleine aus den USA genutzt und war damit unter den 20 meistbesuchten Internetangeboten. In den letzten zwei Jahren hat er allerdings drastisch an Bedeutung verloren: Im Juni 2011 war die Zahl der Besucher auf „nur" noch etwa 3 Millionen abgesunken.[121] Verantwortlich dafür dürfte der im gleichen Zeitraum gestiegene Einfluss von Facebook und Twitter sein, die ebenfalls Praktiken des Filterns und Bewertens von Informationen unterstützen, aber über die reine Aggregation, also das Zusammenführen von unabhängig voneinander getroffenen Bewertungen hinausgehen. Vielmehr ist bei ihnen das Selektieren und Bewerten von Informationen immer auch Teil von Identitäts- und Beziehungsmanagement, weil Nutzer Hinweise, Empfehlungen und Kommentare innerhalb artikulierter sozialer Netzwerke teilen. Dieses soziale Filtern[122] stellt eine wichtige Ergänzung bisheriger Selektionsmechanismen dar: Anstatt beständig und aktiv Informationen zu suchen, sich auf die Auswahlentscheidungen professioneller Gatekeeper zu verlassen und/oder Themen zu definieren, die mit Hilfe von Informationsassistenten geliefert werden, können Nutzer von der Informationssuche und -auswahl (und damit: von der Filterleistung) anderer Nutzer profitieren.

Für die Kommunikationswissenschaft sind Prinzipien des sozialen Filterns nicht neu, waren sie doch in Konzepten wie dem „two-stepflow of communication", dem „opinion leadership" oder in Diffusionstheorien bereits lange vor dem Internet angelegt und über Jahrzehnte theoretisch und empirisch weiter entwickelt worden (vgl. Lazarsfeld 1944; DeFleur 1987). In ihnen drückt sich die Erkenntnis aus, dass auch unter massenmedialen Bedingungen Informationen nie direkt und ungefiltert von den journalistischen Sendern zum passiv-dispersen Publikum flossen, sondern stattdessen in interpersonaler Kommunikation innerhalb sozialer Netzwerke verbreitet, bewertet und eingeordnet wurden (vgl. grundlegend auch Schenk 1995). Neu an den Kommunikationsräumen des Social Web ist allerdings, dass die Anschlusskommunikation

---

[121] Vgl. http://siteanalytics.compete.com/digg.com. [15.08.2011]

[122] Dieses Prinzip unterscheidet sich von Empfehlungen auf Grundlage des *kollaborativen Filterns*, wie es beispielsweise Amazon einsetzt: Hier werden ähnliche Handlungsmuster identifiziert („Personen, die Film X kauften, kauften auch Buch Y"), ohne dass die betreffenden Personen sich kennen müssen.

(wie im vorigen Kapitel 5.1 argumentiert) auch in persönlichen Öffentlichkeiten stattfindet, wo sie auch für andere sichtbar, nachvollziehbar, unter Umständen auch aggregierbar und durchsuchbar ist.

Diese Konvergenz von Konversation und Publikation kommt nicht zuletzt dadurch zustande, dass journalistische Angebote inzwischen Plattformen des Social Web nutzen, um eigene Inhalte (bzw. Hinweise darauf) zu veröffentlichen und gezielt Anschlusskommunikation anzustoßen. Einer im Jahr 2010 durchgeführten Befragung von deutschen Internetredaktionen zufolge sind Anwendungen und Werkzeuge des Social Web auch in Deutschland inzwischen Teil der redaktionellen Praxis im Onlinejournalismus (vgl. Neuberger/vom Hofe/Nuernbergk 2010, S. 64ff.). Auch hier waren es, der allgemeinen technischen Entwicklung folgend, zunächst vor allem journalistisch geführte bzw. redaktionell betreute Weblogs, die in die Onlineauftritte integriert wurden (vgl. Danch 2007; Domingo/Heinonen 2008). Formen und Inhalte solcher Redaktionsblogs variieren; beispielsweise können Redakteure Eindrücke und Erfahrungen aus ihren Recherchen festhalten, Ideen oder Textfragmente zur Diskussion stellen oder Texte publizieren, die nicht den gängigen journalistischen Formaten – wie Nachricht, Glosse oder Kommentar – folgen (vgl. Welker 2006). Eine besondere Variante sind Kritikerblogs, also solche Weblogs, in denen externe Autoren Themen, Beiträge oder Abläufe kritisch reflektieren, die aus dem redaktionellen Angebot des kritisierten Massenmediums selbst stammen (vgl. Wied/ Schmidt 2008).

Während Weblogs schon länger als Teil journalistischer Vermittlung im Internet erprobt werden und zum Beispiel beim Handelsblatt oder der FAZ[123] fest etabliert sind, hat sich in den letzten beiden Jahren auch die redaktionelle Nutzung des Microblogging-Dienstes Twitter sehr rasch verbreitet. Er wird vor allem genutzt, um Orientierung über das redaktionelle Angebot zu geben, indem auf die eigene Webseite verlinkt wird, oder um bei Sportereignissen, Preisverleihungen o.ä. eine „mobile Echtzeit-Berichterstattung" zu leisten (vgl. Neuberger/vom Hofe/ Nuernbergk 2010). Die redaktionelle Nutzung von Facebook hingegen ist gegenüber Weblogs und Twitter etwas weniger verbreitet, trotzdem aber bei mehr als 80 Prozent der befragten Redaktionen vorhanden. Zudem ist Facebook diejenige Social-Web-Plattform, die von den Befragten am wichtigsten für die Informationsverbreitung und Interaktion mit dem Publikum eingeschätzt wird (vgl. ebda., S. 65).

---

[123] Vgl. http://www.handelsblatt.com/weblogs sowie http://faz-community.faz.net. [15.08.2011]

Auch Rundfunkmedien erproben neue Darstellungsformen oder Verbreitungswege, beispielsweise durch Videocasts wie „Deppendorfs Woche", die unabhängig vom Hauptprogramm erstellt werden und nur online verfügbar sind.[124] Die öffentlich-rechtlichen Anbieter stellen zudem ausgewählte Inhalte nicht nur in den eigenen Mediatheken zur Verfügung, sondern auch über eigene Kanäle bei YouTube.[125] Sendungsbezogene Kanäle wie beispielsweise zur politischen Talkshow von Maybrit Illner (ZDF)[126] sind zwar noch die Ausnahme, zeigen jedoch die Möglichkeiten, die sich auch im Bereich des Fernsehjournalismus durch die Einbindung von Zuschauerfeedback und nutzergenerierten Inhalten bieten: Zuschauer können Fragen oder ihren eigenen Standpunkt zum jeweils aktuellen Sendungsthema als Videobeitrag einreichen und kommentieren. Beiträge aus dem Programm der privaten Sender finden sich hingegen vor allem auf den deutschen Videoplattformen, die sich auch im Eigentum der beiden großen Sendergruppen ProSiebenSat1 (MyVideo) und der RTL Group (Clipfish) befinden. Ihnen steht so im Internet ein weiterer Ausspielkanal zur Verfügung, um beispielsweise Serien wie „Verliebt in Berlin"[127], populäre Shows wie „Deutschland sucht den Superstar"[128] oder Magazine wie „Abenteuer Auto" ins Internet zu verlängern.[129]

Weitere institutionalisierte Formen der Integration von Social-Web-Prinzipien in etablierte redaktionelle Angebote finden sich dort, wo die journalistische Plattform für nutzergenerierte Inhalte geöffnet wird, beispielsweise indem Artikel von Lesern kommentiert werden können, oder indem die Leser Community-Bereiche, Foren oder Weblogs nutzen können (vgl. Schweiger/Quiring 2006; Engesser 2008; Thurman 2008). Schließlich haben in den vergangenen Jahren etablierte Medienorganisationen auch in Angebote des Social Web investiert oder diese ganz übernommen.[130] Der Kauf (und zwischenzeitliche Verkauf) von MySpace durch Rupert Murdoch (2005), die Übernahme von YouTube durch Google (2006) oder auch der Kauf von StudiVZ durch die

---

[124] Vgl. http://www.tagesschau.de/inland/deppendorfswoche/index.html. [15.08.2011]

[125] Vgl. http://www.youtube.com/user/ard bzw. http://www.youtube.com/user/zdf. [15.08.2011]

[126] Vgl. http://www.youtube.com/maybritillner. [15.08.2011]

[127] Vgl. http://www.myvideo.de/channel/verliebt_in_berlin. [15.08.2011]

[128] Vgl. http://www.clipfish.de/special/dsds/home. [15.08.2011]

[129] Vgl. http://www.myvideo.de/channel/kabeleins_auto. [15.08.2011]

[130] Allerdings beschränken sich die Verlage bei der Suche nach neuen Geschäftsfeldern nicht alleine auf den Bereich des Social Web, sondern investieren auch in Spieleportale oder E-Commerce-Unternehmen (vgl. Vogel 2008).

Holtzbrinck-Verlagsgruppe (2006) waren in dieser Hinsicht besonders spektakuläre Fälle.[131]

Social-Web-Anwendungen eröffnen redaktionell betriebenen Online-Medien somit einen zusätzlichen Distributionskanal für ihre Inhalte, ob nun speziell produziert oder parallel bereit gestellt. Social-News- und Netzwerkplattformen, die Blogosphäre oder Twitter fungieren als „Distributionsintermediäre" (Kang 2010, S. 111ff.), in denen Informationen nach je eigenen Kriterien und Mechanismen gefiltert, aggregiert und miteinander verknüpft werden. Aus publizistischer Sicht ist es für Online-Medien daher sinnvoll, die eigenen Inhalte möglichst „spreadable" zu machen und Nutzer, die nicht regelmäßig oder nie die redaktionellen Angebote aufsuchen würden, möglicherweise durch Verweise an anderer Stelle im Netz auf relevante Artikel aufmerksam zu machen.

Plattformbetreiber, allen voran Facebook, unterstützen dies durch eigene Schnittstellen und Optionen, mit denen sich einige ihrer Funktionalitäten auf anderen Onlineangeboten integrieren lassen. So können Nutzer einer Nachrichtenseite, sofern sie auch auf Facebook registriert und eingeloggt sind, einen Artikel dem eigenen Kontaktnetzwerk zu empfehlen, ohne das Ursprungsangebot zu verlassen. Im Newsfeed auf Facebook wird der entsprechende Artikel mit einem Link präsentiert; unter dem Artikel auf der Nachrichten-Seite wird die gesamte Anzahl von Empfehlungen angezeigt, gegebenenfalls auch die Namen von eigenen Kontakten, die den Artikel empfohlen haben.[132]

Eine noch weiter reichende Form der Integration von Facebook-Funktionen auf anderen Seiten ist die Kopplung mit der Diskussions- bzw. Chat-Option (vgl. Abb. 10). So lässt sich beispielsweise parallel zu

---

[131] Beim Versuch, ergänzende oder eigenständige publizistische Online-Angebote aufzubauen, ist der Erfolg jedoch alles andere als garantiert. Pars pro toto kann hier das Angebot „Zoomer" gelten, das im Februar 2008 startete und von der Holtzbrinck-Gruppe als „ganz neues Nachrichtenangebot für die Generation Web 2.0" (Dörnemann/Grau 2008) konzipiert war. Nutzern wurden hier in Anlehnung an Social-News-Plattformen verschiedene Möglichkeiten geboten, die Hierarchie von Themen mit zu bestimmen. Doch selbst ein prominenter Herausgeber – Ulrich Wickert – und die Verzahnung mit der ebenfalls zu Holtzbrinck gehörenden Netzwerkplattform StudiVZ, wo auf aktuelle Nachrichten auf zoomer.de hingewiesen wurde, brachten nicht genug regelmäßige Besucher, sodass das Angebot nach nur einem Jahr wieder eingestellt wurde. Im Juli 2011 versuchte die Holtzbrinck-Gruppe gar, die VZ-Netzwerke als Ganze zu verkaufen, fand aber keinen Käufer.

[132] Für diese Zwecke registriert Facebook bereits den bloßen Besuch eines eingeloggten Nutzers auf einer Seite, die die entsprechende Funktion integriert hat, selbst wenn er den entsprechenden Empfehlungsknopf nicht klickt. Da diese Form der Datenspeicherung ohne Wissen des Nutzers zu Surf- bzw. Bewegungsprofilen außerhalb von Facebook genutzt werden kann, ist die entsprechende Funktion in die Kritik von Datenschützern geraten (vgl. ULD 2011).

einem Livestream ein Chat anbieten, in dem Facebook-Nutzer miteinander diskutieren können. Auch hier werden die entsprechenden Äußerungen, die auf der Seite eines externen Anbieters getätigt werden, von Facebook gespeichert und – je nach Konfiguration im eigenen Nutzerprofil – auch auf Facebook angezeigt. Vorreiter in dieser Hinsicht war CNN, das zur Amtseinführung von US-Präsident Obama seine Liveübertragung an einen Chat für Facebook-Nutzer koppelte, sodass Nutzer sich mit dem eigenen Kontaktnetzwerk über das Geschehen austauschen konnte. Andere Anlässe für ähnliche Kooperationen waren die Oscar-Verleihung oder die Beerdigung von Michael Jackson[133] – Fernsehereignisse, die oft im Kreis von Freunden betrachtet und kommentiert werden, nun aber im erweiterten und technisch vermittelten Netzwerk der eigenen persönlichen Öffentlichkeit stattfinden können.

Abb. 10: Kombination von Facebook-Diskussion und Livestream

Quelle: http://www.mainzertage.zdf.de [21.3.2011].

Im Social Web können journalistische Online-Angebote ihren Nutzern somit deutlich mehr Optionen für Anschlusshandlungen zur Verfügung stellen, als einen Artikel nur zu drucken oder via E-Mail zu versenden

---

[133] In Deutschland waren das „MTV Unplugged"-Konzert der Sportfreunde Stiller im Mai 2009 sowie das „Rock am Ring"-Festival im Juni 2009 die ersten Ereignisse, bei denen die Integration von Live-Bild und Facebook-Chat umgesetzt wurden.

(Abb. 11 zeigt dies beispielhaft für die New York Times Online).[134] Diese Erweiterung der Distributionskanäle drückt sich darin aus, dass Verweise von Social-Web-Plattformen für einen (wenn auch kleinen) Teil der Besucher auf den Online-Angebote etablierter Medien verantwortlich sind. So erhielten die 25 führenden US-amerikanischen Nachrichtenmedien im Jahr 2010 zwischen einem und acht Prozent ihrer Besucher über Facebook; Twitter spielte mit maximal dreieinhalb Prozent eine kleinere Rolle (vgl. Olmstead/Mitchell/Rosenstiel 2011).[135] Bei deutschsprachigen Medienangeboten lag der Anteil von Nutzern, die über Facebook auf die entsprechenden Angebote kamen, im Februar 2011 zwischen etwa drei und zehn Prozent (vgl. Schmidt 2011).

Über die reine Distribution und das Filtern von Aufmerksamkeit hinaus sind publizistische und persönliche Öffentlichkeiten im Social Web aber auch durch Prozesse der wechselseitigen Beobachtung und Bezugnahme miteinander verbunden. Der professionelle Journalismus, und hier insbesondere der Online-Journalismus, greift in verschiedener Weise auf Inhalte zurück, die von Nutzern erstellt werden (vgl. Eberwein 2008; Engesser 2008). Besonders deutlich ist dies bei „breaking news" bzw. solchen Ereignissen zu beobachten, bei denen (noch) keine professionellen Journalisten vor Ort sind. Bei Vorfällen wie dem Bombenanschlag in der Londoner Underground im Juli 2005 oder dem Hurrikan „Katrina" im August 2005 sind erste Informationen, Fotos oder Videos in Anwendungen des Social Web aufgetaucht und haben von dort ihren Weg in die etablierten Medien gefunden (vgl. Thelwall/ Stuart 2007; Macias/Hilvard/Freimuth 2009).

---

[134] Vorreiter wie die New York Times oder der englische Guardian gehen sogar noch einen Schritt weiter: Sie stellen offene Schnittstellen (APIs) bereit, mit denen andere Anbieter auf die redaktionell erstellten Inhalte zugreifen und sie in eigene Programme oder Plattformen einbinden können. Vgl. die Erläuterungen unter http://developer.nytimes.com sowie http://www.guardian.co.uk/open-platform/what-is-the-open-platform. [15.08.2011]

[135] Der Studie zufolge kommen etwa 35 bis 40 Prozent der Besucher über Verweise von anderen Seiten auf die Nachrichtenportale; den größten Anteil (etwa 30%) machen Besucher aus, die über die Google-Suche kommen.

Abb. 11: Distributionswege von Online-Nachrichten am Beispiel der New York Times (2008)

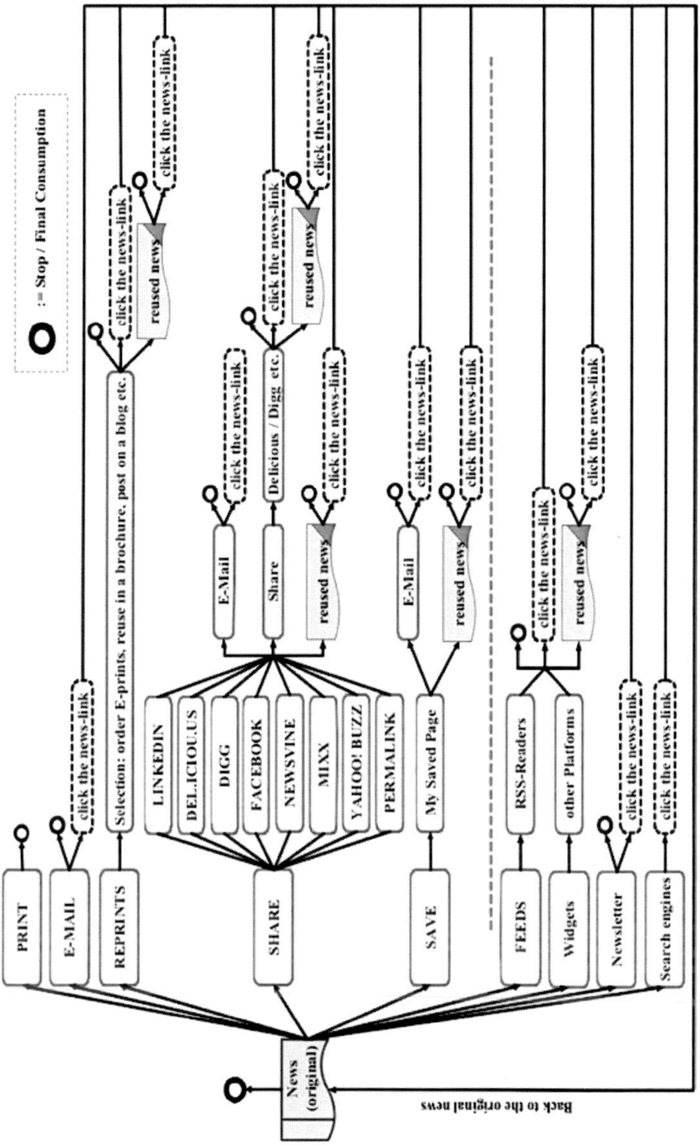

Quelle: Kang 2010, S. 134.

Aber auch in weniger dramatischen Fällen dienen die Öffentlichkeiten des Social Web Journalisten als Quelle. Eine bereits 2006 durchgeführte Redaktionsbefragung ergab, dass die Wikipedia als Nachschlagewerk nahezu universell verbreitet war, und etwa drei Viertel der Internetredaktionen (aber nur etwa 40 Prozent der übrigen Redaktionen) auch auf Weblogs zurückgriffen, wobei dort neben Themenideen insbesondere auch Meinungen sowie pro- und contra-Argumente zu Streitfragen recherchiert wurden (vgl. Neuberger/Nuernbergk/Rischke 2009b; in der Tendenz ähnlich auch Welker 2007; Machill/Beiler 2008).[136] Dieses veränderte Rechercheverhalten schlägt sich auch in den journalistischen Aussagen nieder: Eine Inhaltsanalyse von über 2.000 Artikeln der New York Times und Washington Post zeigte, dass zwischen 2000 und 2005 Blogs in wachsendem Maße als Quelle in der journalistischen Berichterstattung eingesetzt wurden (vgl. Messner/Watson DiStaso 2008).

Der Beobachtung und gegebenenfalls Referenzierung von nutzergenerierten Inhalten durch Journalisten steht gegenüber, dass auch die journalistisch gesetzten Themen große Aufmerksamkeit in den Öffentlichkeiten des Social Web erhalten. So stammte 2008 der jeweils größte Anteil von Topbeiträgen[137] auf Social-News-Plattformen aus Quellen, die den klassischen Massenmedien zuzuordnen sind (vgl. Rölver/Alpar 2008). Eine ähnliche Tendenz zeigen Inhaltsanalysen für die US-amerikanische Blogosphäre, nach denen etwa 30 bis 40 Prozent aller erfassten Verlinkungen in Weblogs auf journalistische Angebote verweisen (vgl. Reese et al. 2007; Messner/Watson DiStaso 2008; Walejko/Ksiazek 2010). Für Deutschland ermittelten Berendt/Schlegel/Koch (2008) in einer automatisierten Analyse eines größeren Korpus von etwa 20.000 deutschsprachigen Blog-Einträgen zwar deutlich geringere Anteile; nur etwa drei Prozent der Links verwiesen auf Online-Angebote von Nachrichtenmedien.

Dennoch gehören journalistische Online-Auftritte auch hierzulande zu den meist verlinkten Seiten in der Blogosphäre, wie eine Analyse auf Grundlage der Daten von deutscheblogcharts.de aus den Jahren 2007/2008 zeigt (vgl. Abb. 12). Neben der Wikipedia erhielten Ange-

---

[136] Spezialisierte Suchmaschinen wie Technorati oder auch der Aggregator Rivva unterstützen das Beobachten der blogbasierten Öffentlichkeiten (vgl. Schmidt/Frees/Fisch 2009) und können in Kombination mit geschlossenen Verschlagwortungssystemen oder Wikis auch zum redaktionsinternen Wissensmanagement eingesetzt werden (vgl. Schulzki-Haddouti 2008, S. 165ff.).

[137] Dabei handelte es sich um diejenigen Beiträge, die auf der Startseite der einzelnen Plattformen publiziert worden waren, wobei die Anzahl der jeweils gelisteten Beiträge von Angebot zu Angebot variierte.

bote wie Spiegel Online, sueddeutsche.de oder tagesschau.de mehr Verlinkungen aus der Blogosphäre, als die zum damaligen Zeitpunkt populärsten Blogs.

Abb. 12: Verlinkungen von deutschsprachigen Blogs (Feb. 2008)

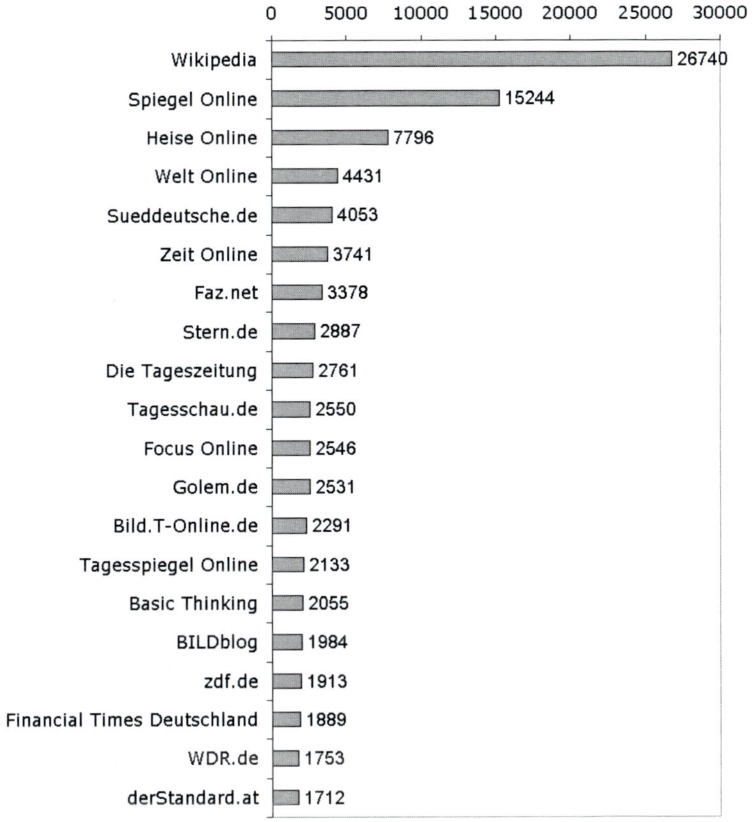

	Anzahl
Wikipedia	26740
Spiegel Online	15244
Heise Online	7796
Welt Online	4431
Sueddeutsche.de	4053
Zeit Online	3741
Faz.net	3378
Stern.de	2887
Die Tageszeitung	2761
Tagesschau.de	2550
Focus Online	2546
Golem.de	2531
Bild.T-Online.de	2291
Tagesspiegel Online	2133
Basic Thinking	2055
BILDblog	1984
zdf.de	1913
Financial Times Deutschland	1889
WDR.de	1753
derStandard.at	1712

Erläuterung: Angezeigt ist die Anzahl der Links von Weblogs auf die entsprechenden Angebote, die zwischen September 2007 und Februar 2008 von Technorati erfasst wurden.

Quelle: eigene Darstellung nach Daten von www.deutscheblogcharts.de.

Neuere Analysen bestätigen diese Tendenzen auch für Twitter. So verweist etwa ein Drittel der deutschsprachigen Tweets von Einzelnutzern (also unter Ausschluss von redaktionell betriebenen Twitter-Accounts o.ä.) auf Inhalte, die von redaktionellen Medien bereitgestellt werden (vgl. Maireder 2011). Auch die „Trending Topics" auf Twitter haben ihren Ursprung oft in journalistischen Meldungen, die dann von anderen Nutzern weiter verbreitet werden (vgl. Asur et al. 2011). Für

Netzwerkplattformen schließlich zeigt eine Sonderauswertung der ARD/ZDF-Onlinestudie 2010, dass sich etwa ein Drittel ihrer Nutzer (31%) auf Facebook, studiVZ etc. auch über Inhalte aus dem Fernsehen austauscht. Ein Viertel (25%) tauscht sich über Inhalte aus Zeitungen und Zeitschriften aus, und jeder Zehnte (11 %) besuchte 2010 zumindest gelegentlich auch „Fanseiten" zu Radio- oder Fernsehsendungen (vgl. Frees/Fisch 2011, S. 155). Bei den 14- bis 29-Jährigen liegen die Anteile noch etwas höher: 42 Prozent der Community-Nutzer in diesem Alter tauschen sich über Inhalte aus dem Fernsehen aus, 29 Prozent über Inhalte aus Zeitungen und Zeitschriften, und 14 Prozent nutzen Fanseiten zu Radio- oder Fernsehsendungen.

Die genannten Befunde, die auf Befragungen oder auf automatisierten Analysen von Verlinkungen, Logfiles o.ä. beruhen, sind durchaus aufschlussreich, bieten aber in der Regel nur eine erste grobe Annäherung an die Formen und Dynamiken von Anschlusskommunikation im Social Web. Genauso wie einfache Reichweite-Indikatoren, z.B. die Anzahl der Abrufe eines YouTube-Videos oder der Follower eines Twitter-Accounts, messen sie kumulierte Aufmerksamkeit. Prinzipiell sind aber auch ausgefeiltere Methoden und Kennzahlen denkbar, die zum Beispiel zeitliche Verläufe mit einbeziehen. Abb. 13 zeigt am Beispiel einer Folge der ProSieben-Unterhaltungsshow „Schlag den Raab", wie auf Facebook Begleit- und Anschlusskommunikation zu einer TV-Live-Sendung verläuft: Von Seiten des Senders wurden vor, während und nach der Sendung begleitende Einträge verfasst, die wiederum von den Nutzern im Verlauf der Sendung, aber auch danach noch kommentiert und weiter empfohlen wurden. Neben einer inhaltlichen Ergänzung stellen die Aktivitäten auf Facebook somit auch eine Verlängerung der Reichweite und „Lebensdauer" der TV-Sendung dar (vgl. Eble (im Druck)).

Abb. 13: Verlauf von Begleitkommunikation auf Facebook

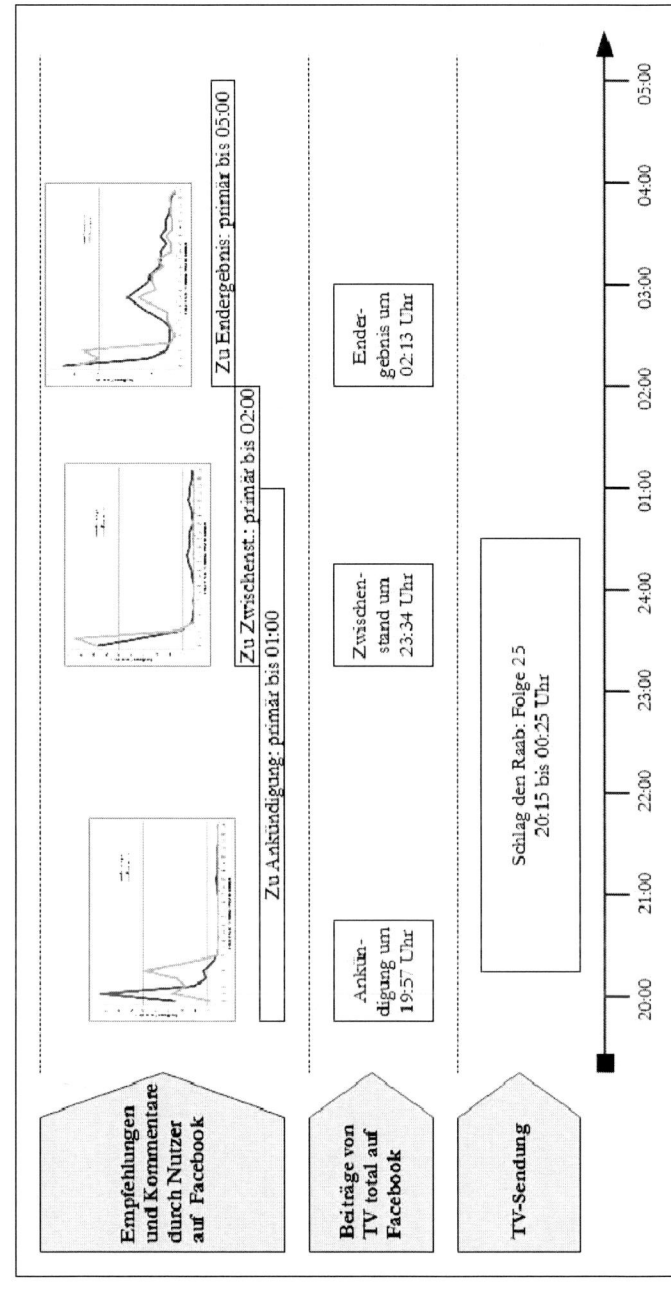

Quelle: Eble (im Druck).

Zudem erlauben die meisten der genannten Befunde keine Aussage darüber, in welchem semantischen oder inhaltlichen Kontext ein Verweis auf einen bestimmten Artikel steht. Die dokumentierte hohe Aufmerksamkeit für journalistische Online-Angebote würde sich relativieren, wenn ein Großteil der Verlinkungen negativ konnotiert wäre, also Teil einer Kritik von redaktioneller Themenwahl oder -aufbereitung wäre. Allerdings zeigte eine im Jahr 2008 durchgeführte Inhaltsanalyse von Verweisen deutschsprachiger Blogs auf redaktionell erstellte Angebote, dass die überwiegende Mehrheit der Links (81%) nicht in einen wertenden Kontext eingebunden ist und die positiven Bewertungen sogar etwas stärker als kritische Verlinkungen vorkommen (12% vs. 7%) (vgl. Schmidt 2009c). Eine Mehrheit der Links von Weblogs auf etablierte Medien steht der Analyse zufolge im Kontext von Artikeln, bei denen im Sinne einer „Presseschau" auf mehrere Quellen zum Thema des Weblog-Beitrags verlinkt wird (54%), ein weiteres Drittel (35%) der Links dient als Quellenbeleg für ein Zitat oder eine spezifische Aussage des Bloggers. Ähnliches zeigt Maireder (2011) für Twitter, wo ebenfalls nur etwa ein Viertel (27%) der Verweise auf andere Medieninhalte eine (nicht näher ausgewertete) Bewertung des Inhalts vornehmen.

Auch wenn also Bezugnahmen auf journalistische Angebote im Social Web nicht per se oder überwiegend negativ sind, schließt dies doch nicht aus, dass gerade die kritischen Äußerungen zu einzelnen Themen oder auch zu journalistischen Praktiken im Allgemeinen besonderes Gehör finden.[138] In Form von Watchblogs ist diese Kritik auch institutionalisiert; dabei handelt es sich um Blogs, die explizit und ausschließlich eine kritische Begleitung von journalistischer Berichterstattung vornehmen (vgl. Fengler 2008; Schönherr 2007). Innerhalb dieses Genres sind unterschiedliche Varianten denkbar, denn Watchblogs können sich auf ein journalistisches Angebot konzentrieren – wie das „Ostsee-Zeitung-Blog" oder das (derzeit inaktive) „Krone-Blog"[139] –

---

[138] So findet sich in Blogs regelmäßig Kritik an der Qualität des (Online-)Journalismus, die sich zum Beispiel am Aufweichen journalistischer Standards, an der Orientierung an reinen Seitenzugriffen auf Kosten der inhaltlichen Relevanz oder am unzureichend transparenten Umgang mit Fehlern festmacht (pointiert zusammengefasst bei Niggemeier 2008). Kritische Stimmen sind aber nicht auf Blogs beschränkt, sondern kommen auch aus dem Bereich des Journalismus selbst (vgl. Polke-Majewski 2008; Range/Schweins 2007).

[139] Vgl. http://ostsee-zeitung-blog.blogspot.com und http://www.krone-blog.at. [15.08.2011]

oder aber mehrere Medien bzw. bestimmte Themen beobachten, wie dies das BILDblog seit April 2009 tut.[140]

Watchblogs sind eine Form des Medienjournalismus im Internet, der beispielsweise fehlerhafte oder tendenziöse Berichterstattung, schlechte Recherche, Manipulationen von Fotos und Schleichwerbung usw. aufzeigen und somit zur Qualität von journalistischen Produkten beitragen kann. Allerdings wird von Seiten der beobachteten Redaktionen der Einfluss auf die eigene Arbeit als nur sehr gering eingeschätzt (vgl. Schönherr 2007), und auch die Leser von Watchblogs sind eher skeptisch, wie eine Nutzerbefragung beim BILDblog (n=19.666) im November 2007 – damals war das Watchblog noch rein auf die BILD sowie bild.de konzentriert – erbrachte: Nur etwa 20 Prozent der Befragten erwarten, dass eine Verbesserung der journalistischen Qualität der BILD erfolgen würde. Allerdings meint eine deutliche Mehrheit (91%), dass das BILDblog ein stärkeres Bewusstsein für journalistische Qualität fördere (vgl. Mayer et al. 2008, S. 592). Diese empfundene medienjournalistische Leistung spiegelt sich auch in den Nutzungsmotiven wider, denn neben der Unterhaltung ist das Bedürfnis nach Aufklärung und Information das wichtigste Nutzungsmotiv.

Zusammenfassend sprechen also eine Reihe von Entwicklungen und empirischen Befunden dafür, dass journalistische und nutzergenerierte Öffentlichkeiten im Social Web komplementär sind. Auch wenn derzeit populäre Anwendungen in einigen Jahren durch andere Dienste abgelöst sein mögen, ist doch der „news source cycle" (Messner/Watson DiStaso 2008, S. 1) inzwischen etabliert: Informationen fließen zwischen den verschiedenen Öffentlichkeitsebenen, Kommunikationsräumen und Akteuren, werden beispielsweise in Weblogs oder via Twitter aufgebracht, wo sie journalistische Angebote gegebenenfalls aufgreifen, um sie aufzubereiten und zu publizieren. Diese journalistischen Berichte wiederum werden in der Blogosphäre verlinkt oder auf Social-News- und Netzwerkplattformen bewertet und kommentiert. Die wechselseitige Bezugnahme kann zwar die Form der Kritik annehmen, tritt jedoch deutlich häufiger als Referenzieren, Empfehlen und Einordnen auf, was letztlich Aufmerksamkeit auf die verwendeten Quellen lenkt.

Zugleich wird aber auch deutlich, dass Journalisten kein Monopol mehr auf die Auswahl, Aufbereitung, Bündelung und Verbreitung von gesellschaftlich relevanten Informationen für ein Massenpublikum

---

[140] Vgl. http://www.bildblog.de/6865/aus-bildblog-wird-bildblog-fuer-alle. [15.08.2011] Watchblogs sind überdies nicht auf die Beobachtung des Journalismus festgelegt; so gibt es beispielsweise auch ein Watchblog zur NPD (vgl. http://npd-blog.info).

besitzen. Stattdessen werden Konturen einer Medienwelt erkennbar, in der neue Akteure und Intermediäre das Spektrum von Öffentlichkeiten erweitern und so die Auswahl von bereits Veröffentlichtem die eigentliche Herausforderung wird, kurz: der Übergang vom Gatekeeper- zum Gatewatcher-Paradigma (vgl. Bruns 2005). Die Erweiterung um die persönlichen Öffentlichkeiten, in denen (auch) Anschlusskommunikation zu journalistischen Leistungen und Themen stattfindet, führt zu einer Konvergenz von Konversation und Publikation auf ein und derselben technischen Plattform. Informationen werden in „streams" oder „feeds" rezipiert, also in dynamischen, ständig aktualisierten Flüssen von Neuigkeiten. In diese gehen die „entbündelten", also aus redaktionell zusammengestellten Angeboten herausgelösten Informationen genauso ein wie andere Neuigkeiten, die aus dem persönlichen Netzwerk des Nutzers stammen und anderen Relevanzkritieren gehorchen.

Für den Journalismus bietet diese Entwicklung durchaus Chancen, die eigenen Inklusionsleistungen zu erhöhen. Kanäle bzw. Foren für den Austausch mit den Nutzern können die Bindung an journalistische Marken steigern und bieten Potenzial für Qualitätssicherung (vgl. Wied/ Schmidt 2008). Kommentare, Anregungen oder Kritik werden umfassender und schneller sichtbar, was den Druck erhöhen kann, Fehler zu korrigieren oder zu bestimmten Kommentaren Stellung zu beziehen. Allerdings setzt dies auch eine entsprechende Bereitschaft zur Annahme der Kritik auf Seiten der Journalisten voraus. Ist diese nicht gegeben, kann die Öffentlichkeit der Kritik eher kontraproduktiv sein, da auf Leserseite aufgebaute Erwartungen an die Dialogorientierung enttäuscht werden.[141] All dies wiederum zieht Veränderungen in den journalistischen Routinen und Praktiken nach sich. Redaktionen, Verlage und Rundfunkanstalten erstellen daher inzwischen eigene „Social Media Guidelines" (vgl. Siegert 2011), die auch der Orientierung und Selbstvergewisserung dienen.

---

[141] Die Entscheidung, Foren für den Dialog mit dem eigenen Publikum anzubieten, wird zudem noch durch weitere Abwägungen beeinflusst – so ist die Moderation von Kommentaren und das „Community Management" im Allgemeinen vergleichsweise zeit- und personalintensiv (vgl. Thurman 2008).

Derzeit ist noch nicht absehbar, ob und in welcher Form sich publizistische Leistungen im Dreieck von professioneller, partizipativer und technischer Vermittlung erneut zu solch festen Strukturen und Konstellationen stabilisieren werden, wie sie das Mediensystem lange Zeit gekennzeichnet haben. Allerdings zeigen sich bereits Stabilisierungen und Re-Intermediationstendenzen in der „integrierten Netzwerköffentlichkeit" (Neuberger 2009, S. 49). Dies gilt nicht zuletzt in Bezug auf Hierarchien, die sich in der Verteilung von Aufmerksamkeit herausbilden und in den unterschiedlichen kommunikativen Räumen Muster von Zentrum und Peripherie, von A-List und Long Tail entstehen lassen (vgl. Abschnitt 3.2.2). Dadurch wird das partizipatorische Ideal, das manchen Social-Web-Diskursen innewohnt, etwas relativiert: Zwar sinken die Hürden, eigene Gedanken oder Themen anderen zugänglich zu machen, doch ein größeres Publikum ist damit nicht automatisch garantiert. Für viele Themen ist die Reichweite einer persönlichen Öffentlichkeit vollkommen ausreichend und gewünscht, für andere Themen können bestimmte spezialisierte Communities oder Plattformen die angemessene Reichweite bieten. Doch damit Themen wirklich als gesellschaftsweit bekannt vorausgesetzt werden können, ist nach wie vor die Fokussierungsleistung von Massenmedien nötig.

6.2   Politische Kommunikation und Teilhabe

Veränderungen im Journalismus wirken sich auch auf die Politik aus, die wir in aller Regel medial vermittelt erleben: Um über gesellschaftlich relevante Ereignisse und Themen auf dem Laufenden zu bleiben, aber auch um uns über anstehende politische Entscheidungen und die unterschiedlichen Alternativen zu informieren, bedienen wir uns vor allem journalistisch hergestellter und massenmedial verbreiteter Öffentlichkeiten. Wenn nun, wie im vorigen Abschnitt geschildert, in der integrierten Netzöffentlichkeit neue Akteure und Mechanismen des Publizierens, Filterns, der Dis- und der Re-Intermediation auftreten, hat das auch Auswirkungen auf die politische Kommunikation.[142]

---

[142] Nach Erscheinen der ersten Auflage des Buches haben sich eine Reihe von Ereignissen und Debatten im Schnittfeld von politischer Kommunikation und Social Web zugetragen – Stichworte wären hier u.a. das Aufdecken von Plagiaten in Doktorarbeiten bekannter Politiker durch die „Guttenplag"- und „Vroniplag"-Wikis, die „Facebook-Revolutionen in Nordafrika" oder die Enthüllungen von Wikileaks. Sie konnten aus zeitlichen Gründen bei der Überarbeitung des Textes aber nicht berücksichtigt werden.

Die ersten Social-Web-Anwendungen, die in Deutschland in den Fokus der politischen Kommunikation gerieten, waren Weblogs. Zur vorgezogenen Bundestagswahl im Jahr 2005 wurden zahlreiche wahlkampfbegleitende Blogs eingerichtet, die mehrheitlich dem rot-grünen Lager der damaligen Regierung zuzuordnen waren, wenngleich auch eine Reihe von überparteilichen und neutralen Angeboten existierte (vgl. Albrecht/Hartig-Perschke/Lübcke 2007). Allerdings erreichten sie keine sonderlich hohe Reichweite; in einer (nicht-repräsentativen) Befragung unter politisch interessierten Internetnutzern gaben nur etwa ein Drittel dieses (ohnehin schon eingeschränkten) Personenkreises an, von den Diskussionen in der politischen Blogosphäre Kenntnis zu nehmen oder sich selbst einzubringen (vgl. Abold 2006).

Aus den Erfahrungen, die im Wahlkampf 2005 gemacht wurden, extrahierte Hartmann (2007) mehrere mögliche Ziele für den Einsatz von Politiker-Blogs im Wahlkampf, darunter das Fördern der authentischen Selbst-Präsentation eines Kandidaten, das Argumentieren und Setzen bestimmter Themen oder auch die Mobilisierung eigener Anhänger. In seinem Fazit resümierte er: „Spätestens im Zuge des nächsten Bundestagswahlkampf wird sich […] zeigen, inwiefern der Einsatz von Blogs neben dem anderer Online-Instrumente wie der Webseite einer Partei, persönlicher Homepages der Politiker und Podcasts etabliert wurde, inwiefern er professionalisiert wurde und seine Wirkung optimiert werden konnte" (Hartmann 2007, S. 346).

Inzwischen ist der Rückblick auf den Bundestagswahlkampf 2009 möglich.[143] In der Tat haben sich Weblogs als Bestandteil der Wahlkampfkommunikation etabliert (vgl. Albrecht 2011) – und wurden um zahlreiche andere Social-Web-Kanäle ergänzt, auf die Parteien und Spitzenkandidaten zurückgreifen konnten: Profile auf den populären Netzwerkplattformen wie StudiVZ oder Facebook, parteieigene YouTube-Kanäle oder Twitter-Accounts von Wahlkampfzentralen und Politikern boten die Gelegenheit, dass Nutzer ihre Unterstützung signalisieren oder dort veröffentlichte Videobotschaften oder politische Positionen in ihrem eigenen sozialen Netzwerk weiter verbreiten konnten. Zusätzlich betrieben die Parteien eigene Online-Plattformen wie „Team Deutschland" (CDU/CSU), „Meine SPD" (SPD) oder „Wurzelwerk" (Bündnis 90/Die Grünen), mit denen vorrangig Mitglieder oder Sympathisanten

---

[143] Ausführliche Analysen und Befunde finden sich bei Bieber (2010) sowie Schweizer/Albrecht (2011), allgemeiner zu „Politik 2.0" auch bei Wolling/Seifert/Emmer (2010).

angesprochen werden sollten.[144] Dort standen Informationen aus den Wahlkampfzentralen der jeweiligen Parteien sowie Werkzeuge zur Verfügung, um sich mit Gleichgesinnten zu vernetzen, auszutauschen und politische Aktivitäten vor Ort zu planen.

Den teils impliziten, teils expliziten Maßstab für die Aktivitäten deutscher Politiker und Parteien im Social Web bildet der erfolgreiche Präsidentschaftswahlkampf von Barack Obama in den Jahren 2007 und 2008. Er konnte sich unter anderem an den Erfahrungen von Howard Dean orientieren, der 2004 stark auf das Internet setzte, letztlich aber in den demokratischen Vorwahlen unterlag, weil es ihm nicht glückte, die Unterstützung durch die „Dean-Netroots" (Hienzsch/Prommer 2004) in weitergehende Unterstützung außerhalb des Netzes zu übertragen. Obama gelang es hingegen, im Vorwahlkampf der Demokraten den finanziellen und organisatorischen Vorsprung seiner Konkurrenten mit Hilfe seiner Kampagnen-Webseite my.barackobama.com wett zu machen. Nach der Nominierung zum Präsidentschaftskandidaten nutzte er diese und zahlreiche weitere Internet-Kanäle, um Reden, Aufrufe und Informationen zu veröffentlichen, Spenden einzuwerben und seinen Unterstützern Werkzeuge an die Hand zu geben, um sich vor Ort zu engagieren (vgl. Moorstedt 2008; Talbot 2008).

Viele Strategen in den deutschen Parteizentralen, aber auch einzelne Mandatsträger und Kandidaten nahmen sich Obama als Vorbild für die Kontaktaufnahme und Mobilisierung insbesondere von jüngeren Bevölkerungsgruppen. Allerdings mussten diese hohen Erwartungen beinahe zwangsläufig enttäuscht werden, denn aufgrund einer Vielzahl von Unterschieden, beispielsweise im Wahlsystem, der Medienlandschaft oder auch der Organisation politischer Parteien, taugen amerikanische Wahlkämpfe nur bedingt als Vorbild: „Werden solche systemimmanenten Faktoren […] in der Betrachtung deutscher und amerikanischer Wahlkämpfe vernachlässigt, entstehen oft verkürzte Gegenüberstellungen der jeweiligen Netzaktivitäten, die allgemeine Schlussfolgerungen über prinzipielle Qualitätsunterschiede kaum rechtfertigen" (Schweitzer 2007, S. 184; vgl. auch Bieber 2010, S. 17ff.).

Die Hoffnungen auf eine „Politik 2.0", die mit der Einbettung von Social-Web-Anwendungen in die politische Kommunikation realisiert wäre, unterliegen letztlich einem Fehlschluss, der das Internet bereits

---

[144] Vgl. http://www.team2009.de, http://www.meinespd.net (das Angebot ist seit Juli 2011 inaktiv) sowie http://wurzelwerk.gruene.de. [15.08.2011]

seit der Frühphase seiner Verbreitung begleitet:[145] Die Partizipation an politischen Belangen würde sich erhöhen, weil Bürger sich online ohne Beschränkungen durch journalistische Gatekeeper über alle erdenklichen politischen Themen informieren und endlich die Brecht'sche Utopie vom „Rückkanal für Massenmedien" verwirklichen könnten, also Meinungsmonopole brechen und sich selbst zu Wort melden, um an politischen Entscheidungen teilzuhaben. Mit der gesellschaftlichen Etablierung des Internets haben sich jedoch auch die Vorstellungen über die Konsequenzen dieser Technologie für das politische Handeln normalisiert, weil deutlich wurde, dass die Technologie alleine noch keine grundlegenden Veränderungen bewirken kann. Vielmehr reicht der „lange Arm des real life" (Schönberger 2000) auch in das Social Web – sowohl in Bezug auf politische Akteure als auch auf Bürger sind strukturelle Faktoren, Routinen und Einstellungen mindestens ebenso beharrend wirksam, wie das Social Web Praktiken des politischen Handelns verändert.

Eine wichtige Rolle in diesem Zusammenhang spielen Parteiorganisationen, die durch ihre Stellung im politischen System besonderen Logiken und Anforderungen unterliegen. Sie müssen beispielsweise die Willensbildung zwischen den Interessen ihrer Mitglieder und der Wählerschaft organisieren oder Kandidaten für politische Positionen rekrutieren. Diese Prozesse geschehen unter Beobachtung wie auch unter Inanspruchnahme von Massenmedien, die jedoch wiederum ihre eigene Logik und Zwänge einbringen (vgl. Münch 1995, S. 77ff.) – so sind beispielsweise Personen oder Positionen zu idealisieren (als gerechtigkeits-, wirtschafts-, umweltorientiert o.ä.), bestimmte Ereignisse zu dramatisieren (z.B. die Rekordverschuldung oder die Rekordarbeitslosigkeit) sowie Äußerungen einer Vielzahl von Akteuren über einen längeren Zeitraum soweit es geht zu koordinieren und zu kontrollieren (z.B. um die Haltung zu einem Thema als Regierungs- oder Oppositionspartei kohärent zu machen).

Parteien haben sich als Reaktion auf die Mediatisierung der Politik, also die gestiegene Bedeutung medialer Kommunikation für den politischen Prozess, in den vergangenen Jahren zu „professionalisierten Medienkommunikationsparteien" (Jun 2004) entwickelt. Dieser Prozess übt einerseits Druck in Richtung einer Zentralisierung und Professionalisierung der Kommunikationsstrukturen aus, findet aber andererseits seine Grenzen darin, dass Parteien keine einheitlichen, klar konturierten

---

[145] Für die frühe wissenschaftliche Diskussion zu den politischen Auswirkungen des Internet vgl. exemplarisch Tsagarousianou/Tambini/Bryan 1998; Hague/Loader 1999.

und problemlos steuerbaren Organisationen sind, sondern auf den unterschiedlichen föderalen Ebenen eher offene und lose Kopplungen von verschiedenen strategisch handelnden Zentren existieren (vgl. Donges 2008): In Ortsgruppen, Landesverbänden und Bundespartei können Mitglieder, Mandatsträger und Parteiapparat, aber auch unterschiedliche ideologische Strömungen gemeinsame oder auch widerstreitende Ziele verfolgen.

Anwendungen des Social Web verstärken unter Umständen diese gegenläufigen Entwicklungen. Sie bilden die Basis für zusätzliche Öffentlichkeiten, die die Zwänge zur Professionalisierung einerseits und zur Integration auseinanderstrebender Teile der Organisation andererseits noch verstärken können: Die Parteispitze, aber auch einzelne Mitglieder oder Mandatsträger können mit Hilfe von Blogs, Video- und Podcasts, Twitter- oder Netzwerkplattform-Profilen die mediale Darstellung noch stärker in die eigene Hand nehmen und journalistische Gatekeeper umgehen. Gleichzeitig muss aus Sicht der Parteiorganisation so viel inhaltliche Übereinstimmung wie möglich bestehen bleiben, denn die in Kapitel 5.2 skizzierten Merkmale der Architektur vernetzter Öffentlichkeiten – Persistenz, Durchsuchbarkeit, Replizierbarkeit und Skalierbarkeit – sorgen dafür, dass zum Beispiel Äußerungen, die der Parteilinie widersprechen oder anderweitig problematisierbar sind, von Bürgern, Journalisten oder auch vom politischen Gegner aufgegriffen werden und unter Umständen breitere Bekanntheit erlangen können.[146]

Zudem sind die Strukturen und Handlungslogiken des politischen Systems nicht immer mit den im Social Web geltenden Leitideen vereinbar. Aus der Konfrontation der in den beiden Kommunikationsbereichen geltenden Regeln und Erwartungen können Spannungen entstehen, wie beispielhaft an den Reaktionen auf die ersten Twitter-Versuche von SPD-Generalsekretär Hubertus Heil deutlich wurde. Der hatte 2008 den Nominierungsparteitag der amerikanischen Demokraten besucht und seine Eindrücke von dort auch via Twitter berichtet, was wiederum etablierten Medien kritisch kommentierten: Das „Twittern im Obama-Rausch" (Volkery 2008) produziere nur Belanglosigkeiten, und der Generalsekretär mache sich „gerade maximal lächerlich" (Matthäus 2008).

Solchen Kommentaren standen allerdings Rückmeldungen von Twitter-Nutzern entgegen, die Heil für seine Offenheit gegenüber dem

---

[146] Albrecht/Hartig-Perschke/Lübcke (2007) rekonstruieren beispielsweise, wie im Wahlkampf 2005 ein Versprecher von Angela Merkel („Brutto-Netto-Verwechselung") in der Blogosphäre aufgegriffen, bewertet und weiter verbreitet wurde.

neuen Kommunikationsformat lobten. Ohnehin erscheint Micro-blogging aufgrund der Beschränkung auf 140 Zeichen und der Kopplung an mobile Endgeräte besser in die täglichen Arbeits- und Kommunikationsabläufe von Politikern zu passen als andere Formate, beispielsweise das vergleichsweise ausführliche und damit zeitaufwän-digere Bloggen. Allerdings wird die authentische, offene, dialogbereite und unter Umständen auch selbstkritische Selbstpräsentation eines Poli-tikers ihre Grenzen in Partei- und Fraktionsdisziplin[147] sowie den gerade bei Spitzenpolitikern sehr begrenzten Zeitbudgets finden. Mit Blick auf Weblogs diagnostizierte daher Coenen bereits 2005, was sich für Formate des Personal Publishing verallgemeinern lässt: Es handelt sich oftmals um „eine unglückliche Verbindung zwischen einer kulturellen Praxis, die auf Offenheit, starke Formen der Selbstdarstellung und lebhafte Debatten ausgerichtet ist, und einer politischen Kultur, in der die Akteure oft Nachteile befürchten müssen, wenn sie spontan, originell und allzu persönlich kommunizieren" (Coenen 2005, S. 13).

Was für die politischen Akteure im engeren Sinn gilt – dass die bloße Verfügbarkeit von interaktiven Technologien noch nicht über die Ein-satzweise bestimmt, sondern der tatsächliche Gebrauch durch existie-rende strukturelle Rahmenbedingungen geprägt und vermittelt wird –, gilt auch für die Nutzung des Social Web für politische Zwecke durch Bürger: Die Werkzeuge allein machen noch nicht bislang politikferne Menschen zu engagierten und räsonnierenden Staatsbürgern. Vielmehr lässt sich ein Verstärkungseffekt beobachten, da vor allem diejenigen Personen, die ohnehin schon politisch interessiert und engagiert sind, von den neuen technischen Konstellationen profitieren und mehr Op-tionen zur Verfügung haben, sich beispielsweise zu spezifischen The-men auszutauschen oder mit Gleichgesinnten für bestimmte politische Anliegen zu mobilisieren.[148]

Diese Diagnose bestätigt unter anderem eine Langzeitstudie der TU Ilmenau und der Universität Düsseldorf, die zwischen 2002 und 2009 in regelmäßigen repräsentativen Befragungswellen untersuchte, wie sich das politische Kommunikationsverhalten mit dem Aufkommen des Internets verändert (vgl. Emmer/Vowe/Wolling 2011). Auf der

---

[147] Besondere Aufmerksamkeit erregte im Mai 2009 der Umstand, dass drei Mitglieder der Bundesversammlung via Twitter das Ergebnis des Wahlgangs bereits vor der offiziellen Bekanntgabe durch den Wahlleiter öffentlich machten (vgl. Boie 2009).

[148] So zeigen die Autoren und Leser von politischen Blogs sowohl in Hinblick auf konventio-nelle wie unkonventionelle Partizipationsformen ein höheres politisches Engagement als andere Blog-Nutzer; diese wiederum sind tendenziell politisch stärker enaggeiert als die übrige Bevölkerung (vgl. Schmidt/Paetzolt/Wilbers 2006).

Grundlage von Fragen zum politischen Engagement sowie zur Mediennutzung für politische Information und für interpersonale Kommunikation über politische Themen identifizierte Füting (2011) fünf verschiedene Typen, die auch im Längsschnitt über drei Befragungswellen hinweg stabil blieben. Der „Passive Mainstreamer", der sich durch ausgeprägte Abstinenz gegenüber politischen Themen auszeichnet, stellte 2008 mit 53 % die größte Gruppe dar. Die Gruppe der „Bequemen Modernen" hingegen, die 16 % der Gesamtbevölkerung umfasste und in der Menschen unter 40 Jahren deutlich überrepräsentiert sind, besitzt eine hohe Affinität für das Internet. Dies äußert sich nicht nur in ausgeprägter Online-Nutzung für die Suche nach und Information über politische Themen, sondern auch in häufiger interpersonaler Kommunikation zu aktuellen gesellschaftlich relevanten Ereignissen. Das World Wide Web, E-Mail oder Chats sind für die Angehörigen dieses Typs gegenüber anderen Medien zumindest gleichberechtigte, wenn nicht sogar bevorzugte Kommunikationskanäle.[149]

Die Nutzung von Social-Web-Angeboten für politische Kommunikation wurde von der Längsschnittstudie ebenfalls erfasst, wenngleich die konkreten Operationalisierungen bzw. abgefragten Plattformen mit den technischen Innovationen des letzten Jahrzehnts variierten. Die bereits im allgemeinen Überblick zur Datenlage angesprochene Diskrepanz zwischen der rezipierenden und der aktiv-gestaltenden Nutzung (vgl. Abschnitt 2.3) zeigt sich in dieser Untersuchung erneut. Auch bei politischen Informationen ist der reine Abruf deutlich häufiger als das partizipative Beisteuern eigener Meinungen oder Inhalte (Emmer/ Vowe/Wolling 2011, S. 134ff.). Immerhin 45 Prozent der Onliner hatten 2009 zumindest schon einmal ein politisches Weblog aufgerufen, und ein fast identischer Anteil schon einmal politische Artikel in der Wikipedia nachgeschlagen. Politische Videos (27,7%) und politische Podcasts oder Videocasts (20,0%) erzielten hingegen kleinere Reichweiten innerhalb der deutschen Internetnutzer. Die aktiv-partizipative Nutzung fällt demgegenüber deutlich geringer aus: „Nie erreicht der Anteil der Onliner, die irgendeine Form der verfügbaren Social Media-Angebote für politische Zwecke nutzen, die Marke von 2%" (Emmer/Vowe/ Wolling 20111, S. 198). Einzig die Nutzung von Netzwerkplattformen,

---

[149] Die übrigen Typen – „Eigennützige Interessensvertreter", „Traditionelle Engagierte" sowie „Organisierte Extrovertierte" – umfassen eher ältere Personen und unterscheiden sich von den beiden genannten Gruppen einerseits in ihrem höheren Grad an politischem Engagement in etablierten Organisationen (Parteien, Bürgerinitiativen, Gewerkschaften), andererseits durch die eher traditionelle Mediennutzung, die insbesondere Tageszeitungen und Fernsehen für die politische Information umfasst.

um politische Aktivitäten zu organisieren, war etwas höher: 10 Prozent der Internetnutzer gaben 2009 an, dies schon zumindest einmal getan zu haben, unter den 16- bis 29-Jährigen waren es immerhin 29,5 Prozent.

Diese empirischen Befunde können helfen, überzogene demokratietheoretische Euphorie zu dämpfen, insbesondere was das Ausmaß politischer Partizipation im Social Web angeht. Dessen Potenziale für politische Kommunikation und Mobilisierung sollen jedoch unbestritten bleiben: Selbst wenn das Internet keine deliberative Öffentlichkeit im Habermas'schen Sinne konstituiert, weil es nach wie vor Zugangsungleichheiten und Vermachtungen gibt, unterstützt es politische Willensbildung und Teilhabe. Bürger können persönliche Öffentlichkeiten nutzen, um ihre eigenen Meinungen und politischen Positionen zu artikulieren, aber sich auch themenbezogen zusammenfinden und gemeinsam oder im Verbund mit zivilgesellschaftlichen Organisationen für bestimmte Anliegen und Kampagnen engagieren (vgl. Voss 2008). Für Papacharissi (2010) ist gerade diese neue „private sphere"[150] der zentrale Ort und Mechanismus politischer Teilhabe: „Within this private sphere, the citizen is alone, but not lonely or isolated. The citizen is connected, and operates in a mode and with political language determined by him or her. Operating from a civically *privé* environment, the citizen enters the public spectrum by negotiating aspects of his/her privacy as necessary, depending on the urgency and relevance of particular situations." (ebda., S. 132)

Mit Wagner/Brüggen/Gebel (2009) lassen sich drei Formen der onlinegestützten Partizipation unterscheiden:

- *Sich positionieren*: Im einfachsten Fall beziehen Nutzer im Social Web dadurch Stellung, dass sie bestimmte politische Haltungen explizit machen, zum Beispiel durch die Mitgliedschaft in spezifischen Foren oder Diskussionsgruppen oder die Angabe der eigenen politischen Überzeugung im Profil einer Netzwerkplattform. Als Teil des Identitätsmanagements in persönlichen Öffentlichkeiten sind solche politischen Aussagen vor allem an das eigene erweiterte Netzwerk adressiert und signalisieren einem Publikum, das eigene Freunde und entfernte Bekannte gleichermaßen umfasst, welche Position zu gesellschaftlich relevanten Themen eingenommen wird.

---

[150] Ihr Konzept der „private sphere" meint nicht „Privatsphäre" im deutschen Sinn (die eher mit „privacy" korrespondiert), sondern ähnelt dem in Kapitel 5 entwickelten Verständnis von persönlicher Öffentlichkeit: Kommunikationsräume, in denen Menschen soziale Beziehungen pflegen, die aber über die interpersonale Kommunikation hinausreichen.

- *Sich einbringen*: Online-Plattformen können darüber hinaus als Werkzeug genutzt werden, um ausführlicher zu argumentieren – beispielsweise in Form eines Videos, Blog- oder Forumseintrags – und davon ausgehend mit anderen zu diskutieren. Ein solcher Austausch über politische Überzeugungen kann sich auch an der Dokumentation der eigenen Aktivitäten im Internet entzünden, zum Beispiel wenn ein Nutzer Fotos von der Teilnahme an einer Demonstration online stellt, die anschließend von anderen diskutiert werden.

- *Andere aktivieren*: Schließlich können die genannten Formen der politischen Partizipation auch darin münden, dass andere Nutzer gezielt angesprochen und zu eigenem Engagement bewegt werden. Neben der Aktivierung fällt hierunter auch die Weitergabe von eigenen Erfahrungen, beispielsweise wenn Vorlagen für Protestschreiben an Abgeordnete, Checklisten für die Organisation von Diskussionsveranstaltungen und Demonstrationen oder Materialien zu bestimmten Themen mit anderen erarbeitet und geteilt werden.

Die verschiedenen Formen der politischen Partizipation mit Hilfe des Social Webs waren im Sommer 2009 mustergültig zu beobachten. Ein Gesetzesvorhaben von Bundesfamilienministerin von der Leyen zur Sperrung von Internetseiten stieß vor allem im Internet auf großen Widerstand, weil seine Wirksamkeit für das damit verbundene Ziel – die Bekämpfung von Kinderpornographie – bezweifelt wurde. Über eine Vielzahl von Kanälen und mit einer Vielzahl von Aktionen artikulierte sich der Protest gegen dieses Vorhaben, das Kritiker als Einstieg in die Zensur, zumindest aber in die Kontrolle unliebsamer Inhalte ansahen. Seinen sichtbaren Ausdruck fand der Protest in einer Petition an den Deutschen Bundestag, die mehr als 130.000 Mitzeichner erreichte und damit die bislang erfolgreichste Online-Petition darstellt.

Der Aufruf zur Petition, aber auch Hintergrundinformationen, Argumentationshilfen oder Hinweise auf andere Protestaktionen wurden maßgeblich im Social Web, über Twitter, Blogs und Gruppen auf Netzwerkplattformen verbreitet. Einzelne Angebote entwickelten sich dabei zu Knotenpunkten mit je spezifischen Funktionen – das Blog netzpolitik.org beispielsweise diente als besonders prominentes Forum für aktuelle Informationen zu den Protesten; im Wiki des „AK Zensur"[151] wurden Materialsammlungen angelegt und Aktionen koordiniert, die auch über das Internet hinausreichten, wie beispielsweise Informations-

---

[151] Vgl. http://wiki.ak-zensur.de/index.php/Hauptseite. [15.08.2011]

gespräche, Demonstrationen oder – im Anschluss an den Beschluss des Gesetzes – die Vorbereitung einer Verfassungsbeschwerde. Darüber hinaus partizipierte eine Vielzahl von Nutzern mit eigenen Wortmeldungen dezentral an dem Protest gegen das Gesetzesvorhaben, wobei insbesondere das Schlüsselwort „zensursula" – ein Wortspiel mit dem Vornamen der Ministerin – dazu diente, Blog- und Twittereinträge auffindbar zu machen.

Der Protest gegen das „zensursula"-Gesetz ist ein Beispiel für politisches Engagement, das sich (auch wenn es ein Netzthema berührt) auf Handlungsfelder in der „Offline-Welt" bezieht. Politisches Engagement im Social Web kann jedoch auch deutlich weiter gefasst werden und nicht nur den Einsatz entsprechender Anwendungen und Praktiken für politische Kommunikation, sondern auch das Mobilisieren und Eintreten für die eigenen Belange und Rechte innerhalb des Internets umfassen. In dem Maße nämlich, in dem Nutzer wesentliche Aspekte ihres sozialen Netzwerks und ihrer alltäglichen Interaktionen mit Hilfe des Social Webs pflegen, wird genau diese Mitbestimmung bei der Gestaltung der eigenen Kommunikationsräume auch immer wichtiger.

Eine Vorstufe hierzu ist die Beteiligung an der Selbstregulierung von Nutzergemeinschaften, die zum Beispiel durch das Einbringen in Selbstverständnisdiskurse („In welchem Tonfall diskutieren wir in Weblogs?") oder durch das Melden von problematischen Inhalten auf Plattformen erbracht wird. Deren Betreiber unterstützen die Selbstregulierung der Nutzer in aller Regel sogar, indem sie technische Funktionalitäten zur Verfügung stellen, die beispielsweise das „Flaggen" von anstößigen Videos oder das Melden von Nutzern erleichtern, die gegen Verhaltensregeln verstoßen. Diese Selbstregulierung durch die Nutzer ergänzt die Kontrollmechanismen der Plattformbetreiber, die unterschiedlich ausgeprägt sind (vgl. York 2010).

Besondere Bedeutung erhält die Partizipation an den eigenen Belangen aber dann, wenn es um die Teilhabe an der Gestaltung der grundlegenden Architektur der Kommunikationsräume geht. Diese Möglichkeiten sind deutlich eingeschränkter, denn mit Ausnahme der Wikipedia sind die dominierenden Angebote des Social Web in der Hand von kommerziellen Betreibern, die nach Wegen suchen, aus den Aktivitäten der Nutzer auch monetären Profit zu ziehen (vgl. Kapitel 2.1).[152] Dies äußert sich beispielsweise in der Nutzung der persönlichen Daten

---

[152] Prägnant ausgedrückt in der Formel „If you're not paying for it, you're not the customer; you're the product being sold" (vgl. Fitzpatrick 2010).

von registrierten Mitgliedern für personalisierte Werbung oder in der Verwertung nutzergenerierter Inhalte.

Problematisch wird dies, weil die überwiegende Mehrheit der Anbieter keine Möglichkeit vorsieht, Identitäts- und Netzwerkdaten zu exportieren und in eine neue Plattform zu übertragen. Aus Sicht der Betreiber ist eine solche Form des „lock-in" durchaus rational: Sie soll Mitglieder an das Angebot binden und eine kritische Masse an Nutzern aufbauen (vgl. Picot et al. 2001). Aus Sicht der Nutzer hingegen sind solche „walled gardens" höchst problematisch, da sie hohe Transferkosten für den Wechsel zu einer anderen Plattform aufbauen. Dies erschwert beispielsweise, den Übergang zwischen Lebens- oder Entwicklungsphasen auch durch den Wechsel zu einer anderen Online-Umgebung nachzuvollziehen, oder die eigenen persönlichen Daten auch nur zu sichern.

In den Begriffen von Hirschman (1970) bedeutet dies, dass der „exit" aus einer vertrauten Kommunikationsumgebung viele Ressourcen kostet. Neben der Variante der „loyality", also dem stillschweigenden Befolgen dieser Vorgaben, existiert aber auch die Handlungsvariante des „voice", also des Protests gegen entsprechende Entscheidungen der Betreiber. Auf Nutzerseite bildet sich jedoch erst allmählich das Bewusstsein dafür heraus, dass diese Option zur Verfügung steht und dass man durch kollektives Handeln auch Einfluss auf die Gestaltung der eigenen Kommunikationsräume nehmen kann.

Dabei stellt das Social Web seinen Nutzern durchaus die Räume und Werkzeuge zur Verfügung, um sich zu vernetzen und zu koordinieren – teilweise innerhalb, teilweise außerhalb der betreffenden Plattformen. Auf StudiVZ artikulierte sich beispielsweise Ende 2007 starker Widerstand gegen geplante Änderungen der Allgemeinen Geschäftsbedingungen: Nutzer gründeten kritische Gruppen oder modifizierten ihre Profile. Nachdem etablierte Medien den Protest aufgriffen, nahmen die Betreiber schließlich einige der Modifikationen zurück (vgl. Lischka 2007a). Die Betreiber von Facebook waren mit ähnlichen Reaktionen auf die Änderungen von Geschäftsbedingungen und Modifikationen von Design und Layout der Profilseiten konfrontiert; sie richteten eigene deliberative Foren ein, in denen sich die Nutzer nach dem Vorbild von „Town Hall"-Diskussionen über die Vorschläge austauschen und eigene Ideen formulieren konnten.

Bei diesen Maßnahmen handelt es sich nur um erste Schritte, die verdeutlichen, dass Plattformbetreiber auch eine Verantwortung haben, die Selbstbestimmung ihrer Nutzer zu unterstützen und auf artikulierte Meinungen oder Kritik zu reagieren. Parallel dazu muss sich jedoch auf

Nutzerseite vielfach erst noch ein Bewusstsein dafür herausbilden, dass sich die Rahmenbedingungen für das eigene Identitäts-, Beziehungs- und Informationsmanagement durch kollektives Handeln auch beeinflussen lassen. An dieser Stelle berühren sich Ziele der Medienkompetenzförderung und der politischen Bildung, denen daran gelegen sein sollte, die Einsicht und die Kompetenzen zur Artikulation der eigenen wie der kollektiven Bedürfnisse auch im Social Web zu vermitteln.

6.3 Fazit: Komplementarität statt revolutionäre Brüche

Dieses Kapitel hat deutlich gemacht, dass die gesunkenen Hürden für das onlinebasierte Identitäts-, Beziehungs- und Informationsmanagement nicht nur zum Entstehen persönlicher Öffentlichkeiten führen, sondern dass diese Entwicklung auch die Bereiche der professionellen Kommunikation berührt. Mechanismen der technischen und partizipativen Vermittlung von Informationen und Themen machen den Journalismus zwar nicht obsolet, bedrängen aber sein Monopol auf das Auswählen, Aufbereiten, Bündeln und Publizieren von Informationen mit gesellschaftlicher Relevanz. Während Google News als besonders eindrückliches Beispiel für eine überwiegend technische Selektion und Hierarchisierung journalistisch produzierter Inhalte gelten kann, ergänzen sich die Öffentlichkeiten des Social Web und die journalistischen Öffentlichkeiten eher. Durch wechselseitige Beobachtung und das Sichtbar-Machen von Anschlusskommunikation kommt es in vielen Kommunikationsräumen des Social Web zu einer Konvergenz von Konversation und Publikation. Journalistische Inhalte besitzen allerdings nach wie vor eine hohe Bedeutung, auch weil viele publizistische Online-Medien Werkzeuge und Mechanismen des Social Web in ihre eigene Arbeit integrieren und ihre Inhalte in die kommunikativen Räume von Netzwerkplattformen oder Twitter einspeisen.

Im Bereich der politischen Kommunikation äußern sich die Verschiebungen der Organisation öffentlicher Kommunikation unter anderem darin, dass sich auch den Politikern und Parteien alternative Kanäle der Veröffentlichung von Positionen und des Dialogs mit den Bürgern eröffnen. Allerdings werden politische Akteure nicht von heute auf morgen dialogorientiert, genauso wenig wie desinteressierte oder politikferne Bürger von heute auf morgen zu Engagierten werden. Die Hoffnung, dass es mit der Verbreitung der technischen Werkzeuge des Social Web nun auch zur „Politik 2.0" käme, unterliegt einem technikdeterministischen Fehlschluss. Die größeren strukturellen Hürden scheinen dabei im politischen System zu bestehen, wo Darstellungszwänge sowie Logiken der Parteiorganisation allzu authentische und partizipationsorientierte Kommunikation erschweren, wenn nicht gar verhindern.

Auf Seiten der Bürger hingegen eröffnen sich gerade den engagierten Nutzern weitere Optionen, sich zu politischen Themen zu informieren und zu positionieren. Anwendungen des Social Web sind hier in ganz unterschiedlicher Weise einsetzbar – und sie entfalten oft im Wechselspiel mit etablierten journalistischen Öffentlichkeiten eine besondere Kraft, weil so die Reichweite von politischen Forderungen oder politischem Protest vergrößert wird. Politisches Handeln betrifft aber auch die eigenen Belange im Netz, also das Engagement und Eintreten für die eigenen Rechte genauso wie das Übernehmen von Verantwortung für die eigenen Kommunikationsräume. Das Bewusstsein dafür, Mitspracherechte an der Gestaltung der Infrastrukturen und Öffentlichkeiten des Social Web einzufordern und auszuüben verbreitet sich erst allmählich. Es ist allerdings gerade deshalb von Bedeutung, weil es sich bei vielen Social-Web-Plattformen eben nicht um öffentliche Sphären im politischen Sinn handelt, sondern um durch und durch kommerzialisierte Räume, in denen wachsende Bereiche des Alltags organisiert werden.

7 Der Umgang mit Informationen und Wissen

Die bisherige Diskussion hatte sich auf die Veränderungen von Öffentlichkeiten konzentriert und argumentiert, dass im Social Web die Hürden für die Herstellung von persönlichen Öffentlichkeiten sinken, was auch Auswirkungen auf professionell hergestellte Öffentlichkeiten hat. Dieses Kapitel beleuchtet weitere Facetten des Wandels von vernetzten Öffentlichkeiten, konzentriert sich dabei jedoch stärker auf die Mechanismen der Wissensgenerierung und des Informationsmanagements, die am Beispiel von Tagging (Abschnitt 7.1) sowie der Wikipedia (Abschnitt 7.2) dargestellt werden.

7.1 Tagging und Folksonomies

Wie in Abschnitt 2.2.5 bereits angedeutet, bezeichnet „Tagging" keine eigenständige Internetanwendung, sondern vielmehr eine bestimmte Praxis des Informationsmanagements, die auf der freien Vergabe von individuell wählbaren Schlagworten, den „tags" beruht. Werden die Schlagworte einer Vielzahl von Nutzern aggregiert, können sich daraus Ordnungsmuster ergeben, die als „Folksonomies" bezeichnet werden (vgl. grundlegend u.a. Hammond et al 2005; Smith 2008; Heckner 2009). Tagging ist eine weitere der prototypischen Praktiken des Social Web, an denen das webbasierte Informationsmanagement von Laien sowie das Entstehen kollektiver Wissensordnungen auf der Grundlage individueller Handlungen besonders deutlich wird.

Tagging-Funktionen sind auf zahlreichen Plattformen und Diensten implementiert, um die im jeweiligen Fokus stehenden Inhalte oder Objekte zu kennzeichnen, so z.B. bei Flickr (Fotos), YouTube (Videos), Last.fm (Musik), Qype (Restaurants, Hotels, Geschäfte, u.a.), XING (berufliche Kontakte) oder LibraryThing (Bücher). Prinzipiell lässt sich unterscheiden, ob nur die Urheber bzw. „Einsteller" bestimmter Informationen Schlagworte vergeben können – wie zum Beispiel bei YouTube oder Flickr – oder ob andere Nutzer die Ressourcen kennzeichnen können, wie beispielsweise bei XING oder Qype. Im letzteren Fall kann unter Umständen ein sehr breites Spektrum von

Schlagworten an eine Ressource geknüpft sein, das mit den Absichten oder Urteilen des Urhebers nicht deckungsgleich sein muss.

Im Mittelpunkt der folgenden Bemerkungen sollen vor allem kollektive Verschlagwortungssysteme[153] stehen, bei denen Nutzer beliebige Internetressourcen ähnlich wie browserbasierte „Favoriten", „Lesezeichen" bzw. „Bookmarks" speichern und verschlagworten können. Der profilierteste Vertreter dieser Anwendung ist der 2003 gestartete Dienst „Delicious"[154] mit über fünf Millionen registrierten Nutzern und über 180 Millionen gespeicherten Einträge (vgl. Hood 2008; Stand Ende 2008). Der populärste deutsche Dienst ist Mister Wong, der im Jahr 2006 gestartet wurde und im Juli 2009 etwa 7,5 Millionen gespeicherte Einträge aufwies.

Ausgangspunkt für das Tagging auf kollektiven Verschlagwortungsplattformen ist das Bedürfnis des einzelnen Nutzers, bestimmte Inhalte (Webseiten, Dokumente, Videos o.ä.) für zukünftige Recherchen mit spezifischen Schlagworten zu markieren. Ein wesentlicher Unterschied gegenüber etablierten Systemen der Metadatenvergabe ist die Tatsache, dass die Schlagworte nicht aus einem definierten Katalog von Kategorien ausgewählt werden müssen, sondern von den Nutzern selbst bestimmt werden können. Das begleitende Weblog zu diesem Buch ist beispielsweise mit den Schlagworten „web2.0", „socialsoftware" und „research" versehen worden, aber auch mit „theorie" und „buch"[155] – und möglich wären beispielsweise auch Schlagworte wie „interessant", „Leseliste" oder „Wunschzettel". Es lassen sich also unterschiedliche Typen von Schlagworten identifizieren, die jeweils unterschiedliche Zwecke erfüllen können (vgl. Golder/ Huberman 2005; Marlow et al. 2006; Smith 2008):

- Die Art der Ressource zu kennzeichnen, z.B. „Buch" oder „Video";
- Urheber und/oder Quelle zu beschreiben, z.B. „BBC" oder „stephenking";
- die Ressource thematisch und/oder inhaltlich zu beschreiben, z.B. „Webdesign" oder „Romanze";

---

[153] Eine Übersicht und kurze Bewertung von über 30 einschlägigen Diensten findet sich bei Schulzki-Haddouti (2007). In der wissenschaftlichen Literatur existiert bislang keine einheitliche Bezeichnung für diese Art von Anwendungen, sondern eine Vielzahl von Begriffen wie „Social bookmarking" (vgl. Hammond et al. 2005), „Collaborative Tagging Systems" (vgl. Golder/Huberman 2006), „Social tagging systems" (Marlow et al. 2006) oder „kollaboratives Indexieren" (Sack 2007).

[154] Vgl. http://delicious.com. [15.08.2011]

[155] Vgl. http://delicious.com/url/e958afb2552383828f06e5d4cc1d2370. [15.08.2011]

- die eigene Meinung auszudrücken, z.B. „lustig" oder „schön";
- eine selbstreferenzielle Bemerkung vorzunehmen, z.b. „gehörtmir" oder „gelesen";
- Aufgaben im Zusammenhang mit der Ressource festzuhalten, z.b. „ausdrucken" oder „todo".

Indem Nutzer auf der Grundlage bestimmter Routinen und Erwartungen Objekte nach selbstgewählten Ordnungskriterien klassifizieren und für bestimmte Informationsbedürfnisse (z.b. das Sammeln von Material für einen Artikel) recherchierbar machen, leisten sie individuelles Informationsmanagement. Prinzipiell könnte diese Aufgabe zum Beispiel auch mit Hilfe der „Bookmark"- oder „Favoriten"-Funktion unterstützt werden, die in Webbrowser integriert ist. Abgesehen davon, dass diese Listen nur am jeweils benutzten Computer zugänglich sind (was beispielsweise Synchronisierungsprobleme aufwirft, wenn beruflich und privat unterschiedliche Rechner genutzt werden), gehen Tagging-Systeme jedoch in einem wesentlichen Punkt darüber hinaus: Die Schlagworte einer Vielzahl von Nutzern werden mit Hilfe der jeweiligen Software aggregiert und für andere Personen sicht- und navigierbar gemacht.

Diese öffentlich gemachten Beziehungen zwischen Nutzer, Objekt und Schlagwort führen dazu, dass die Anwender (gewollt oder ungewollt) auch kollektives Informationsmanagement betreiben. Selbst wenn der einzelne Nutzer ein Tagging-System nur für individuelle Zwecke verwendet (z.B. um seine Fotos bei Flickr oder seine Lesezeichen bei Delicious zu verwalten), können andere Personen von diesen Klassifikationen profitieren und auf Ressourcen sowie deren Bewertungen aufmerksam werden. Aus den Folksonomies lassen sich Informationen extrahieren wie beispielsweise „Andere Objekte, die mit Schlagwort A versehen wurden", „Andere Nutzer haben Objekt O mit den Schlagworten A, B, C versehen" oder auch „Nutzer, die das Schlagwort A verwenden, verwenden zusätzlich die Schlagworte X, Y, Z". Sie unterstützen dadurch Prozesse des „social browsing" (Lerman/Jones 2006) bzw. der „social navigation" (Millen/Feinberg/Kerr 2005).[156]

Tagging-Systeme unterstützen vorrangig also das Informationsmanagement, berühren aber auch Aspekte des Identitäts- und Bezie-

---

[156] Marlow et al. (2006) weisen darauf hin, dass Tagging-Systeme auch zu anderen als den ursprünglich intendierten Zwecken eingesetzt werden können, beispielsweise wenn mehrere Nutzer in spielerischem Wettbewerb möglichst viele Ressourcen mit einem spezifischen Thema sammeln (vgl. die Gruppe „Squared Circle" auf Flickr, in der Fotos von Kreisen gesammelt werden; http://www.flickr.com/groups/circle; [15.08.2011]).

hungsmanagements. Über gemeinsam vergebene Schlagworte können sich Nutzer in Beziehung setzen, die Interessen oder Arbeitsfelder teilen. Diese Praxis wird beispielsweise von Veranstaltungsorganisatoren genutzt, die im Vorfeld ein Schlagwort vorschlagen, damit die Fotos, Blogeinträge, Lesezeichen o.ä. der Besucher auch von anderen auffindbar sind. Hinzu kommt, dass die Vergabe von Schlagworten immer auch Facetten, Interessen, Einschätzungen etc. der eigenen Person ausdrückt. Dadurch kommen auch bei dieser Praxis Abwägungen in Hinblick auf die Grenze zwischen Privatsphäre und Öffentlichkeit zum Tragen, wie sie oben für andere Formen der persönlichen Öffentlichkeit identifiziert wurden.

Die Funktionsweise von Verschlagwortungsplattformen basiert zu einem Großteil darauf, dass individuell vergebene Lesezeichen und Schlagworte öffentlich zugänglich sind, wobei noch zwischen der individuellen Zurechenbarkeit dieser Verknüpfung zu einem Nutzer und ihrer Verfügbarkeit für die anonymisierte systemweite Aggregation zu unterscheiden ist. Unter bestimmten Umständen kann es jedoch angemessen oder gewünscht sein, den Zugriff auf die eigenen Lesezeichen und Schlagworte zu beschränken. Viele Plattformen tragen dem dadurch Rechnung, dass sich Lesezeichen optional als „privat" markieren lassen und dann für andere Nutzer nicht einsehbar sind; eine andere Variante ist, softwareseitig das Bilden von Gruppen zu unterstützen und die Sichtbarkeit gewisser Lesezeichen nur für deren Mitglieder zu erlauben.

Die beschriebenen Grundfunktionen des individuellen Speicherns und Verschlagwortens sowie der Aggregation zu kollektiven Klassifikationen bzw. Folksonomies sind allen Verschlagwortungssystemen gemeinsam. Darüber hinaus bieten einzelne Anwendungen weitergehende technische Funktionalitäten, um das individuelle und kollektive Informationsmanagement zu unterstützen. Darunter fallen zum Beispiel PlugIns oder Werkzeugleisten, die Nutzer in den eigenen Browser integrieren können, um eine interessante Webseite direkt beim Besuch zu markieren. Aber auch Anbieter von Inhalten, also journalistische Online-Medien, Weblogs, Videoplattformen o.ä., binden entsprechende Schnittstellen auf ihren Seiten ein, sodass bei jedem einzelnen Artikel, Video o.ä. die Option existiert, den Link direkt bei einschlägigen Verschlagwortungsdiensten zu speichern.

Für die Recherche in den Beständen von Verschlagwortungssystemen stehen unterschiedliche Möglichkeiten zur Verfügung, darunter die „Tag Cloud" als verbreitete Visualisierung der entsprechenden Schlagworte.[157] Sie stellt Schlagworte bzw. eine Auswahl von ihnen in variierender Größe dar, wobei unterschiedliche Informationen vermittelt werden können, z.B. die Häufigkeit, mit der bestimmte Schlagworte innerhalb einer Plattform insgesamt und für unterschiedliche Objekte vergeben wurden. Tag Clouds bieten dadurch eine schnelle Orientierung über die „Eigenschaften" der verschlagworteten Ressourcen oder der Popularität bestimmter thematischer Bereiche. Experimenten zufolge sind Tag Clouds herkömmlichen Suchanfragen zwar bei spezifischen Recherchen unterlegen, können jedoch die allgemeine Orientierung auf einer Plattform, die eine Vielzahl von Inhalten bietet, durchaus erleichtern (vgl. Sinclair/Cardew-Hall 2008).

Vergleicht man Tagging-Systeme und Folksonomies mit anderen Angeboten bzw. Prinzipien der Metadatenvergabe, lassen sich einige Stärken und Schwächen identifizieren (vgl. Quintarelli 2005; Golder/ Huberman 2006; Noruzi 2006). Etablierte Klassifikationsschemata – beispielsweise die von Bibliotheken genutzte „Dewey-Dezimal-Klassifikation" oder die „International Classification of Diseases" (ICD) – benutzen ein „controlled vocabulary". Darunter ist zu verstehen, dass sie Objekte mit Hilfe von eindeutigen und standardisierten Kategorien klassifizieren, die in einem spezifischen, oft hierarchischen Verhältnis zueinander stehen (vgl. MacGregor/McCulloch 2006).

Demgegenüber besitzt die freie Verschlagwortung durch Nutzer eine Reihe von Vorteilen: Tagging-Systeme setzen erstens keine Kenntnis der vorgegebenen Kategorien und ihrer Beziehungen (z.B. in Ober- und Unterkategorien) voraus, besitzen also relativ geringe Einstiegshürden. Weil Schlagworte nicht auf bestimmte Eigenschaften des Objekts beschränkt sind, sondern zum Beispiel auch Bewertungen enthalten können, machen sie Assoziationen und implizite mentale Modelle der Nutzer explizit, wodurch zusätzlicher Informationsgehalt hinzugefügt wird. Diese Argumente gelten analog auch für die Recherche innerhalb von Tagging-Systemen: Nutzer sind nicht auf das vorgegebene Kategorienspektrum beschränkt, sondern können nach Alltagsbegriffen suchen und anhand von Assoziationen und semantischen Verbindungen Inhalte auch eher „zufällig" entdecken („serendipitous browsing"). Die Aggregation und Verknüpfung von Schlagworten verschiedener Nutzer macht

---

[157] Es gibt eine Reihe alternativer, allerdings nicht sehr weit verbreiteter Werkzeuge, um innerhalb von Folksonomies zu navigieren, darunter beispielsweise die beiden Dienste „revealicious" (http://www.ivy.fr/revealicious/login.html [15.08.2011]) und „delicious soup" (http://www.zitvogel.com/delicioussoup [15.08.2011]); vgl. auch Carlin 2006.

es möglich, dass verwandte Objekte gefunden werden, die durch eine direkte Suche nicht auffindbar gewesen wären.

Zweitens sind Tagging-Systeme sehr leistungsfähig, um sich einem spezifischen Nutzungskontext anzupassen, zum Beispiel indem bestimmte Objekte gemeinsam kategorisiert werden, die für eine bestimmte Aufgabe relevant sind (etwa über Schlagworte wie „Doktorarbeit" oder „Jobsuche"). Sie können auch zum Informationsaustausch von Gruppen verwendet werden, beispielsweise indem wie oben erwähnt Konferenzveranstalter ein Schlagwort angeben, damit Besucher vor und nach der Veranstaltung einschlägige Dokumente, Beiträge oder Bilder identifizieren und untereinander teilen können. Auch organisationsinterne oder -übergreifende Projektgruppen können sich auf Schlagworte einigen, um Ressourcen untereinander zu teilen.[158]

Drittens schließlich verbreitern Tagging-Systeme den Kreis der Personen, die Objekte mit Metadaten versehen und für zukünftige Recherchen aufbereiten. Dieser Mechanismus kann mit dem rasanten Wachstum digitaler Informationen deutlich besser Schritt halten, als die Klassifizierung durch Experten oder mit Hilfe von automatisierten Verfahren der Extraktion und Vergabe von Metadaten.[159] Gerade im Bereich des „user-generated content" sind also Mechanismen der „user-generated classification" eine wertvolle Ergänzung.

Der letzte Punkt verweist auch darauf, dass anders als vorgegebene bzw. standardisierte Kategorienschemata Folksonomies sehr dynamisch sein können, da sich einerseits die Menge aller verwendeten Schlagworte, andererseits auch die jeweils vorliegenden Beziehungen bzw. Verknüpfungen durch jeden neuen Verschlagwortungsvorgang verändern können. Die freie Schlagwortvergabe ist daher nicht für jeden Einsatzkontext geeignet und birgt auch auch Probleme bzw. Nachteile im Vergleich zu Systemen mit einem „controlled vocabulary". Diese entstehen, weil Tagging-Systeme Schwierigkeiten haben, mit der semantischen Mehrdeutigkeit von Schlagworten umzugehen: Einerseits kann ein bestimmter Begriff unterschiedliche Bedeutungen besitzen („Poly-

---

[158] Zwar sind kollektive Verschlagwortungssysteme derzeit vor allem im Endnutzerbereich verbreitet, doch verschiedene Unternehmen (darunter z.B. IBM oder Yahoo) haben in ihren Intranets bereits entsprechende Funktionen implementiert. Zwischenzeitlich liegen auch erste Erfahrungsberichte zur Konzeption und Gestaltung solcher Systeme in der Organisationskommunikation vor (vgl. Millen/Feinberg/Kerr 2005; John/Seligman 2006).

[159] An dieser Stelle berühren sich Praktiken des Social Web und Anliegen des „Semantic Web", das den digital vorliegenden Informationen maschinenlesbare Metadaten zuordnen will, beispielsweise um Suchtechnologien intelligenter zu machen. Zum Zusammenwachsen dieser beiden Bereiche vgl. auch Schmidt/Pellegrini (2009).

semie"), andererseits haben verschiedene Worte teilweise gleiche oder ähnliche Bedeutungen („Synonymie"). Besteht ein Begriff aus mehreren Worten (z.b. „Rheinland-Pfalz"), können sich unterschiedliche Schlagwort-Varianten herausbilden („Rheinland-Pfalz", „Rheinland_Pfalz", „RheinlandPfalz", etc.), die bei der Recherche zu Problemen führen. Schließlich stellt sich das Problem der Generalisierung, weil die Nutzer jeweils individuell entscheiden, wie spezifisch oder wie allgemein sie Schlagworte vergeben. Der Bericht eines Marktforschungsinstituts zur Mediennutzung könnte zum Beispiel mit „Forschung" kategorisiert werden (und dadurch mit Studien aus der Medizin oder der Informatik gruppiert sein), aber auch mit „Medien", „Internet", „Statistiken" oder anderen Schlagworten versehen werden, die ihn jeweils in die „semantische Nähe" anderer Ressourcen rücken.

All diese Umstände sorgen dafür, dass Recherchen auf Verschlagwortungsplattformen unvollständige oder inadäquate Ergebnisse liefern können. Angesichts dieser Vor- und Nachteile ist auch davon auszugehen, dass Tagging-Systeme andere Mechanismen und Angebote der Klassifikation und des Informationsmanagements nicht ersetzen werden, sondern vielmehr eine Ergänzung zu bestehenden Systemen darstellen (vgl. auch Peters/Stock 2008; Stock 2007). Dennoch verdeutlichen sie eine wesentliche Facette des neuen Netzes, nämlich ein spezifisches Ordnungsprinzip, das David Weinberger als „miscellaneous order" (Weinberger 2007) beschrieben bzw. als „small pieces loosely joined" (Weinberger 2002) charakterisiert hat: Die Relationen zwischen Objekten im Netz sind nicht statisch, sondern werden von unterschiedlichen Akteuren nach unterschiedlichen Kriterien geschaffen und situationsspezifisch erschlossen.

7.2 Wikipedia

Während die Praxis des Taggens einen starken Fokus auf den einzelnen Nutzer mit seinen individuellen Bedürfnissen des Informationsmanagements legt und nicht in jedem Fall mit einer expliziten Orientierung an einem Publikum oder generalisierten Anderen einhergeht, stellt die Wikipedia eine deutlich stärker kollektive Form der Wissenserzeugung dar, nämlich eine kollaborativ erstellte onlinebasierte Enzyklopädie (http://de.wikipedia.org; vgl. grundlegend zu Wikis und zur Wikipedia Möller 2005, S. 166ff., Pentzold et al. 2007; Pentzold 2007; Ebersbach et al. 2008).

Die Wikipedia ging aus dem im Jahr 2000 begonnenen Projekt „Nupedia" hervor, das von Jimmy Wales angestossen und von Larry Sanger betreut wurde. Ziel dieses Vorhabens war, eine Enzyklopädie im Internet zu erstellen, wobei Artikel von Experten erstellt und durch einen Review-Prozess geprüft werden sollten. Allerdings gelang es der Nupedia nicht, eine substantielle Anzahl von Einträgen zu erreichen, während die Anfang 2001 zunächst als Seitenprojekt gestartete Wikipedia rasch eine eigene Dynamik entwickelte; 2002 wurde die Arbeit an der Nupedia wieder eingestellt.[160]

Drei Entscheidungen lassen sich als massgebliche Weichenstellungen für den Erfolg der Wikipedia anführen: Erstens führte die Entscheidung für die Software „MediaWiki" dazu, dass die relativ unkomplizierten technischen Prinzipien von Wikis genutzt wurden: Einzelne Seiten lassen sich mit einem einfachen Text-Editor und einer spezifischen Syntax bearbeiten und untereinander verknüpfen. Jegliche Änderungen können nachverfolgt und gegebenenfalls rückgängig gemacht werden. Einzelne Seiten bzw. Artikel der Enzyklopädie besitzen zudem jeweils noch eine eigene „Diskussionsseite", auf der weitere Informationen eingetragen oder Auseinandersetzungen über Formulierungen ausgetragen werden.[161] Die Wikipedia hat dadurch auch das Prinzip der Wikis über den Kreis von Programmierern und Software-Designern hinaus bekannt gemacht.[162]

Allerdings war diese technische Entscheidung für eine niedrigschwellige Beteiligungsmöglichkeit keine hinreichende Bedingung für den Erfolg, sondern es kam zweitens auch eine rechtliche Weichenstellung hinzu: Von der Nupedia wurde das urheberrechtliche Modell übernommen, die Inhalte unter die „GNU-FDL"-Lizenz[163] zu stellen. Damit war es erlaubt, Beiträge der Wikipedia zu modifizieren, zu kopieren und

---

[160] Sanger (2005) schildert ausführlich den Übergang von der Nupedia zur Wikipedia, wenngleich seine Darstellung der internen Auseinandersetzungen um die Konzeption und die Rahmenbedingungen der Wikipedia durch seine persönliche Sicht als Beteiligter geprägt sind.

[161] Potenziell besitzt zwar jede Artikelseite auch eine Diskussionsseite, doch faktisch ist sie nur bei etwa 15 Prozent der Artikel auch angelegt (vgl. Pentzold 2007, S. 39).

[162] Das erste Wiki – hawaiianisch für „schnell" – entwickelte der Amerikaner Ward Cunningham im Jahr 1995. Sein System ermöglichte es Nutzern, Hypertext-Dokumente direkt im Browser anzulegen, zu editieren und über eine spezielle Syntax mit anderen Seiten des Wikis zu verlinken. In den Folgejahren verbreitete sich dieses Prinzip rasch und führte zu zahlreichen Varianten der Software. Das „Ur-Wiki" von Cunningham, das nach wie vor gepflegt wird, listet mehrere hundert dieser Varianten auf (vgl. http://c2.com/cgi-bin/wiki?WikiEngines [15.08.2011]).

[163] Die „GNU Free Documentation Licences" wurde von Richard Stallman 1999 formuliert und seitdem mehrfach aktualisiert. Seit Juni 2009 sind die Wikipedia-Inhalte zudem auch unter eine Creative-Commons-Lizenz gestellt, die vergleichbare Rechte und Pflichten definiert. Vgl. allgemein zu freien Lizenzen als alternative Regelungen des Urheberrechts Grassmuck (2004).

weiter zu verbreiten, solange die Folgeinhalte ebenfalls diesen Bedingungen unterliegen. Schließlich entschied sich die Wikipedia drittens für eine soziale Öffnung der Autorenschaft: Statt anerkannter Experten (in der Nupedia waren insbesondere Akademiker als Autoren vorgesehen) wurde es prinzipiell jedem Interessierten möglich gemacht, auch ohne Registrierung einzelne Beiträge zu verfassen oder bestehende Artikel zu verändern und zu erweitern.

Bereits nach kurzer Zeit hatte die Wikipedia mehr Artikel als die Nupedia vorzuweisen, und noch innerhalb des ersten Jahres kam es zur Einrichtung zusätzlicher Sprachversionen. Ende Juli 2011 existierten 282 Sprachversionen, die in der Summe etwa 19,4 Millionen Artikel umfassten. Allerdings sind sie von höchst unterschiedlichem Umfang, sowohl was die Zahl der Artikel als auch was die Zahl der registrierten bzw. aktiven Nutzer angeht (vgl. Tab. 7). Insgesamt haben sich etwa 30 Millionen Nutzer weltweit bei der Wikipedia registriert, und etwa 300.000 von ihnen hatten im Juli 2009 zumindest eine Bearbeitung vorgenommen.

Tab. 7: Umfang ausgewählter Sprachversionen der Wikipedia

Sprache	Anzahl Artikel	Registrierte Nutzer	Aktive Nutzer[a]
Gesamt	~19,4 Mio.	~30,0 Mio.	k.A.
Englisch	~3,7 Mio.	~15,0 Mio.	~140.000
Deutsch	~ 1,2 Mio.	~1,3 Mio.	~23.500
Französisch	~1,1 Mio	~1,1 Mio.	~15.000
Italienisch	~820.000	~650.000	~8.400
Japanisch	~760.000	~540.000	~10.700
Lateinisch	~ 56.000	~38.000	~244
Zulu	201	3.615	16

[a] Nutzer mit mindestens einem Editiervorgang innerhalb der letzten 30 Tage; Quelle hierfür die sprachspezifischen Statistikseiten unter http://LÄNDERKÜRZEL.wikipedia.org/wiki/Special:Statistics
Quelle: http://meta.wikimedia.org/wiki/List_of_Wikipedias [27.07.2011].

Diese Zahlen geben aber nur einen Bruchteil der Popularität wieder, den die Wikipedia inzwischen genießt. Sie war im Juli 2011 auf Rang sieben der meistbesuchten Webangebote weltweit; in Deutschland lag sie sogar auf Rang sechs.[164] Die aktuelle ARD/ZDF-Onlinestudie ermittelte, dass 2011 mehr als zwei Drittel der deutschen Internetnutzer (70%) zumindest gelegentlich die Wikipedia aufriefen. 29 Prozent der deutschen

---

[164] Vgl. http://www.alexa.com/topsites/countries/DE. [15.08.2011]

Onliner nutzen sie sogar mindestens einmal pro Woche (vgl. Busemann/Gscheidle 2011, S. 362).

Auch im Kontext von Beruf oder Ausbildung ist die Wikipedia ein wichtiges Recherche- und Informationswerkzeug: Bereits im Jahr 2008 benannte etwa ein Drittel (37%) der Teilnehmer einer Journalistenbefragung in einer offenen Frage die Wikipedia als eine der fünf wichtigsten Internetseiten für ihre tägliche Arbeit (vgl. Machill/Beiler 2008) – übertrumpft nur von Google (75%) und Spiegel Online (53%). Auch für Studierende der Medien- und Kommunikationswissenschaften ist die Wikipedia zusammen mit Suchmaschinen der wichtigste Rechercheweg, noch vor z.B. Bibliotheken oder spezialisierten Literaturdatenbanken (vgl. Wolling/ Emmer 2008).

Diesen Stellenwert verdankt die Wikipedia einerseits ihrer freien Zugänglichkeit, andererseits aber auch der Qualität ihrer Einträge, die zwischenzeitlich in verschiedenen Studien untersucht wurde (vgl. die Übersicht bei Hammwöhner 2007). Insbesondere ein von der Zeitschrift „Nature" durchgeführter Vergleich fand ein breites Echo: Wissenschaftler hatten ohne Kenntnis der jeweiligen Quelle sowohl Wikipedia-Artikel als auch deren Pendants der Encyclopedia Britannica überprüft und dabei ähnliche Fehlerzahlen identifiziert, was als Beleg für die Qualität der Wikipedia interpretiert wurde (vgl. Giles 2005). Problematisch an dieser wie an anderen Studien ist allerdings, dass nur die „mittlere Qualität" der Wikipedia anhand einer Zufallsauswahl von Artikeln beurteilt werden kann, während zu einem bestimmten Zeitpunkt prinzipiell jeder Artikel Fehler enthalten oder unvollständig sein kann. Zwar sind diese Mängel meist nicht sonderlich gravierend, doch in Extremfällen kann die Qualität eines Wikipedia-Artikels hochgradig problematisch sein. Schlagzeilen in dieser Hinsicht machte beispielsweise der Eintrag zum früheren Wirtschaftsminister zu Guttenberg (vgl. Anonym 2009). Einen Tag vor dessen Nominierung als Minister im Februar 2009 hatte ein Unbekannter in der Wikipedia den zehn Vornamen einen fiktiven elften Vornamen hinzugefügt. Diesen übernahm eine Reihe von Redaktionen für ihre Berichterstattung, was wiederum für eine gewisse Zeit in der Wikipedia als Beleg für die Authentizität der Vornamenreihe galt. Erst der Abgleich mit einem genealogischen Handbuch brachte Klarheit.

Während dieser Fall aufgrund der Medienberichterstattung gewisse Prominenz erhielt, bleibt die ganz überwiegende Mehrheit der qualitätssichernden Maßnahmen eher unsichtbar. Generell lassen sich hierbei produkt- von prozessorientierten Mechanismen unterscheiden (vgl. Hammwöhner 2007), die beide als Varianten von prozeduralen Regeln fungieren und die Praktiken der Teilhabe an der Wikipedia rahmen. Zu ersteren zählt der bereits erwähnte Umstand, dass die Inhalte unter einer freien Lizenz stehen und somit beispielsweise keine urheberrechtlich geschützten Fotos oder Abbildungen eingestellt werden dürfen. Die „unveränderlichen Grundsätzen"[165] der deutschsprachigen Wikipedia formulieren weitere Vorgaben: Die Wikipedia wird als Enzyklopädie betrachtet, die dem Gedanken der Neutralität bzw. des neutralen Standpunkts verpflichtet ist; zudem sollen im Austausch mit anderen Teilnehmern keine persönlichen Angriffe erfolgen, insbesondere wenn Kritik an Formulierungen geübt wird. Diese Prinzipien sind in verschiedener Hinsicht weiter ausgestaltet, beispielsweise indem gesichertes Wissen statt Originalforschung in Artikel einfließen oder die Verifizierbarkeit der Inhalte durch Quellenangaben gesichert werden soll. Auch Richtlinien, die beispielsweise sprachliche oder gestalterische Qualitätskriterien für Artikel[166] oder Kriterien für die Relevanz neu angelegter Artikel[167] formulieren sind solche produktorientierten Mechanismen.

In ihrer Kombination formulieren sie das Qualitätsideal der Wikipedia: eine umfassende Enzyklopädie, an der ihre Nutzer gemeinsam arbeiten und die frei zur Verfügung steht. Alle genannten Varianten produktorientierter prozeduraler Regeln werden insbesondere in den Diskussionen zu einzelnen Artikeln angewandt, wobei unterschiedliche Machtressourcen die Chance bestimmen, dass sich bestimmte Auslegungen durchsetzen (s.u.). Hinzu kommen gesondert geregelte Verfahren, mit denen einzelne Artikel als „lesenswerte" oder gar als „exzellente Artikel" ausgezeichnet werden.[168] Für diese Kategorien gelten besondere Qualitätskriterien, und über die Aufnahme eines Artikels wird in einem formalisierten Abstimmungsprozess entschieden, der oft Anregungen für wietere Verbesserungen des Textes zu Tage fördert.

Hinzu treten prozessorientierte Qualitätsmerkmale, die vor allem die andauernde Aufmerksamkeit der Nutzergemeinschaft voraussetzen, die

---

[165] Vgl. http://de.wikipedia.org/wiki/Wikipedia:Grundprinzipien. [15.08.2011]

[166] Vgl. http://de.wikipedia.org/wiki/Wikipedia:Wie_schreibe_ich_gute_Artikel sowie http://de.wikipedia.org/wiki/Wikipedia:Wie_sehen_gute_Artikel_aus. [15.08.2011] Emigh/Herring (2005) haben mit einer Kombination von qualitativen und quantitativen Verfahren gezeigt, dass Artikel der englischsprachigen Wikipedia in Aufbau und Stil dem Vorbild konventioneller Enzyklopädien folgen.

[167] Vgl. http://de.wikipedia.org/wiki/Wikipedia:Relevanzkriterien. [15.08.2011]

[168] Vgl. die Listen unter http://de.wikipedia.org/wiki/Wikipedia:Lesenswerte_Artikel sowie http://de.wikipedia.org/wiki/Wikipedia:Exzellente_Artikel. [15.08.2011] Die deutschsprachige Wikipedia enthielt am 27.07.2011 genau 3.236 als lesenswert und 1.979 als exzellent ausgezeichnete Artikel.

das Lexikon nicht als fertiges Produkt, sondern als fortlaufenden Prozess versteht: Engagierte Autoren erweitern bestehende Artikel oder legen neue Beiträge an, sichten Änderungen und betreuen Erweiterungen bestehender Artikel. Hierbei werden sie von der Software unterstützt, beispielsweise durch die technische Option, einzelne Artikel auf eine „Beobachtungsliste" zu setzen, um über Veränderungen benachrichtigt zu werden. Dadurch lassen sich viele qualitätsmindernde Eingriffe, insbesondere Akte des Vandalismus, relativ schnell erkennen und rückgängig machen.

Aus Sicht der Nutzer sind neben der Qualität der einzelnen Artikel aber auch diejenigen Mechanismen maßgeblich, mit denen sich die Inhalte der Wikipedia erschließen lassen (vgl. Hammwöhner 2007). In dieser Hinsicht ist zunächst die Trennung unterschiedlicher Sprachversionen sowie die lexikonweite Suchfunktion zu nennen. Daneben existieren weitere Gliederungsmechanismen:

- *Themenportale* sind redaktionell gepflegte Übersichtsseiten der wichtigsten Artikel zu einem Themengebiet. Anfang August 2009 gab es etwa 470 Themenportale in der deutschsprachigen Wikipedia, beispielsweise zu Buddhismus, Franken, Leichtathletik oder Science Fiction.[169]
- *Kategorien* stellen ein kontrolliertes Vokabular zur Verschlagwortung von Artikeln zur Verfügung, um so eine inhaltliche Systematik der Wikipedia zu erstellen, z.B. Unternehmer, Literatur oder Berg in Europa.[170] Ein Artikel kann unterschiedlichen Kategorien angehören, die auch auf verschiedenen Ebenen der Kategorienhierarchie angesiedelt sein können.
- *Listen* können zum einen in Form von redaktionell betreuten Aufstellung von Artikeln vorliegen, die ein bestimmtes Merkmal teilen, z.B. Deutschlands Sportler des Jahres oder Nationalparks in Südafrika. Zum anderen pflegt die Wikipedia auch automatisch erstellte Listen, in denen z.B. Sackgassenartikel (ohne Link auf andere Seiten), Verwaiste Saiten (ohne Link von einer anderen Seite) oder neu angelegte Seiten aufgeführt werden.

In Kombination mit querverweisenden Hyperlinks auf andere Einträge helfen diese Ordnungsprinzipien, die Inhalte der Wikipedia je nach Informationsbedürfnis auf ganz unterschiedliche Weise zu erschließen; ein (automatisch erzeugter) alphabetischer Index existiert zwar, spielt

---

[169] Vgl. http://de.wikipedia.org/wiki/Portal:Wikipedia_nach_Themen. [15.08.2011]

[170] Vgl. http://de.wikipedia.org/wiki/Wikipedia:Kategorien. [15.08.2011]

aber im Gegensatz zu gedruckten Enzyklopädien in der alltäglichen Nutzungspraxis nur eine untergeordnete Rolle.

Während die Zugänglichkeit zu – im Großen und Ganzen – akkuraten, umfassenden und aktuellen Informationen für die Beliebtheit der Wikipedia unter Internetnutzern verantwortlich ist, bleibt die Motivation und kommunikative Dynamik unter den aktiven Autoren der Enzyklopädie erklärungsbedürftig. Verschiedene konkurrierende Ansätze setzen hierzu auf unterschiedlichen Analysebenen an: Motivationspsychologische Modelle führen die Teilnahme auf Ziele und Merkmale der individuellen Akteure zurück, netzwerkanalytische Ansätze argumentieren dagegen, dass die Position eines Akteurs im Gruppengefüge entscheidend sei. Diskurstheoretische Ansätze betrachten schließlich die Auseinandersetzungen um Artikel als Ausdruck von Machtkämpfen in diskursiven Regimes, bei denen spezifische Ressourcen mobilisiert werden.

Als Beispiel für die individuumszentrierte motivationspsychologische Perspektive kann das sozialpsychologische Modell von Schroer (2008) dienen, das Erkenntnisse zur ehrenamtlichen Beteiligung in sozialen Bewegungen sowie zum Einfluss von Aufgaben- und Tätigkeitsmerkmalen auf die intrinsische Motivation und die Arbeitszufriedenheit miteinander kombiniert.[171] Demnach wirken unterschiedliche Einflüsse auf die aufgewandte Zeit sowie die Zufriedenheit mit dem eigenen Engagement für die Wikipedia: Für engagierte Wikipedianer stellten sich erstens insbesondere die wahrgenommenen Merkmale der eigenen Aufgaben (z.B. deren Bedeutsamkeit, Variabilität oder die Autonomie in der Bearbeitung) als wichtiger Einfluss auf die intrinsische Motivation heraus, die wiederum – ausgedrückt zum Beispiel als Freude an der Tätigkeit oder Erleben einer Kompetenzerfahrung durch die Mitarbeit – das zeitliche Ausmaß des Engagements beeinflussen.

Zweitens hat die Identifikation mit dem Wikipedia-Projekt bzw. der Wikipedia-Gemeinschaft nicht nur Einfluss auf die aufgewandte Zeit, sondern auch auf die Zufriedenheit mit dem eigenen Engagement, das zudem auch durch die wahrgenommene Balance von Kosten und Nutzen des eigenen Engagements beeinflusst wird. Interessanterweise fördert eine positive Einschätzung von Aufwand und Ertrag vor allem den Übergang vom reinen Lesen zum (gelegentlichen) Editieren von Beiträ-

---

[171] Der Untersuchung liegen drei Online-Befragungen zugrunde, die zwischen 2005 und 2007 durchgeführt wurden. Studie 1 befragte n=106 aktive Autoren der deutschen Wikipedia, Studie 2 umfasste n=419 aktive Autoren verschiedener internationaler Wikipedia-Projekte, und Studie 3 eine zweiphasige Befragung von 419 Nutzern (Lesern wie Autoren) der deutschen Wikipedia.

gen. Bei sehr aktiven Nutzern ist der Zusammenhang dagegen negativ. Eine mögliche Interpretation für den Befund, dass manche Nutzer ein hohes Engagement und starke zeitliche Belastung ohne monetäre Kompensation zeigen, mag eine höhere Toleranz für Opportunitätskosten sein, doch die individualistisch orientierte Motivationspsychologie kann diesen Widerspruch (Personen engagieren sich, ohne dass sie eine entsprechende Gegenleistung für ihren Aufwand erhalten) letztlich nicht auflösen.

Wie individualistische Erkärungsversuche kommen auch ökonomische Kollektivguttheorien an ihre Grenzen; aus Sicht der Letzteren stellt die Wikipedia ein „unmögliches öffentliches Gut" (Stegbauer 2009, S. 16) dar, weil verschiedene Bedingungen für das Bereitstellen bzw. Entstehen öffentlicher Güter – beispielsweise eine geschlossene und vergleichsweise kleine Gruppe, in der die Vorteile einer Mitarbeit für den Einzelnen möglichst direkt erfahrbar sind – nicht erfüllt sind. Daher ist Trittbrettfahren weit verbreitet, wie der Vergleich zwischen aktiv-engagierten und passiv-konsumierenden Nutzern zeigt: 70 Prozent der deutschen Onliner nehmen die Wikipedia zumindest gelegentlich in Anspruch, doch nur drei Prozent von ihnen sind aktive Nutzer, die zumindest gelegentlich auch Veränderungen vornehmen (vgl. Busemann/ Gscheidle 2011, S. 363). Und selbst unter diesen aktiven Nutzern nimmt das Engagement stark unterschiedliche Ausmaße an. Die Analyse einer Zufallsstichprobe aus 15.000 angemeldeten Teilnehmern ergab, dass nur etwa ein Prozent der Nutzer für etwa 70 Prozent der Editiervorgänge verantwortlich war (vgl. Stegbauer/Bauer 2008).

Stegbauer (programmatisch 2006; zusammenfassend 2009) schlägt als Erklärung eine in der Netzwerkanalyse begründete positionale Perspektive vor, nach der Kooperation nicht ausschließlich durch individuelle Motive, sondern auch durch soziale Strukturierungen mit damit einhergehenden Verantwortungen und Erwartungen erklärt werden sollte. Aktive Nutzer der Wikipedia nehmen spezifische Positionen ein, einerseits indem sie in den Auseinandersetzungen um bestimmte Artikel mit Kritik, Hinweisen auf Fehler oder Unterstützung bei der Überarbeitung Stellung beziehen.[172] Andererseits existieren artikel-übergreifende Positionen im Gesamtgefüge der Wikipedia, wozu beispielsweise Administratoren, „Vandalenjäger" (die Artikel nach einer unpassenden Änderung in ihren Ursprungszustand zurückversetzen) oder „Vandalen"

---

[172] Sie lassen sich in der Regel nur anhand der Auseinandersetzungen auf den Diskussionsseiten erschließen, die den Artikelseiten zugeordnet sind (vgl. Stegbauer 2009, S. 115ff.).

(die aufgrund ihres wiederholten destruktiven Verhaltens von weiteren Bearbeitungen ausgesperrt sind) zählen.

Je nach der Position eines einzelnen Akteurs im Geflecht der Rollen und Verantwortlichkeiten der Wikipedia können ganz unterschiedliche Beweggründe für das Handeln vorliegen, doch all diesen Positionen ist gemeinsam, dass sie an das Handeln gewisse Anforderungen stellen. Anders formuliert: Aus der Position im Gefüge von Relationen innerhalb der Nutzergemeinschaft der Wikipedia folgen bestimmte prozedurale Regeln, also situationsübergreifende Erwartungen und Routinen, wie sich z.B. ein Administrator oder ein Vandalenjäger zu verhalten hat.

Die Motivation zur anhaltenden Beteiligung entsteht unter denjenigen aktiven Nutzer, die positive Leistungen im Sinne der Wikipedia erbringen, vor allem aus ihrer Einbindung in eine Gemeinschaft der Engagierten, aus der teils formelle, teils informelle Verpflichtungen und Zuständigkeiten entspringen. Für die aktiven Wikipedianer bietet diese Gemeinschaft einerseits eine Gelegenheit, sich gegenüber weniger engagierten Nutzern (den „Trittbrettfahrern") abzugrenzen, andererseits existieren verschiedene Mechanismen, um innerhalb dieser Gruppe Reputation zu erwerben: So sind die Statistiken besonders aktiver Nutzer einsehbar; spezifische Schreibwettbewerbe bringen ebenfalls ein gewisses spielerisches Element ein, das Engagement fördert, um in der Hierarchie des engeren Zirkels anerkannt zu werden und möglicherweise voran zu kommen.[173] Etwas überspitzt formuliert stellt aus dieser Perspektive die Wikipedia nur das „Nebenprodukt" eines Wettbewerbs um Status und Anerkennung innerhalb einer – gemessen an der gesamten Nutzerschaft – relativ kleinen Gruppe dar.

Aber auch Vandalismus, also das mutwillige Verändern und Verunstalten von Artikeln, kann über positionale Analyse erklärt werden. Die Referenzpositionen können dabei durchaus außerhalb der Wikipedia selbst liegen. Weit verbreitet ist z.B. der „Schülervandalismus", bei dem Schüler die Editiermöglichkeit der Wikipedia nutzen, um Nonsens-Einträge zu verfassen oder Mitschülern Streiche zu spielen (vgl. Stegbauer 2008a). Aber auch das Verhalten von Vandalenjägern, die sich in einem Wettbewerb um Editiervorgänge befinden, um in den internen Rankings der Wikipedia voranzukommen (selbst wieder ein Indiz für die

---

[173] Realweltliche Treffen und Stammtische scheinen diesen Zusammenhalt noch zu fördern, ohne jedoch immer zu einem Anstieg des Engagements bei den Teilnehmern zu führen (vgl. Stegbauer 2009, S. 237ff.). Manche Teilnehmer an Stammtischen zeigen in der Folgezeit sogar weniger Aktivitäten in der Wikipedia, was als Indiz gedeutet werden kann, dass die bereits relativ geschlossenen Gemeinschaften der aktiven Wikipedianer nicht alle Neulinge gut integrieren, möglicherweise sogar abschreckend wirken können.

Bedeutung der jeweiligen Position für das Verhalten), kann Vandalismus hervorbringen: sperren diese nämlich im Übereifer sinnvolle Beiträge von nicht anerkannten Nutzern (IP-Adressen), können enttäuschte Vandalismus-Akte die Folge sein.

In der positionalen Struktur der deutschsprachigen Wikipedia zeigen sich seit einiger Zeit Schließungs- bzw. Verfestigungstendenzen (vgl. Stegbauer/Bauer 2008): Zentrale Positionen der Wikipedia sind bereits besetzt, sodass es für neue Nutzer schwierig wird, ins Zentrum des Netzwerks von Aktiven vorzudringen. Trotz der niedrigen Zugangs-schwellen für aktives Engagement in der Wikipedia kann also nicht von einer vollständig gleichberechtigten Teilhabe gesprochen werden. Aus Sicht des von der Wikipedia vertretenen Ideals einer offenen Wissens-gemeinschaft, die gemeinsam und gleichberechtigt an der Enzyklopädie arbeitet, ist dieser Befund durchaus problematisch, weil die Offenheit für interessierte neue Aktive nur bis zu einem bestimmten Grad des Engagements besteht.

Auch macht- bzw. diskurstheoretische Analysen, die sich insbesondere denjenigen Prozessen widmen, in denen Artikeltexte und das in sie eingeschriebene Wissen ausgehandelt werden, stellen das Ideal der Offenheit in Frage (vgl. Pentzold 2007). Entsprechende Studien setzen an unterschiedlichen Manifestationen der Diskurse an, zum Bei-spiel an der Rekonstruktion von Editierschritten mit Hilfe der Versions-geschichte eines Artikels[174] oder an der Analyse der Diskussionsseiten, entweder in Hinblick auf die dort vorherrschenden Themen oder im Hinblick auf die sprachlich-rhetorischen Argumentationsstrukturen. In all diesen Fällen äußern sich komplexe diskursive Regimes, „in denen Aussagen auf ihre Plausibilität, Relevanz und Angemessenheit hin überprüft, angenommen oder verworfen werden und in denen zudem die äußernden Subjekte selbst bestätigt, diszipliniert oder gegebenfalls auch ausgeschlossen werden" (Pentzold 2007, S. 101).

In diesen Aushandlungen treten zwangsläufig Konflikte auf, deren Beilegung und Resultate durch unterschiedliche Ressourcen beeinflusst werden (vgl. Roessing 2008). Die argumentative Macht kommt dem deliberativen Idealbild der Wikipedia am nächsten, beruht sie doch auf auf der Mobilisierung der „Kraft des besseren Arguments", wobei die Merkmale und Vorgaben der Qualitätssicherung (s.o.) die Richtschnur für die Beurteilung bestimmter Editiervorgänge bieten. In der Analyse von Editiervorgängen und Diskussionen zeigt sich jedoch, dass auch

---

[174] Diese Art von Analysen lässt sich z.B. mit Hilfe des Programms „History Flow" grafisch aufbereiten und unterstützen (vgl. Viégas/Wattenberg/Dave 2004).

andere Ressourcenvarianten existieren, darunter nicht zuletzt die verfügbare Zeit eines Nutzers, die über den Ausgang von „edit wars"[175] oder von übergreifenden Diskussionen entscheiden („wer hält länger durch?").

Besonders wichtig ist jedoch die technische Macht, die mit der Besetzung bestimmter expliziter Positionen verbunden ist.[176] Ein besonders großes Machtgefälle besteht zwischen den „einfachen Nutzern" (anonym oder angemeldet) und den Administratoren, zu denen Ende Juli 2009 weltweit etwa 4.650, in Deutschland 297 Personen zählten.[177] Letztere verfügen über spezifische im Code verankerte Rechte, zum Beispiel können sie einzelne Seiten oder Nutzer sperren. Dadurch kommt ihnen im Konfliktfall eine besondere Rolle zu, weil sie beispielsweise in länger andauernde „edit wars" eingreifen können. Hervorzuheben ist schließlich noch, dass vor allem in der Anfangsphase Jimmy Wales als „benevolent dictator" fungierte, der in letzter Instanz Entscheidungen treffen konnte. Seit 2003 sind allerdings viele seiner Befugnisse und Aufgaben auf die nichtkommerzielle Organisation „Wikimedia Foundation" übergegangen, die die übergreifende Steuerung der Wikipedia und ihrer Schwesterprojekte übernimmt.[178]

---

[175] „Edit Wars" treten auf, wenn wechselseitig und wiederholt Änderungen von Artikeln rückgängig gemacht bzw. überschrieben werden.

[176] Die Wikipedia selbst unterscheidet acht verschiedene Typen von Nutzern nach dem Grad ihrer technischen Befugnisse (vgl. Pentzold 2007, S. 24ff.): Anonyme; angemeldete Autoren; Administratoren; Bürokraten; Stewards; Entwickler sowie Mitglieder des Vermittlungsausschusses.

[177] Vgl. http://meta.wikimedia.org/wiki/List_of_Wikipedias. [15.08.2011]

[178] In Deutschland agiert seit 2004 der gemeinnützige Verein „Wikimedia Deutschland e.V." als Trägerorganisation. Er finanziert sich vorrangig aus Spenden und unterhält beispielsweise die technische Infrastruktur.

7.3   Fazit: Praktiken des Informationsmanagements

Die vorangegangenen Abschnitte haben gezeigt, dass im neuen Netz Praktiken der Zusammenstellung und Ordnung von Informationen bzw. Wissen entstanden sind, die maßgeblich von Laien (im Gegensatz zu professionell tätigen Personen wie Enzyklopädisten, Bibliothekaren oder Journalisten) getragen werden. Die beiden gewählten Beispiele sollten zwei unterschiedliche Facetten dieser Entwicklung verdeutlichen: Tagging-Systeme unterstützen das individuelle Informationsmanagement ihrer Nutzer und verbreitern so den Personenkreis, der Objekte mit Metadaten versieht und für zukünftige Recherchen aufbereitet.

Die Wikipedia hingegen ist das erfolgreichste Beispiel für nutzergetriebene, nicht-kommerzielle Zusammenarbeit und Wissensproduktion, die durch das Internet möglich wurde. Auch sie basiert auf den individuellen Leistungen einzelner Nutzer, die jedoch zumindest auf der Oberfläche der einzelnen Beiträge nicht mehr sichtbar sind. Die für den jeweiligen Moment stabile Anmutung der Enzyklopädie verdeckt nicht nur, dass es sich um eine beständig im Fluss befindliche Wissenssammlung handelt, sondern auch dass sie das Ergebnis von teils rigiden, wenn auch nicht immer expliziten diskursiven Regimes ist.

Auch wenn das Taggen bzw. die Mitarbeit in der Wikipedia jeweils keine einheitlichen Praktiken darstellen, so können mit Hilfe der analytischen Heuristik doch einige Grundzüge vergleichend skizziert werden. Das freie Verschlagworten ist im Großen und Ganzen nur von wenigen expliziten Regeln gerahmt; geteilte Routinen und Erwartungen bleiben dort zumeist implizit und entstehen beispielsweise durch das Beobachten der Tagging-Praxis anderer Nutzer, deren Schlagworte sichtbar gemacht werden. Die Nutzung der Wikipedia hingegen unterliegt deutlich stärker explizit gemachten Regeln. Dies gilt zum einen für die aktive Mitarbeit an Artikeln, für die Qualitätsstandards und Verhaltensregeln niedergelegt sind, die immer wieder als Maßstab herangezogen und dadurch reproduziert werden. Aber auch die rein rezipierende Nutzung der Wikipedia ist inzwischen zumindest im Bildungsbereich relativ stark reglementiert. Die ungekennzeichnete Übernahme von Informationen aus der Online-Enzyklopädie wird als Plagiat behandelt und entsprechend bestraft, und gerade im universitären Umfeld gelten Wikipedia-Artikel allenfalls als erste Einstiege in die Recherche zu einem Thema, jedoch nicht als zitabel.

Relationale Aspekte spielen bei Tagging-Systemen insbesondere in Form der Verknüpfungen zwischen Schlagworten eine Rolle, die automatisch aus der Aggregation aller individuellen Schlagworte extrahiert werden und sich in Folksonomies niederschlagen. Dadurch rahmen sie wiederum das Handeln der Nutzer, die bestimmte Informationsbedürfnisse befriedigen können. Soziale Beziehungen stehen bei Tagging-Systemen hingegen nicht im Mittelpunkt, auch wenn manche Plattformen die Möglichkeit bieten, artikulierte soziale Netzwerke mit gruppenbezogenen Funktionen zu unterstützen oder diejenigen Nutzer sichtbar zu machen, die ähnliche Verschlagwortungspraktiken aufweisen. Auch in der Wikipedia dominiert auf den ersten Blick die technische Relation, die sich hier insbesondere in der genrespezifischen Verknüpfung von Lexikonartikeln, aber auch in der sichtbar gemachten Kopplung der Abfolge von Bearbeitungsversionen und Bearbeitern äußert. Wie die positionale Perspektive auf die aktive Mitarbeit an der Enzyklopädie verdeutlicht, entsteht aus der Mitarbeit an dem Projekt aber auch ein Geflecht von sozialen Beziehungen, das dem einzelnen spezifische Positionen mit spezifischen Anforderungen und Rechten zuweist. Die Motivation zur Mitarbeit wie auch die diskursive Verhandlung jeweils aktueller Artikelversionen wird durch diese sozialen Netzwerke maßgeblich mitbestimmt, selbst wenn sie den meisten Nutzern der Wikipedia verborgen bleibt.

Beide Varianten des Informationsmanagements beruhen schließlich auf spezifischem Software-Code, der spezifische affordances bietet. Im Fall der Wikipedia sind insbesondere die unkomplizierte Editierbarkeit von Einträgen sowie die Trennung von Artikel- und Diskussionsseite zu nennen, die maßgeblich für die Dynamik der Enzyklopädie verantwortlich sind. Zum einen sind dadurch die Einstiegshürden vergleichsweise niedrig, zum anderen können die Auseinandersetzungen über Formulierungen oder Inhalte losgelöst vom eigentlichen Artikeltext geführt werden, was diesen von argumentativer Rechtfertigung entlastet. Das Tagging kann demgegenüber bereits als affordance an sich gelten; Funktionen der freien Verschlagwortung sind inzwischen auf einer Vielzahl von Plattformen integriert. Übergreifende technische Merkmale sind neben dem Prinzip der Aggregation zu Folksonomies insbesondere die Visualisierung in Form von tag clouds, die einen intuitiven Zugriff auf die aggregierten Schlagworte bietet.

8   Ausblick: Zur Kritik des neuen Netzes

Wäre dieses Buch auf Twitter erschienen, hätte es sich auf 140 Zeichen beschränken müssen, zumindest was die Kernthesen der einzelnen Kapitel angeht. Es hätte dann in etwa so gelautet:

- Die „Revolutionsrhetorik" des Web 2.0 geht zu weit; das neue Netz ist ein „Social Web" mit vielen Kontinuitäten zu früheren Phasen.
- Regeln, Relationen (Netzwerke & Öffentlichkeiten) und Software-Code rahmen Social-Web-Praktiken; das Handeln (re)produziert sie.
- Das neue Netz (#DNN) senkt die technischen Hürden für Identitäts-, Beziehungs- und Informationsmanagement.
- #DNN schafft persönliche Öffentlichkeiten, in denen Nutzer produzierend wie rezipierend agieren und Grenzen der Privatsphäre verschieben.
- #DNN erweitert professionelle Öffentlichkeiten, ergänzt journalistische Leistungen & politische Kommunikation, ohne sie obsolet zu machen.
- #DNN erleichtert individuelles wie kollaboratives Informationsmanagement und schafft so neue strukturierte Wissensordnungen.

Die Zeichenbeschränkung von Twitter hat zwar ihren Reiz, doch eine etwas ausführlichere Einordnung der Gedanken, die in den vorigen Kapiteln entwickelt wurden, soll nicht ausbleiben. Dazu ist es hilfreich, die hier entwickelten Argumente noch einmal den Äußerungen von Kritikern, aber auch den Mythen des Web 2.0 entgegen zu setzen.

Das neue Netz wird oft mit spezifischen Angeboten und Gattungen gleichgesetzt, beruht letztlich aber auf übergreifenden Praktiken des Identitäts-, Beziehungs- und Informationsmanagements. Erst die Aneignung der technischen Werkzeuge für spezifische Zwecke schafft das neue Netz, und zwar in seiner doppelten Bedeutung als Geflecht von aufeinander verweisenden Texten aller Art einerseits, und als Geflecht von Akteuren andererseits, die in unterschiedlichen Rollen miteinander kommunizieren, ihre sozialen Beziehungen pflegen und erweitern. Es beruht auf einem Modus des Interagierens und Kommunizierens, in dem sich die Rollen von Rezipient und Produzent nicht mehr klar trennen lassen und in dem Nutzer im Kontext ein und derselben Anwendung oder Nutzungsepisode beides tun können: Inhalte aller Art konsumieren bzw. rezipieren, aber auch aktiv herstellen, bearbeiten und weiter verbreiten.

Diese „produsage" (Bruns 2008, 2009) äußert sich zum Beispiel in den beschriebenen Praktiken des Tagging oder des kollaborativen Wissen-Teilens im Rahmen der Wikipedia. Aber auch das in Abschnitt 5 beschriebene Phänomen der persönlichen Öffentlichkeiten verweist darauf, dass im neuen Netz Laien Tätigkeiten übernehmen, die bislang vor allem von Personen mit professioneller Ausbildung ausgeübt wurden: Die gesunkenen technischen Hürden für die Publikation von Informationen sowie neue Mechanismen des technisierten und partizipativen Filterns von Informationen lassen das Gatekeeper-Monopol des professionellen Journalismus erodieren, während die Wikipedia insbesondere in den Tätigkeitsbereich von Enzyklopädie-Redakteuren, die kollektiven Verschlagwortungssysteme hingegen zum Beispiel in die Tätigkeit von Bibliothekaren eingreifen.

All diesen Fällen ist somit gemeinsam, dass durch die Anwendungen und Praktiken des Social Web bislang professionell ausgeübte Arbeit auch von Laien übernommen wird – wobei „Laie" hier nicht im abwertenden Sinne gebraucht, sondern zunächst einfach als Gegenbegriff zu denjenigen Personen verstanden wird, die Tätigkeiten aufgrund einer beruflichen Ausbildung, als Profession ausüben. Laien können also durchaus sachkundig sein, müssen aber nicht zwangsläufig gewissen Routinen und professionellen Standards folgen, die ein berufliches Feld wie beispielsweise den Journalismus charakterisieren. Dieser relative Bedeutungsgewinn von Laien gegenüber Experten ist von verschiedenen Autoren kritisch beschrieben worden; am pointiertesten vermutlich von Andrew Keen, der mit dem Web 2.0 „Die Stunde der Stümper" (Keen 2008) angebrochen sah. In Blogs, Wikipedia und anderen Dienste äußere sich seiner Ansicht nach eine „Masse sich selbst publizierender Amateure, die das Internet mit ihren (im Allgemeinen) wertlosen nutzergenerierten Inhalten überschwemmen" (ebda., S. 222). Den Hoffnungen auf Demokratisierung des Zugangs zu Öffentlichkeit und Wissen, die im Kern der utopischen Szenarien des Web 2.0 stehen, setzt er eine dystopische Perspektive entgegen: „Durch die so leichtfertig idealisierte Demokratisierung wird nämlich die Wahrheit entstellt, der gesellschaftliche Diskurs verdorben, und Sachkenntnis, Erfahrung und Talent werden entwertet. [...D]iese Demokratisierung [ist] damit eine fundamentale Bedrohung für die Zukunft unserer kulturellen Institutionen" (ebda., S. 23)

Andere Kritiker setzen ebenfalls an der vermeintlichen Entwertung des Expertentums an. Jason Lanier (2006) charakterisiert die Wikipedia, aber auch Informationsaggregatoren wie z.B. Social-News-Plattformen als Manifestation eines Kollektivismus bzw. „Digital Maoism", der die Stimme und Expertise von Individuen der vermeintlichen Weisheit der Masse unterordne. Und Larry Sanger wirft dem Wikipedia-Projekt vor, sich „ganz dem Dilettantismus verschrieben" zu haben, weil in der Online-Enzyklopädie Personen mit Expertenwissen keine herausgehobene Rolle zugestanden werde. Er hält dem die Vorzüge der Meritokratie entgegen: „Indem wir Experten mehr Aufmerksamkeit schenken, gelingt es uns eher, die Wahrheit zu erfahren. Ignorieren wir sie, verspielen wir diese Chance. Man kann ohne Übertreibung sagen, dass der Egalitarismus des Wissens – besonders so, wie er von Wikipedia dargestellt wird – die Wahrheit der Gleichheit unterordnet" (Sanger 2007, o.S.).

Der skizzierten Kritik ist mit unterschiedlichen Argumenten zu begegnen. In ihr drückt sich zum einen ein Unbehagen aus, dass Laien Informationen aller Art zugänglich machen können, die in Zeiten vor dem Internet nur schwer ein Publikum gefunden hätten, weil ihnen die Distributionsmittel für das öffentliche Zur-Verfügung-Stellen fehlten oder weil ihre Themen die Selektionskriterien der journalistischen Gatekeeper nicht erfüllten. Diese Schwellen sinken in der Tat, doch ist damit weder eine massenhafte Verbreitung garantiert, noch wird sie in vielen Fällen angestrebt. Die Interessen und Ausdrucksfähigkeiten, die sich in den Nischen des Long Tail äußern, nun wie Keen als wertlose Stümpereien abzutun, zeugt nicht nur von hochkultureller Arroganz, sondern verkennt genau, dass das Internet unterschiedliche Kommunikationsmodi – interpersonale, gruppenbezogene oder publizistische Kommunikation – unterstützt und in gleicher Art und Weise zugänglich macht.

Wie in Kapitel 5 argumentiert, geht es vielen aktiven Nutzern des Social Web vorrangig darum, Themen und Eindrücke von persönlicher Relevanz mit dem eigenen sozialen Netzwerk zu teilen. In solchen persönlichen Öffentlichkeiten gelten jedoch andere Qualitätskriterien – ein Text muss nicht literarisch oder journalistisch sein, ein Video muss nicht optimal ausgeleuchtet oder vertont sein, ein Foto nicht passend komponiert sein, um für das Publikum aus Freunden, Bekannten oder Kollegen relevant und interessant zu sein. Anders gesagt: Die Öffentlichkeiten des Social Web zeichnen sich dadurch aus, dass Zugänglichkeit und gesellschaftliche Relevanz nicht mehr zwangsläufig aneinander gekoppelt sind. Öffentlichkeit ist nicht mehr nur mit Hilfe einer vergleichsweise aufwändigen technischen Infrastruktur und der damit einhergehenden Professionszugehörigkeit herzustellen, sondern Themen und Inhalte können immer leichter einem Publikum zugänglich gemacht werden. Sie müssen daher nicht mehr einem möglichst breiten Interesse entsprechen, sondern können auch Nischenbedarfe bedienen; die persönliche Öffentlichkeit ist in dieser Hinsicht die kleinste vorstellbare Nische, weil dort Themen behandelt werden können, die nur für eine Person und ihr soziales Umfeld Relevanz besitzen.

Die Kritik des Amateurs verkennt, dass die Produser individuell sowie im intendierten wie unintendierten Zusammenwirken das Internet mit lebensweltlich geprägtem Wissen anreichern und dabei ihre eigenen Relevanzmaßstäbe ansetzen (vgl. Guenther/Schmidt 2008). Im Long Tail können Talente, Ideen oder Kulturgüter verborgen sein, die durchaus für ein größeres Publikum Wert besitzen mögen, aber bislang nicht die Mittel besaßen, Aufmerksamkeit zu finden. Für sie kann das Social Web mit seinen alternativen Filter- und Distributionsmechanismen durchaus befreiend oder ermöglichend sein, weil sie die etablierten Gatekeeper umgehen und sich ihr eigenes Publikum suchen können. Anders als von Keen dargestellt, muss dies den gesellschaftlichen Diskurs nicht verderben, sondern kann ihn sogar bereichern, weil mehr Stimmen die Chance bekommen, Gehör zu finden.

Der Furcht vor einer geschmälerten Rolle von Experten ist schließlich zu entgegnen, dass diese nicht aufgrund ihres Status von der Mitarbeit an der kollaborativen Wissenserstellung im Social Web abgehalten werden, ob sie nun in der Wikipedia, in Blogs oder anderswo stattfindet. Ihren Beiträgen wird allerdings nicht mehr per se höheres Gewicht zugestanden, weil sie von Experten kommen. Durch berufliche Position oder professionelle Tätigkeit gewonnene Reputation kann dort anerkannt werden, muss aber möglicherweise auch neu erworben werden, beispielsweise durch eigene Beiträge in den neuen Öffentlichkeiten und Wissenssammlungen des Social Web.

Anstatt die sinkenden Hürden zur Teilhabe an Kommunikation und Wissensaustausch zu kritisieren, sollte die Kritik des neuen Netzes vielmehr daran ansetzen, dass auch im Social Web Exklusionsmechanismen wirksam werden, die bestimmte Gruppen von der Teilhabe ausschließen. Zum einen haben längst nicht alle Internetnutzer, geschweige denn die gesamte Bevölkerung, Anteil an den neuen kommunikativen Räumen. Zum anderen lassen sich Exklusionseffekte auch innerhalb der entstehenden Öffentlichkeiten beobachten, in denen Aufmerksamkeitshierarchien entstehen und bestimmte Akteure oder Plattformen deutlich größere Chancen haben, Handlungen zu strukturieren oder Meinungen zu beeinflussen. Das im Zuge der „Web 2.0"-Diskussion oft bemühte Ideal der Hierarchiefreiheit stößt also an seine Grenzen, wenn man die

Power-Law- bzw. long-tail-Phänomene betrachtet, die auf ungleich verteilter Aufmerksamkeit und Relevanzzuschreibung beruhen. Zwar kann potenziell jeder publizieren, doch nicht jeder wird gehört; „zentrale Knoten" haben größere Chancen, Informationen zu vermitteln, Standards zu prägen und Regeln zu setzen. Auch in der Wikipedia, der das Ideal einer frei zugänglichen Wissenssammlung zugrunde liegt, finden sich Hierarchien und Machtgefälle, die mit der Position von Akteuren in den sich herausbildenden Netzwerken zusammenhängen.

Ähnlich nüchtern sind andere Leitbilder und Mythen des Web 2.0 zu betrachten. So trägt das Ideal der Freiwilligkeit ebenfalls nicht weit: Zwar ist die Partizipation an vielen Diensten und Plattformen prinzipiell freiwillig, doch entstehen durch die Investitionen in eigene Selbstdarstellung und den Aufbau des eigenen sozialen Netzwerks Austrittskosten. Aus Sicht der Betreiber ist der Aufbau von „walled gardens", aus denen Nutzer nicht ohne Weiteres ihre Daten exportieren und in andere Anwendungen einspeisen können, durchaus rational. Aus gesellschaftlicher Sicht sind solche lock-in-Effekte jedoch problematisch, insbesondere wenn sie im Bereich von persönlichen Daten und alltäglichen Interaktionen die Wahl und den Wechsel zwischen unterschiedlichen Anbietern erschweren. Hinzu kommt, dass im Verlauf der Nutzung zahlreiche Daten anfallen, die von den Nutzern nicht bewusst preisgegeben werden

Daher ist der möglicherweise problematischste Mythos der von der vermeintlichen Nicht-Kommerzialität des neuen Netzes. Tatsächlich sind mit Ausnahme der Wikipedia die dominierenden Anbieter der Infrastruktur des Social Web kommerziell agierende Betreiber, die nach Monetarisierung ihrer Dienstleistungen streben. Diese wiederum beruhen zu einem großen Teil auf Daten oder Aktivitäten der Nutzer. Eine gesellschaftliche Debatte über die Geschäftsmodelle und Betreiber der neuen Öffentlichkeiten erscheint dringend nötig, denn eine der entscheidenden Fragen ist: Wer kontrolliert die „Produtzungsmittel" und öffentlichen Räume des neuen Netzes?

In dem Maße, wie wir mehr und mehr Aspekte unseres alltäglichen Handelns, unserer sozialen Beziehungen und unserer Wissensbestände in onlinebasierte Kommunikationsräume verlagern, machen wir uns auch von deren Strukturierungen und Begrenzungen abhängig. In den letzten zwei Jahren hat die öffentliche Debatte um den Einfluss, den digitale netzbasierte Medien auf unsere Wahrnehmung der Welt haben, deutlich an Fahrt aufgenommen. Kritische Stimmen diagnostizieren einen Verlust an kognitiven Kompetenzen und Eigenständigkeit – als beinahe schon klassischer Text kann hier der Essay „Is Google making us stupid?" von Nicholas Carr (2008) gelten.

In Deutschland hat die Debatte insbesondere in Frank Schirrmacher eine prominente Stimme, der in der Einleitung zu seinem Buch „Payback" feststellte: „Was mich angeht, so muss ich bekennen, dass ich den geistigen Anforderungen unserer Zeit nicht mehr gewachsen bin" (Schirrmacher 2009, S. 13). Er beschrieb nicht nur eine wahrgenommene Diskrepanz zwischen Fülle und Schnelligkeit dargebotener Informationen einerseits und der Verarbeitungsfähigkeit menschlicher Gehirne andererseits, sondern spekulierte auch über die weitere Verschmelzung von Mensch und Maschine, deren Anfänge bereits in der Formung von Denk- und Verhaltensweisen entlang der Vorgaben von Software-Code zu finden seien. Weil zum Eindämmen der Informationsflut in digitalen Kommunikationsräumen mehr und mehr Filteralgorithmen zum Einsatz kommen, die früheres Verhalten von Nutzern einbeziehen, um gegenwärtige oder auch zukünftige Interessen und Relevanzen vorherzusagen, entstünden „filter bubbles" (Pariser 2011), die für den Einzelnen intransparent seien und auf kollektiver Ebene die Chance zur sozialen Integration über Repertoires von geteiltem Wissen verkleinerten.

In der Tat befinden wir uns wohl erst am Beginn der gesellschaftlichen Auseinandersetzung über die Folgen und Gestalt des neuen Netzes. Die gute Nachricht ist aber, dass diese Entwicklung auch in der Hand eines jeden einzelnen Nutzers liegt. Durch unser Handeln bestimmen wir mit, ob im Internet Regeln eines menschenwürdigen Miteinanders gelten, ob sich Menschen frei von kommerzieller oder staatlicher Überwachung entfalten können und ob sich freie oder geschlossene Wissensordnungen durchsetzen. Allerdings müssen wir unseren Gestaltungsspielraum und unsere Einflussmöglichkeiten auch wahrnehmen – online wie offline.

Abbildungen und Tabellen

Literatur

Diese Arbeit stützt sich in vielen Bereichen auf Quellen, die im Internet verfügbar sind oder ausschließlich dort veröffentlicht wurden. Bei den Literaturangaben sind die Web-Adressen angegeben, unter denen die zitierten Dokumente bereit stehen. Die Bemerkung „Online verfügbar" bezieht sich auf Texte, die auch in Printform vorliegen. „Online-Publikation" verweist darauf, dass es sich um einen Beitrag aus einem Webangebot handelt, das nur im Internet bereitsteht. Alle Angebote wurden am 15.08.2011 letztmalig überprüft und waren online verfügbar. Eine Liste der Internet-Quellen mit Links findet sich unter:

http://www.dasneuenetz.de/bibliographie

Abold, Roland (2006): The Audience is listening – Nutzung und Akzeptanz von Weblogs im Bundestagswahlkampf 2005. In: kommunikation@gesellschaft, Jg. 7, Beitrag 1. Online-Publikation: http://nbn-resolving.de/urn:nbn:de:0228-200607077.

AGOF (2009): internet facts 2009-I. Angebotsranking. Daten zum Download verfügbar unter http://www.agof.de/index.993.de.html.

AGOF (2011): internet facts 2011-I. Angebotsranking. Daten zum Download verfügbar unter http://www.agof.de/aktuelle-rankings.586.html.

Albrecht, Steffen (2011): Wahlblogs revisited: Nutzung von Weblogs im Bundestagswahlkampf 2009. In: Eva Johanna Schweitzer/Steffen Albrecht (Hrsg.): Das Internet im Wahlkampf. Analysen zur Bundestagswahl 2009. Wiesbaden. S. 181-200.

Albrecht, Steffen/Rasco Hartig-Perschke/Maren Lübcke (2007): Wie verändern neue Medien die Öffentlichkeit? Eine Untersuchung am Beispiel von Weblogs im Bundestagswahlkampf 2005. In: Christian Stegbauer/Michael Jäckel (Hrsg.): Social Software. Formen der Kooperation in computerbasierten Netzwerken. Wiesbaden. S. 95-118.

Albrechtslund, Anders (2008): Online Social Networking as Participatory Surveillance. In: First Monday, Jg. 13, Nr. 3. Online-Publikation: http://firstmonday.org/htbin/cgiwrap/bin/ojs/index.php/fm/article/view/2142/1949.

Alexander, Jeffrey/Bernhard Giesen/Richard Münch/Neil Smelser (Hrsg.) (1987): The Micro-Macro-Link. Berkeley.

Altman, Irwin (1975): The Environment and Social Behavior. Privacy – Personal Space – Territory – Crowding. Monterey.

Altman, Irwin/Dalmas A. Taylor (1973): Social penetration: The development of interpersonal relationships. New York.

Altmann, Myrian (2009): Twitter: Mit 140 Zeichen durch den Alltag. Nutzungsmotive und Nutzungsmuster von Micro-Bloggern.In: Michael Meyen/Senta Pfaff-Rüdiger (Hrsg.): Internet im Alltag. Qualitative Studien zum praktischen Sinn von Onlineangeboten. Münster. S. 299-320.

Anderson, Chris (2006): The long tail. Why the future of business is selling less for more. New York.

Anonym (2009): Wie ich Freiherr von Guttenberg zu Wilhelm machte. In: Bildblog, 10.2.2009. Online-Publikation: http://www.bildblog.de/5704/wie-ich-freiherr-von-guttenberg-zu-wilhelm-machte.

Arrington, Michael (2008): Facebook isn't a social network, and stop trying to make new friends there. In: TechCrunch, 15.9.2008. Online-Publikation: http://www.techcrunch.com/2008/09/15/facebook-isnt-a-social-network-and-dont-try-to-make-new-friends-there.

ASNE (2011): 10 Best Practices for Social Media. Helpful guidelines for news organizations. Reston, Va. Online verfügbar: http://asne.org/article_view/articleid/1800/asne-issues-guide-to-10-best-practices-for-social-media.aspx

Association of Internet Research (2002): Ethical decision-making and Internet research: Recommendations from the aoir ethics working committee. Online verfügbar: http://aoir.org/reports/ethics.pdf.

Astheimer, Jörg (2010): Doku-Glamour. (Semi-)Professionelle Nightlife-Fotografie und ihre Inszenierungen. In: Klaus Neumann-Braun/Jörg Astheimer (Hrsg.): Doku-Glamour im Web 2.0. Party-Portale und ihre Bilderwelten. Baden-Baden. S. 163-185.

Astheimer, Jörg/Klaus Neumann-Braun/Axel Schmidt (2011): MyFace: Die Porträtfotografie im Social Web. In: Neumann-Braun, Klaus/Ulla Autenrieth (Hrsg.): Freundschaft und Gemeinschaft im Social Web. Bildbezogenes Handeln und Peergroup-Kommunikation auf Facebook & Co. Baden-Baden. S. 79-122.

Asur, Sitaram/Bernardo A. Huberman/Gabor Szabo/Chunyan Wang (2011): Trends in Social Media: Persistence and Decay. In: Proceedings of the 5th International Conference on Weblogs and Social Media (ICWSM), 17.-21.7.2011, Barcelona. Online verfügbar: http://www.hpl.hp.com/research/scl/papers/trends/trends_web.pdf.

Australian Broadcasting Corporation (2009): Guidance Note: Use in news reports of pictures from social networking sites. 19.2.2009. Sidney. Online verfügbar: http://www.abc.net.au/corp/pubs/documents/GN_SocialNetworkingSitePhotos.pdf.

Autenrieth, Ulla/Andreas Bänziger/Wiebke Rohde/Jan Schmidt (2011): Gebrauch und Bedeutung von Social Network Sites im Alltag junger Menschen: Ein Ländervergleich zwischen Deutschland und der Schweiz. In: Neumann-Braun, Klaus/Ulla Autenrieth (Hrsg.): Freundschaft und Gemeinschaft im Social Web. Bildbezogenes Handeln und Peergroup-Kommunikation auf Facebook & Co. Baden-Baden. S. 31-54.

Bader, Johannes/Sascha Heck/Bennet Pflaum/Ronny Schröder/Tobias Werner/Bastian Westhauser/Michael Koch/Alexander Richter (2008): Ergebnisse des Studienprojektes: Der Einsatz von Social Networking Services im Unternehmenskontext. Technischer Bericht der Universität der Bundeswehr. München.

Online verfügbar: http://www.kooperationssysteme.de/wp-content/uploads/ technischer-bericht_2008-3.pdf.

Baker, Andrea (2009): Mick or Keith: blended identity of online rock fans. In: Identity in the information society, Jg. 2, Nr. 1, S. 7-21. Online verfügbar: http://www.springerlink.com/content/u3q4146162768qg8.

Barabasi, Albert-Laszlo (2002): Linked. The new science of Networks. Cambridge.

Barbrook, Richard/Andy Cameron (1997): Die kalifornische Ideologie. In: Telepolis, 5.2.1997. Online-Publikation: http://www.telepolis.de/deutsch/ inhalt/te/ 1007/1.html.

Barlow, John P. (1996): A Declaration of the Independence of Cyberspace. 9.2.1996. Online-Publikation: http://w2.eff.org/Misc/Publications/John_Perry_Barlow/ barlow_0296.declaration.txt.

Bärwolff, Matthias (2010): End-to-End Arguments in the Internet: Principles, Practices, and Theory. Dissertation an der TU Berlin. Online verfügbar: http://www.bärwolff.de/e2e/baerwolff-matthias-2010-end-to-end-arguments-in-the-internet--principles-practices-and-theory.pdf.

Baym, Nancy (2006): Interpersonal Life Online. In: Leah Lievrouw/Sonia Livingstone (Hrsg.): The Handbook of New Media. Updated student edition. London. S. 35-54.

Beck, Klaus (2006): Computervermittelte Kommunikation im Internet. München.

Beck, Klaus (2008): Neue Medien – alte Probleme? Blogs aus medien- und kommunikationsethischer Sicht. In: Ansgar Zerfaß/Martin Welker/Jan Schmidt (Hrsg.): Kommunikation, Partizipation und Wirkungen im Social Web. Band 1. Köln. S. 62-77.

Beck, Stefan (1997): Umgang mit Technik. Kulturelle Praxen und kulturwissenschaftliche Forschungskonzepte. Berlin.

Beer, David (2008): Making friends with Jarvis Cocker: Music Culture in the Context of Web 2.0. In: Cultural Sociology, Jg. 2, Nr. 2, S. 222-241.

Bender-deMoll, Skye/Daniel McFarland (2006): The Art and Science of Dynamic Network Visualization. In: Journal of Social Structure, Jg. 7, Nr. 2. Online-Publikation: http://www.cmu.edu/joss/content/articles/volume7/deMollMcFarland.

Bendrath, Ralf (2007): Der „gläserne Bürger" und der vorsorgliche Staat. Zum Verhältnis von Überwachung und Sicherheit in der Informationsgesellschaft. In: kommunikation@gesellschaft, Jg. 8, Beitrag 7. Online-Publikation: http://nbn-resolving.de/urn:nbn:de:0228-200708035.

Benkler, Yochai (2006): The Wealth of Networks. How social production transforms markets and freedom. New Haven/London.

Bennett, Colin J. (2011): In Defence of Privacy: The concept and the regime. In: Surveillance & Society, Jg. 8, Nr. 4, S. 485-496.

Berendt, Bettina/Martin Schlegel/Robert Koch (2008): Die deutschsprachige Blogosphäre: Reifegrad, Politisierung, Themen und Bezug zu Nachrichtenmedien. In: Ansgar Zerfaß/Martin Welker/Jan Schmidt (Hrsg.): Kommunikation, Partizipation und Wirkungen im Social Web. Band 2. Köln. S. 72-96.

Berg, Achim (2011): Soziale Netzwerke in Deutschland. Präsentation im Rahmen einer Pressekonferenz, 13.4.2011. Berlin. Online verfügbar: http://www.bitkom.org/files/documents/PK_Praesentation_Social_media.pdf

Berners-Lee, Tim (2006): DeveloperWorks Interview. Online verfügbar: http://www.ibm.com/developerworks/podcast/dwi/cm-int082206txt.html.

Bernhard, Stefan (2008): Netzwerkanalyse und Feldtheorie. Grundriss einer Integration im Rahmen von Bourdieus Sozialtheorie. In: Christian Stegbauer (Hrsg.): Netzwerkanalyse und Netzwerktheorie. Ein neues Paradigma in den Sozialwissenschaften. Wiesbaden. S. 121-130.

Bieber, Christoph (2010): Politik Digital. Online zum Wähler. Salzhemmendorf.

Bijker, Wiebe/Thomas Hughes/Trevor Pinch (Hrsg.) (1987): The Social Construction of Technological Systems. New Directions in the Sociology and History of Technology. Cambridge, Mass..

BITKOM (2009): Cloud Computing – Evolution in der Technik, Revolution im Business. Berlin. Online verfügbar: http://www.bitkom.org/files/documents/BITKOM-Leitfaden-CloudComputing_Web.pdf.

Blood, Rebecca (2004): How Blogging Software reshapes the Online Community. In: Communications of the ACM, Jg. 47, Nr. 12, Dezember 2004, S. 53-55.

Boie, Johannes (2009): Das Zwitschern der Weinkönigin. In: Sueddeutsche.de, 26.5.2009. Online-Publikation: http://www.sueddeutsche.de/politik/twitter-und-der-bundespraesident-das-zwitschern-der-weinkoenigin-1.441573.

Bongaerts, Gregor (2007): Soziale Praxis und Verhalten – Überlegungen zum Practice Turn in Social Theory. In: Zeitschrift für Soziologie, Jg. 36, Nr. 4, 2007, S. 246-260.

Bonneau, Joseph/Jonathan Anderson/Ross Anderson/Frank Stajano (2009): Eight Friends are Enough: Social Graph Approximation via Public Listings. In: Proceedings of the Second ACM Eursysy Workshop on Social Network Systems, Nürnberg, 31.3.2009, S. 13-18. Online verfügbar: http://www.cl.cam.ac.uk/~jra40/publications/2009-SNS-public-listings.pdf.

Bourdieu, Pierre (1982): Die feinen Unterschiede. Kritik der gesellschaftlichen Urteilskraft. Frankfurt/Main.

Bourdieu, Pierre (1985): Sozialer Raum und „Klassen". Frankfurt/Main.

boyd, danah (2006): Friends, Friendsters, and MySpace Top 8: Writing Community Into Being on Social Network Sites. In: First Monday, Jg. 11, Nr. 12, Dezember 2006. Online-Publikation: http://firstmonday.org/htbin/cgiwrap/bin/ojs/index.php/fm/article/view/1418/1336.

boyd, danah (2008a): Facebook's Privacy Trainwreck. Exposure, Invasion, and Social Convergence. In: Convergence, Jg. 14, Nr. 1, S. 13-20. Online verfügbar: http://www.danah.org/papers/FacebookPrivacyTrainwreck.pdf.

boyd, danah (2008b): Facebook and Techcrunch: the costs of technological determinism and configuring users. In: Apophenia, 15.9.2008. Online-Publikation: http://www.zephoria.org/thoughts/archives/2008/09/15/facebook_and_te.html.

boyd, danah (2008c): Taken out of context. American teen sociality in networked publics. Ph.D. Dissertation an der University of California, Berkeley. Online verfügbar: http://www.danah.org/papers/TakenOutOfContext.pdf.

boyd, danah (2010): Friendship. In: Ito, Mizuko et al. (Hrsg.): Hanging Out, Messing Around, Geeking Out: Living and Learning with New Media. Cambridge. S. 79-116. Online verfügbar: http://mitpress.mit.edu/books/ full_pdfs/Hanging_Out.pdf.

boyd, danah/Nicole Ellison (2007): Social network sites: Definition, history, and scholarship. In: Journal of Computer-Mediated Communication, Jg. 13, Nr. 1, Artikel 11. Online-Publikation: http://jcmc.indiana.edu/vol13/issue1/boyd.ellison.html.

boyd, danah/Scott Golder/Gilad Lotan (2010): Tweet Tweet Retweet: Conversational Aspects of Retweeting on Twitter. In: Proceedings of HICSS-43, Hawaii. Online: http://www.danah.org/papers/TweetTweetRetweet.pdf.

Brake, David (2008): Shaping the 'Me' in Myspace: The Framing of Profiles on a Social Network Site. In: Knut Lundby (Hrsg.): Digital Storytelling, Mediatized Stories: Self-Representations in New Media. New York. S. 285-300.

Brecht, Bertolt (1967); Radiotheorie. In: Gesammelte Werke, Band 18, Schriften zur Literatur und Kunst. Frankfurt. S. 114-134.

Bruns, Axel (2005): Gatewatching. Collaborative Online News Production. New York u.a..

Bruns, Axel (2008): Blogs, Wikipedia, Second Life, and beyond. From production to produsage. New York u.a..

Bruns, Axel (2009): „Anyone Can Edit": Vom Nutzer zum Produtzer. In: Kommunikation@Gesellschaft, Jg. 10, Beitrag 3. Online-Publikation: http://nbn-resolving.de/urn:nbn:de:0228-200910033.

Buchanan, Elizabeth A. (2011): Internet Research Ethics: Past, Present, and Future. In: Mia Consalvo/Charles Ess (Hrsg.): The Handbook of Internet Studies. Oxford. S. 83-108.

Buckingham, David (2008): Introducing Identity. In: Youth, Identity, and Digital Media. Boston. S. 1-22.

Burt, Ronald S. (1992): Structural holes. The social structure of competition. Cambridge.

Busemann, Katrin/Christoph Gscheidle (2009): Web 2.0: Aktive Mitwirkung verbleibt auf niedrigem Niveau. In: Media Perspektiven, Nr. 7-8, 2011, S. 360-369. Online verfügbar: http://www.media-perspektiven.de/uploads/tx_mppublications/0708-2011_Busemann_Gscheidle.pdf.

Bush, Vannevar (1945): As we may think. In: Atlantic Monthly, July 1945. Online verfügbar: http://www.theatlantic.com/doc/194507/bush.

Cabrera Blázquez, Francisco Javier (2008): Portale für nutzergenerierte Inhalte und das Urheberrecht. In: IrisPlus – Rechtliche Rundschau der europäischen audiovisuellen Informationsstelle, 2008-05. Straßburg. S. 2-8.

Carlin, Sascha (2006): Schlagwortvergabe durch Nutzende (Tagging) als Hilfsmittel zur Suche im Web. Ansatz, Modelle, Realisierungen. Diplomarbeit an der Hochschule Darmstadt. Online verfügbar: http://itst.net/wp-content/uploads/2007/02/diplomarbeit-tagging-sascha-a-carlin-volltext.pdf.

Carr, Nicholas (2008): Is Google Making Us Stupid? In: The Atlantic, Vol. 302, Nr. 1, Juli/August 2008, S. 56-63. Online verfügbar: http://www.theatlantic.com/magazine/archive/2008/07/is-google-making-us-stupid/6868.

Carroll, Samantha (2008): The practical politics of step-stealing and textual poaching. YouTube, audio-visual media and contemporary swing dancers online. In: Convergence: The International Journal of Research into New Media Technologies, Jg. 14, Nr. 2, 2008, S. 183-204.

Castells, Manuel (2001): Der Aufstieg der Netzwerkgesellschaft. Opladen: Leske + Budrich.

Cenite, Mark/Benjamin Detenber/Andy Koh/Alvin Lim/Ng Ee Soon (2009): Doing the right thing online: a survey of bloggers' ethical beliefs and practices. In: New Media and Society, Jg. 11, Nr. 4, S. 575-597.

Cha, Meeyoung/Alan Mislove/Ben Adams/Krishna Gummadi (2008): Characterizing Social Cascades in Flickr. In: Proceedings of the 1st Workshop on Online Social Networks. Seattle. S. 13-18. Online verfügbar: http://www.mpi-sws.org/~amislove/publications/Cascades-WOSN.pdf.

Cha, Meeyoung/Haewoon Kwak/Pablo Rodriguez/Yong-Yeol Ahn/Sue Moon (2007): I tube, you tube, everybody tubes: analyzing the world's largest user generated content video system. In: Proceedings of the 7th ACM SIGCOMM conference on Internet measurement, 24.-26.10.2007, San Diego. S. 1-14. Online verfügbar: http://www.imconf.net/imc-2007/papers/imc131.pdf.

Chopra, Samir/Scott D. Dexter (2008): Decoding Liberation. The Promise of Free and Open Source Software. New York/London.

Clauset, Aaron/Cosma R. Shalizi/Marc Newman (2009): Power-law distributions in empirical data. In: SIAM Review, Jg. 51, S. 661-703. Online verfügbar: http://arxiv.org/abs/0706.1062.

Coenen, Christopher (2005): Weblogs als Mittel der Kommunikation zwischen Politik und Bürgern – Neue Chancen für E-Demokratie? In: Jan Schmidt/Klaus Schönberger/Christian Stegbauer (Hrsg.): Erkundungen des Bloggens. Sozialwissenschaftliche Ansätze und Perspektiven der Weblogforschung. Sonderausgabe von kommunikation@gesellschaft, Jg. 6. Online-Publikation: http://nbn-resolving.de/urn:nbn:de:0228-200506079.

Danch, Robert (2007): Web 2.0. Wie sich Zeitungen den neuen Herausforderungen stellen. Berlin.

DeFleur, Melvin (1987): The Growth and Decline of Research on the Diffusion of News. In: Communication Research, Jg. 14, Nr. 1, S. 109-130.

Deutsche Gesellschaft für Publizistik und Kommunikationswissenschaft (DGPuK) (1999): Erklärung der Deutschen Gesellschaft für Publizistik- und Kommunikationswissenschaft zur Sicherung guter wissenschaftlicher Praxis. Online verfügbar: http://www.dgpuk.de/index.cfm?id=3377.

Deutscher Presserat (2008): Publizistische Grundsätze (Pressekodex). Richtlinien für die publizistische Arbeit nach den Empfehlungen des Deutschen Presserats. Fassung vom 3. Dezember 2008. Bonn. Online verfügbar: http://www.presserat.info/uploads/media/Pressekodex_01.pdf.

Deuze, Mark/Axel Bruns/Christoph Neuberger (2007): Preparing for an Age of Participatory News. In: Journalism Practice. Jg. 1, Nr. 3, S. 322-338.

Domingo, David/Ari Heinonen (2008): Weblogs and Journalism. A typology to explore the blurring boundaries. In: Nordicom Review, Jg. 29, Nr. 1, 2008, S. 3-15.

Donath, Judith (2007): Signals in social supernets. In: Journal of Computer-Mediated Communication, Jg. 13, Nr. 1, Artikel 12. Online-Publikation: http://jcmc.indiana.edu/vol13/issue1/donath.html.

Donath, Judith/danah boyd (2004): Public displays of connection. In: BT Technology Journal, Jg. 22, Nr. 4, Oktober 2004, S. 71-82.

Donges, Patrick (2008): Medialisierung politischer Organisationen. Parteien in der Mediengesellschaft. Wiesbaden.

Donges, Patrick/Kurt Imhof (2001): Öffentlichkeit im Wandel. In: Otfried Jarren/Heinz Bonfadelli (Hrsg.): Einführung in die Publizistikwissenschaft. Bern. S. 101-133.

Döring, Nicola (2003): Sozialpsychologie des Internet. Die Bedeutung des Internet für Kommunikationsprozesse, Identitäten, soziale Beziehungen und Gruppen. 2. Auflage. Göttingen.

Dörnemann, Jörg/Christoph Grau (2008): Holtzbrinck 2.0 – Communities, Social Commerce und mehr. In: MedienWirtschaft, Nr. 4, 2008, S. 46-48.

Düsseldorfer Kreis (2008): Datenschutzkonforme Gestaltung sozialer Netzwerke. Beschluss vom 17./18. April 2008. Düsseldorf. Online verfügbar: http://www.bfdi.bund.de/cae/servlet/contentblob/416850/publicationFile/251 66/170408DatenschutzkonformeGestaltungSozNetzwerke.pdf.

Dwyer, Cathy/Roxanne Hitz (2008): Designing Privacy into Online Communities. Vortrag bei der „Internet Research 9.0", Kopenhagen, 16.-18.10.2008. Online verfügbar: http://csis.pace.edu/~dwyer/research/DwyerAOIR2008.pdf.

Ebersbach, Anja/Markus Glaser/Richard Heigl (2008): Social Web. Konstanz: UVK.

Ebersbach, Anja/Markus Glaser/Richard Heigl/Alexander Warta (2008): Wiki. Kooperation im Web. 2. Auflage. Berlin/Heidelberg.

Eberwein, Tobias (2008): Informationsbeschaffung 2.0. Weblogs als Quelle journalistischer Recherche. Preprint vom 20.1.2008. Online verfügbar: http://www.coolepark.de/wp-content/uploads/2008/01/weblogs-als-quelle-journalistischer-recherche-preprint.pdf.

Eble, Michael J. (im Druck): Neue Wege im Marketing von Unterhaltungsmedien: Zu Leistungswerten für die Führung von Medienmarken im Social Web. In: Jörg Müller-Lietzkow (Hrsg.): Ökonomie, Qualität und Management von Unterhaltungsmedien – Theorie und Entwicklungen in Unterhaltungsmärkten. Baden-Baden.

Efimova, Lilia (2009): Passion at work: blogging practices of knowledge workers. Inaugural-Dissertation an der Universität Utrecht. Enschede. Online verfügbar: http://blog.mathemagenic.com/download/passionAtWork.pdf.

Ellison, Nicole/Rebecca Heino/Jennifer Gibbs (2006): Managing impressions online: Self-presentation processes in the online dating environment. In: Journal of Computer-Mediated Communication, Jg. 11, Nr. 2, Artikel 2. Online-Publikation: http://jcmc.indiana.edu/vol11/issue2/ellison.html.

Ellrich, Lutz (2006): Die „Digitale Elite" als Impulsgeber für sozialen Wandel. In: Andreas Ziemann (Hrsg.): Medien der Gesellschaft – Gesellschaft der Medien. Konstanz. S. 141-160.

Elmer, Greg (2006): Re-tooling the Network. Parsing the Links and Codes of the Web World. In: Convergence, Jg. 12, Nr. 1, S. 9-19.

Emigh, William/Susan Herring (2005): Collaborative authoring on the web: A genre analysis of online encyclopedias. In: Proceedings of the Annual Hawaii International Conference on System Sciences. Online verfügbar: http://ella.slis.indiana.edu/~herring/wiki.pdf.

Emmer, Martin/Gerhard Vowe/Jens Wolling (2011): Bürger Online. Die Entwicklung der politischen Online-Kommunikation in Deutschland. Konstanz.

Engesser, Sven (2008): Partizipativer Journalismus. Eine Begriffsanalyse. In: Ansgar Zerfaß/Martin Welker/Jan Schmidt (Hrsg.): Kommunikation, Partizipation und Wirkungen im Social Web. Band 2. Köln. S. 47-71.

Engesser, Sven/Jeffrey Wimmer (2009): Gegenöffentlichkeit(en) und partizipativer Journalismus im Internet. In: Publizistik, Jg. 54, Nr. 1, 2009, S. 43-63.

ENISA (2007): Security Issues and Recommendations for Online Social Networks. ENISA Position Paper Nr. 1. Heraklion. Online verfügbar: http://www.enisa.europa.eu/act/res/other-areas/social-networks/security-issues-and-recommendations-for-online-social-networks.

Enzensberger, Hans Magnus (1973): Baukasten zu einer Theorie der Medien. In: Prokop, Dieter (Hrsg.): Massenkommunikationsforschung. Band 2: Konsumtion. Frankfurt am Main. S. 420-433.

Erickson, Thomas/Wendy A. Kellog (2000): Social Translucence: An approach to designing systems that support social processes. In: ACM Transactions of Computer-Human Interaction, Jg. 7, Nr. 1, März 2000, S. 59-83.

Erikson, Erik (1970): Jugend und Krise. Die Psychodynamik im sozialen Wandel. Stuttgart.

Europäische Kommission (2009): Safer Social Networking Principles for the EU. 10.02.2009. Online verfügbar: http://ec.europa.eu/information_society/activities/social_networking/docs/sn_principles.pdf.

Fengler, Susanne (2008): Media WWWatchdogs? Die Rolle von Blogs für die Medienkritik in den USA. In: Thorsten Quandt/Wolfgang Schweiger (Hrsg.): Journalismus online: Partizipation oder Profession? Wiesbaden. S. 157-172.

Ferdig, Richard/Kara Dawson/Erik Black/Nicole Black/Lindsay Thompson (2008): Medical students' and residents' use of online social networking tools: Implications for teaching professionalism in medical education. In: First Monday, Jg. 13, Nr. 9. Online-Publikation: http://firstmonday.org/htbin/cgiwrap/bin/ojs/index.php/fm/article/view/2161/2026.

Fernback, Jan/Zizi Papacharissi (2007): Online privacy as legal safeguard: the relationship among consumer, online portal, and privacy policies. In: New Media & Society, Jg. 9, Nr. 5, S. 715-734.

Fey, Gudrun (2007): Kontakte knüpfen und beruflich nutzen: Erfolgreiches Netzwerken. 4. Auflage. Regensburg/Berlin.

Fisch, Martin/Christoph Gscheidle (2008): Technische Ausstattung der Onliner in Deutschland. In: Media Perspektiven, Nr. 7, 2008, S. 345-349. Online verfügbar: http://www.media-perspektiven.de/uploads/tx_mppublications/Fisch_I.pdf.

Fitzpatrick, Jason (2010): If You're Not Paying for It; You're the Product. In: Lifehacker, 23.11.2010. Online-Publikation: http://lifehacker.com/5697167/if-youre-not-paying-for-it-youre-the-product.

Flammer, August/Francoise Alsaker (2002): Entwicklungspsychologie der Adoleszenz. Die Erschließung innerer und äußerer Welten im Jugendalter. Bern.

Fraunhofer-Institut für Sichere Informationstechnologien SIT (2008): Privatsphärenschutz in Soziale-Netzwerke-Plattformen. Darmstadt. Online verfügbar: http://www.sit.fraunhofer.de/fhg/Images/SocNetStudie_Deu_Final_tcm105-132111.pdf.

Frees, Beate/Martin Fisch (2011): Veränderte Mediennutzung durch Communitys? In: Media Perspektiven, Nr. 3, 2011, S. 154-164. Online verfügbar: http://www.media-perspektiven.de/uploads/tx_mppublications/03-2011_Frees_Fisch.pdf

Frees, Beate/Martin Fisch (2011): Veränderte Mediennutzung durch Communitys? In: Media-Perspektiven, Nr. 3, 2011, S. 154-164.

Freiwillige Selbstkontrolle Mediendienste (FSM) (2009): Verhaltenskodex für Betreiber von Social Communities bei der FSM. 11.03.2009. Berlin. Online verfügbar: http://www.fsm.de/inhalt.doc/VK_Social_Networks.pdf.

Friedewald, Michael (2000): Die geistigen und technischen Wurzeln des Personal Computers. In: Naturwissenschaftliche Rundschau, Nr. 4, 2000, S. 165-171.

Friedewald, Michael (2007): Computer Power to the People! Die Versprechungen der Computer-Revolution, 1968–1973. In: kommunikation@gesellschaft, Beitrag 9, 2007. Online-Publikation: http://nbn-resolving.de/urn:nbn:de:0228-200708014.

Fuchs, Christian (2009a): A contribution to the Critique of the Political Economy of the Internet. In: European Journal of Communication, Jg. 24, Nr. 1, S. 69-87.

Fuchs, Christian (2009b): Social Networking Sites and the Surveillance Society. A Critical Case Study of the Usage of studiVZ, Facebook, and MySpace by Students in Salzburg in the Context of Electronic Surveillance. Salzburg/Wien. Online verfügbar: http://fuchs.icts.sbg.ac.at/SNS_Surveillance_Fuchs.pdf.

Funk, Albrecht (1994): Öffentlichkeit und Privatheit im Zeitalter technischer Kommunikation. Ein Vergleich amerikanischer und deutscher Regelungsstrukturen. In: Leviathan, Jg. 22, Nr. 4, 1994, S. 560-591.

Funken, Christiane (2001): Die Modellierung der Welt. Wissenschaftssoziologische Studien zur Aufgabenanalyse im Rahmen der Software-Entwicklung. Opladen.

Füting, Angelika (2011): Wie kommunizieren die Deutschen über Politik? Eine typologische Längsschnittanalyse. In: Martin Emmer/Gerhard Vowe/Jens Wolling (2011): Bürger Online. Die Entwicklung der politischen Online-Kommunikation in Deutschland. Konstanz. S. 219-243.

Gapski, Harald/Annette Schneider/Thomas Tekster (2009): Internet-Devianz. Strukturierung des Themenfeldes „Abweichendes Verhalten" im Kontext der Internetnutzung. Düsseldorf.

Gaschke, Susanne (2009): Klick – Strategien gegen die digitale Verdummung. Freiburg.

Gensing, Patrick (2008): Wie braune Propaganda zur Nachricht wird. In: tagesschau.de, 5.8.2008. Online-Publikation: http://www.tagesschau.de/inland/googlenews100.html. [zuletzt abgerufen im August 2009; zwischenzeitlich depubliziert]

Gercke, Marco (2008): Die Entwicklung des Internetstrafrechts im Jahr 2007. In: ZUM, Nr. 7, 2008, S. 545-556.

Gerhards, Jürgen/Friedhelm Neidhardt (1991): Strukturen und Funktionen moderner Öffentlichkeiten: Fragestellungen und Ansätze. In: Stefan Müller-Doohm/ Klaus Neumann-Braun (Hrsg.): Öffentlichkeit, Kultur, Massenkommunikation. Beiträge zur Medien- und Kommunikationssoziologie. Oldenburg. S. 31-89.

Giddens, Anthony (1988): Die Konstitution der Gesellschaft. Grundzüge einer Theorie der Strukturierung. Frankfurt/New York.

Giles, Jim (2005): Special Report: Internet encyclopedias go head to head. In: Nature, Nr. 438, S. 900-901.

Gillies, James/Robert Cailliau (2000): How the Web was born. Oxford.

Gillmor, Dan (2004): We the Media. Grassroots Journalism by the people, for the people. Cambridge.

Goffman, Erving (1976): Wir alle spielen Theater. Die Selbstdarstellung im Alltag. 3. Auflage. München.

Golbeck, Jennifer (2007): The dynamics of Web-based social networks: Membership, relationships, and change. In: First Monday, Jg. 12, Nr. 11. Online-Publikation: http://firstmonday.org/htbin/cgiwrap/bin/ojs/index.php/fm/ article/ viewArticle/2023/1889.

Golder, Scott A./Huberman, Bernardo A. (2006): The Structure of Collaborative Tagging Systems. In: Journal of Information Science, Nr. 6, S. 198-208. Online verfügbar: http://www.hpl.hp.com/research/idl/papers/tags/tags.pdf.

Göttlich, Udo (2004): Kreativität in der Medienrezeption? Zur Praxis der Medienaneignung zwischen Routine und Widerstand. In: Karl H. Hörning/Julia Reuter (Hrsg.): Doing Culture. Neue Positionen zum Verhältnis von Kultur und sozialer Praxis. Bielefeld. S. 169-183.

Göttlich, Udo (2006): Die Kreativität des Handelns in der Medienaneignung. Konstanz.

Gräf, Lorenz (1997): Locker verknüpft im Cyberspace. Einige Thesen zur Änderung sozialer Netzwerke durch die Nutzung des Internet. In: Lorenz Gräf/Markus Krajewski (Hrsg.): Soziologie des Internet. Handeln im elektronischen Web-Werk. Frankfurt/New York. S. 99-123.

Granovetter, Mark (1973): The strength of weak ties. In: American Journal of Sociology, Jg. 78, S. 1360-1380.

Grassmuck, Volker (2004): Freie Software. Zwischen Privat- und Gemeineigentum. 2. Auflage. Bonn. Online verfügbar: http://freie-software.bpb.de.

Graves, Lucas (2007): The affordances of blogging. A case study in culture and technological effects. In: Journal of Communication Inquiry, Jg. 31, Nr. 4, 2007, S. 331-346.

Grossman, Lev (2006): Time's Person of the Year: You. In: TIME, 13.12.2006. Online verfügbar: http://www.time.com/time/magazine/article/0,9171,1569514,00.html.

Guenther, Tina/Jan Schmidt (2008): Wissenstypen im „Web 2.0" – eine wissenssoziologische Deutung von Prodnutzung im Internet. In: Willems, Herbert (Hrsg.): Weltweite Welten. Internet-Figurationen aus wissenssoziologischer Perspektive. Wiesbaden. S. 167-188.

Gugerli, David (2009): Suchmaschinen. Die Welt als Datenbank. Frankfurt am Main.

Habermas, Jürgen (1962): Strukturwandel der Öffentlichkeit. Neuwied/Berlin.

Habermas, Jürgen (1981): Theorie des kommunikativen Handelns. Zwei Bände. Frankfurt am Main.

Habermas, Jürgen (2008): Hat die Demokratie noch eine epistemische Dimension? Empirische Forschung und normative Theorie. In: Ders: Ach, Europa. Frankfurt am Main. S. 138-191.

Hague, Barry N./Brian D. Loader (Hrsg.) (1999): Digital Democracy. Discourse and decision making in the information age. London/New York.

Hall, Stuart (1980): Encoding/Decoding. In: Stuart Hall/Dorothy Hobson/Andrew Lowe/Paul Willis (Hrsg.): Culture, Media, Language. Working Papers in Cultural Studies 1972-1979. London/New York. S. 128-138.

Hamann, Götz (2007): Soziale Netzwerke: Ein Schatz für Werbekunden. In: Die Zeit, Nr. 01, 27.12.2007. Online verfügbar: http://www.zeit.de/online/2007/52/studivz.

Hammond, Tony/Timo Hannay/Ben Lund/Joanna Scott (2005): Social Bookmarking Tools (I): A general review. In: D-Lib Magazine, Jg. 11, Nr. 4. Online verfügbar: http://www.dlib.org/dlib/april05/hammond/04hammond.html.

Hammwöhner, Rainer (2007): Qualitätsaspekte der Wikipedia. In: Christian Stegbauer/Jan Schmidt/Klaus Schönberger (Hrsg.): Wikis: Diskurse, Theorien und Anwendungen. Sonderausgabe von kommunikation@gesellschaft, Jg. 8. Online-Publikation: http://nbn-resolving.de/urn:nbn:de:0228-200708066.

Hampton, Keith N./Lauren Sessions Goulet/Lee Rainie/Kristen Purcell (2011): Social networking sites and our lives. Washington. Online verfügbar: http://www.pewinternet.org/Reports/2011/Technology-and-social-networks.aspx.

Hansen, Marit/Sebastian Meissner (2008): Verkettung digitaler Identitäten. Kiel. Online verfügbar: https://www.datenschutzzentrum.de/projekte/verkettung/2007-uld-tud-verkettung-digitaler-identitaeten-bmbf.pdf.

Hargittai, Eszter/Gina Walejko (2008): The participation divide: content creation and sharing in the digital age. In: Information, Communication & Society, Jg. 11, Nr. 2, S. 239-256.

Harrison, Claire (2002): Hypertext Links: Whither Thou Goest, and Why. In: First Monday, Jg. 7, Nr. 10. Online-Publikation: http://firstmonday.org/htbin/cgiwrap/bin/ojs/index.php/fm/article/view/993/914.

Hartmann, Tilo (2007): Blogs im Wahlkampf – Möglichkeiten und Perspektiven. In: Nikolaus Jackob (Hrsg): Wahlkämpfe in Deutschland. Fallstudien zur Wahlkampfkommunikation 1912-2005. Wiesbaden. S. 332-348.

Hasebrink, Uwe (2004): Konvergenz aus Nutzerperspektive: Das Konzept der Kommunikationsmodi. In: Uwe Hasebrink/Lothar Mikos/Elisabeth Prommer (Hrsg.): Mediennutzung in konvergierenden Medienumgebungen. München. S. 67-85.

Hasebrink, Uwe/Wiebke Rohde (2009): Die Social Web-Nutzung Jugendlicher und junger Erwachsener: Nutzungsmuster, Vorlieben und Einstellungen. Unter Mitarbeit von Thomas Brüssel. In: Jan Schmidt/Ingrid Paus-Hasebrink/Uwe Hasebrink (Hrsg.): Heranwachsen mit dem Social Web. Zur Rolle von Web 2.0-Angeboten im Alltag von Jugendlichen und jungen Erwachsenen. Berlin. S. 83-120.

Hass, Berthold/Gianfranco Walsh/Thomas Kilian (Hrsg.) (2008): Web 2.0. Neue Perspektiven für Marketing und Medien. Berlin/Heidelberg.

Hasse, Raimund/Josef Wehner (1997): Vernetzte Kommunikation. Zum Wandel strukturierter Öffentlichkeit. In: Barbara Becker/Michael Paetau (Hg.): Virtualisierung des Sozialen. Die Informationsgesellschaft zwischen Fragmentierung und Globalisierung. Frankfurt. S. 53-80.

Hawkins, Richard (1996): Standards for Communication Technologies: Negotiating Institutional Biases in Network Design. In: Robin Mansell/Roger Silverstone (Hrsg.): Communication by Design. The politics of information and communication technologies. Oxford. S. 157-186.

Heckner, Markus (2009): Tagging, Rating, Posting – Studying forms of user contribution for web-based information management and information retrieval. Boizenburg.

Heintz, Bettina (1993): Die Herrschaft der Regel. Zur Grundlagengeschichte des Computers. Frankfurt/New York.

Heller, Mária (2006): New ICTs and the Problem of ‚Publicness'. In: European Journal of Communication, Jg. 21, Nr. 3, S. 311-329.

Hepp, Andreas (2004): Cultural Studies und Medienanalyse. Eine Einführung. 2. Auflage. Wiesbaden.

Hepp, Andreas (2006a): Transkulturelle Kommunikation. Konstanz.

Hepp, Andreas (2006b): Translokale Medienkulturen: Netzwerke der Medien und Globalisierung. In: Andreas Hepp/Friedrich Krotz/Shaun Moores/Carsten Winter (Hrsg.): Konnektivität, Netzwerk und Fluss. Konzepte gegenwärtiger Medien-, Kommunikations- und Kulturtheorie. Wiesbaden. S. 43-68.

Herring, Susan C./Inna Kouper/John C. Paolillo/Lois Ann Scheidt/Michael Tyworth/Peter Welsch/Elijah Wright/Ning Yu (2005): Conversations in the Blogosphere: An Analysis 'From the Bottom Up'. In: Proceedings of the 38th Hawaii International Conference on System Sciences 2005. Online verfügbar: http://csdl2.computer.org/comp/proceedings/hicss/2005/2268/04/22680107b.pdf.

Hewitt, Hugh (2005): Blog. Understanding the information reformation that's changing your world. Nashville.

Hienzsch, Ulrich/Elizabeth Prommer (2004): Die Dean-Netroots – Die Organisation von interpersonaler Kommunikation durch das Web. In: Uwe Hasebrink/Lothar Mikos/Elizabeth Prommer (Hrsg.): Mediennutzung in konvergierenden Medienumgebungen. München. S. 147-172.

Hirschauer, Stefan (1999): Die Praxis der Fremdheit und die Minimierung von Aufmerksamkeit. Eine Fahrstuhlfahrt. In: Soziale Welt, Jg. 50, Nr. 3, 1999, S. 221-246.

Hirschman, Albert (1970): Exit, Voice, and Loyalty: Responses to Decline in Firms, Organizations, and States. Cambridge, Mass..

Hochschulrektorenkonferenz (2010): Herausforderung Web 2.0. HRK Handreichungen. Beiträge zur Hochschulpolitik, 11/2010. Bonn. Online verfügbar: http://www.hrk.de/de/download/dateien/Herausforderung_Web2.0.pdf.

Hodkinson, Paul (2006): Subcultural Blogging? Online Journals and Group Involvement among U.K. Goths. In: Axel Bruns/Joanne Jacobs (Hrsg.): Uses of Blogs. New York. S. 187-198.

Hoelig, Sascha (2011): Was genau tun Nutzer eigentlich im Internet? Konzeptionelle Überlegungen zur Differenzierung von Gebrauchsweisen. In: Annemone Ligensa/Daniel Müller (Hrsg.) (2009): Rezeption. Die andere Seite der Medienumbrüche. Bielefeld. Im Erscheinen.

Höflich, Joachim R. (1996): Technisch vermittelte interpersonale Kommunikation. Grundlagen organisatorischer Medienverwendung, Konstitution „elektronischer Gemeinschaften". Opladen.

Höflich, Joachim R. (2003): Mensch, Computer und Kommunikation: Theoretische Verortungen und empirische Befunde. Frankfurt a.M.

Hogan, Bernard (2009): Networking in Everyday Life. Ph.D. dissertation an der University of Toronto. Toronto. Online verfügbar: http://individual.utoronto.ca/berniehogan/Hogan_NIEL_10-29-2008_FINAL.pdf.

Honeycutt, Courtenay/Susan C. Herring (2009): Beyond Microblogging: Conversation and Collaboration via Twitter. In: Proceedings of the 42nd Hawaii International Conference on System Science (HICSS-42). Los Alamitos. S. 1-10. Online verfügbar: http://www2.computer.org/portal/web/csdl/doi/10.1109/HICSS.2009.602.

Hood, Stephen (2008): Delicious is 5! In: delicious blog [Weblog], 6.11.2008. Online-Publikation: http://blog.delicious.com/blog/2008/11/delicious-is-5.html.

Hoofacker, Gabriele (2008): Aufstieg und Niedergang einer Non-Profit-Community 1987 – 1997 – 2007. Ein Beitrag zur Archäologie der Wissensgesellschaft. In: Johannes Raabe/Rudolf Stöber/Anna M. Theis-Berglmair/Kristina Wied (Hrsg.): Medien und Kommunikation in der Wissensgesellschaft. Konstanz. S. 282-293.

Horton, Donald/Richard Wohl (1956): Mass Communication and Para-Social Interaction. Observations On Intimacy at a Distance. In: Psychiatry, Jg. 19, Nr. 3, S. 215-229.

Howe, Jeff (2008): Crowdsourcing. How the power of the crowd is driving the future of business. London.

Huberman, Bernardo/Daniel Romero/Fang Wu (2009): Social networks that matter: Twitter under the microscope. In: First Monday, Jg. 14, Nr. 1, Januar 2009. Online-Publikation: http://firstmonday.org/htbin/cgiwrap/bin/ojs/index.php/fm/article/viewArticle/2317/2063.

Huffaker, David/Sandra Calvert (2005): Gender, identity, and language use in teenage blogs. In: Journal of Computer-Mediated Communication, Jg. 10, Nr. 2, Artikel 1. Online-Publikation: http://jcmc.indiana.edu/vol10/issue2/huffaker.html.

Huston, Geoff (2008): A decade in the life of the Internet. In: The Internet Protocol Journal, Jg. 11, Nr. 2. Online verfügbar: http://www.cisco.com/web/about/ac123/ac147/archived_issues/ipj_11-2/112_life.html.

Imhof, Kurt (2003): Öffentlichkeitstheorien. In: Günter Bentele/Hans-Bernd Brosius/Otfried Jarren (Hrsg.): Öffentliche Kommunikation. Handbuch Kommunikations- und Medienwissenschaft. Wiesbaden. S. 193-209.

International Working Group on Data Protection in Telecommunications (2008): Report and Guidance on Privacy in Social Network Services – „Rome Memorandum". Rom/Berlin. Online verfügbar: http://www.datenschutz-berlin.de/attachments/461/WP_social_network_services.pdf?1208438491.

Ito, Mizuko et al. (Hrsg.) (2010): Hanging Out, Messing Around, Geeking Out: Living and Learning with New Media. Cambridge. Online verfügbar: http://mitpress.mit.edu/books/full_pdfs/Hanging_Out.pdf.

Jansen, Dorothea (2003): Einführung in die Netzwerkanalyse. 2. Auflage. Opladen.

Jarren, Otfried (2008): Massenmedien als Intermediäre. Zur anhaltenden Relevanz der Massenmedien für die öffentliche Kommunikation. In: Medien & Kommunikationswissenschaft, Jg. 56, Nr. 3-4, S. 329-346.

Java, Akshay/Xiaodan Song/Tim Finin/Belle Tseng (2007): Why we Twitter: Understanding Microblogging Usage and Communities. In: Proceedings of the Joint 9th WEBKDD and 1st SNA-KDD Workshop, San Jose, 12.8.2007. Online verfügbar: http://ebiquity.umbc.edu/get/a/publication/369.pdf.

Jenkins, Henry (1992): Textual Poachers: Television Fans and Participatory Culture. New York.

John, Ajita/Dorée Seligman (2006): Collaborative Tagging and Expertise in the Enterprise. Vortrag beim „Collaborative Web Tagging Workshop", 22.5.2006, Edinburgh. Online verfügbar: http://www.ra.ethz.ch/CDstore/www2006/www.rawsugar.com/www2006/26.pdf.

Johnson, Steven (2009): How Twitter will change the way we live. In: TIME, 5.6.2009. Online verfügbar: http://www.time.com/time/business/article/0,8599,1902604,00.html.

Jones, Julie/Itai Himelboim (2010): Just a guy in pajamas? Framing the blogs in mainstream US newspaper coverage (1999-2005). In: New Media & Society, Jg. 12, Nr. 2, S. 271-288.

Jones, Steve/Sarah Millermaier/Mariana Goya–Martinez/Jessica Schuler (2008): Whose space is MySpace? A content analysis of MySpace profiles. In: First Monday, Jg. 13, Nr. 9, Sep. 2008. Online-Publikation: http://firstmonday.org/htbin/cgiwrap/bin/ojs/index.php/fm/article/view/2202/2024.

Jordan, Ken/Jan Hauser/Steven Foster (2003): The Augmented Social Network: Building identity and trust into the next-generation internet. In: First Monday, Jg. 8, Nr. 8. Online-Publikation: http://firstmonday.org/htbin/cgiwrap/bin/ojs/index.php/fm/article/view/1068/988.

Jun, Uwe (2004): Der Wandel von Parteien in der Mediendemokratie. SPD und Labour im Vergleich. Frankfurt/New York.

Kang, Jeong-Soo (2010): Ausgestaltung des Wertschöpfungsprozesses von Online-Nachrichten. Wiesbaden.

Katz, Elihu/Jay Blumler/Michael Gurevitch (1974): The uses and gratification approach to mass communication. Beverly Hills.

Kaumanns, Ralf/Veit Siegenheim (2008): Von der Suchmaschine zum Werbekonzern. In: Media Perspektiven, Nr. 1, 2008. Online verfügbar: http://www.media-perspektiven.de/uploads/tx_mppublications/01-2008_Kaumanns.pdf.

Keen, Andrew (2008): Die Stunde der Stümper. Wie wir im Internet unsere Kultur zerstören. München.

Keith, Susan (2007): Searching for News Headlines: Connections between Unresolved Hyperlinking Issues and a New Battle over Copyright Online. In: Markus Beiler/Marcel Machill (Hrsg.): Die Macht der Suchmaschinen/The power of search engines, Köln. S. 202-219.

Keller, Katrin (2008): Der Star und seine Nutzer. Starkult und Identität in der Mediengesellschaft. Bielefeld.

Kendall, Lori (2007): Shout into the wind, and it shouts back. Identity and interactionale tensions on LiveJournal. In: First Monday, Jg. 12, Nr. 9, Sep. 2007. Online-Publikation: http://firstmonday.org/htbin/cgiwrap/bin/ojs/index.php/fm/article/view/2004/1879.

Kepplinger, Hans Mathias (2008): Was unterscheidet die Mediatisierungsforschung von der Medienwirkungsforschung? In: Publizistik, Jg. 53, Nr. 3, September 2008. S. 326-338.

Kesan, Jay P. / Rajiv C. Shah (2006): Setting Software Defaults: Perspectives from Law, Computer Science and Behavioral Economics. In: Notre Dame Law Review, Jg. 82, S. 583-634. Online verfügbar: http://papers.ssrn.com/sol3/papers.cfm?abstract_id=906816.

Kiefer, Marie Luise (2011): Die schwierige Finanzierung des Journalismus. In. Medien & Kommunikationswissenschaft, Jg. 59, Nr. 1, S. 5-22.

Kilian, Thomas/Gianfranco Walsh/René Zenz (2007): Word-of-Mouth im Web 2.0 am Beispiel von Kinofilmen. In: Berthold Hass/Gianfranco Walsh/Thomas Kilian (Hrsg.): Web 2.0. Neue Perspektiven für Marketing und Medien. Berlin/Heidelberg. S. 321-338.

Kleemann, Frank/Günter Voß/Kerstin Rieder (2008): Un(der)paid Innovators: The commercial utilization of consumer work through crowdsourcing. In: Science, Technology & Innovation Studies, Jg. 4, Nr. 1, S. 5-26. Online verfügbar: http://www.sti-studies.de/ojs/index.php/sti/article/view/81/62.

Koch, Michael/Alexander Richter (2009): Enterprise 2.0. Planung; Einführung und erfolgreicher Einsatz von Social Software in Unternehmen. 2. Auflage. München.

Koch, Peter/Oesterreicher, Wulf (1994): Schriftlichkeit und Sprache. In: Hartmut Günther/Otto Ludwig (Hrsg.): Handbuch Schrift und Schriftlichkeit I. Berlin/New York. S. 587-604.

Köhler, Thomas (2003): Das Selbst im Netz. Die Konstruktion sozialer Identität in der computervermittelten Kommunikation. Wiesbaden.

Konert, Bertram/Dirk Hermanns (2002): Der private Mensch in der Netzwelt. In: Ralph Weiß/Jo Groebel (Hrsg.): Privatheit im öffentlichen Raum. Medienhandeln zwischen Individualisierung und Entgrenzung. Schriftenreihe Medienforschung der Landesanstalt für Rundfunk Nordrhein-Westfalen, Band 43. Opladen. S. 415-505.

Krishnamurthy, Balachander/Phillipa Gill/Martin Arlitt (2008): A few chirps about Twitter. In: Proceedings of the first workshop on Online social networks, 18.8.2008, Seattle. New York: S. 19-24. Online verfügbar: http://www.research.att.com/~bala/papers/twit.pdf.

Krishnamurty, Balachander/Craig Wills (2008): Characterizing Privacy in Online Social Networks. In: Proceedings of the first workshop on Online Social Networks. New York. S. 37-42.

Kron, Thomas (Hrsg.) (2000): Individualisierung und soziologische Theorie. Opladen.

Krotz, Friedrich (2007a): Mediatisierung. Fallstudien zum Wandel von Kommunikation. Wiesbaden.

Krotz, Friedrich (2007b): Medien, Kommunikation und die Beziehungen der Menschen. In: merz Zeitschrift für Medienpädagogik, Nr. 6, 2007, S. 5-13.

Krücken, Georg/Frank Meier (2003): „Wir sind alle überzeugte Netzwerktäter". Netzwerke als Formalstruktur und Mythos der Innovationsgesellschaft. In: Soziale Welt 54 (2003), S. 71-92.

Kübler, Hans-Dieter (2009): Mythos Wissensgesellschaft. Gesellschaftlicher Wandel zwischen Information, Medien und Wissen. 2. Auflage. Wiesbaden.

Kühl, Stefan (2003): New Economy, Risikokapital und die Mythen des Internet In: Berliner Journal für Soziologie, 1, 2003. S. 77-96.

Kuhlen, Rainer (2004): Informationsethik. Konstanz.

Küng, Lucy/Robert Picard/Ruth Towse (2008): The Internet and the Mass Media. Los Angeles.

Kurz, Constanze (2011): Netzneutralität: Im siebenten Kreis der Demokratie. In: faz.net, 9.7.2011. Online-Publikation: http://www.faz.net/artikel/C30833/netzneutralitaet-im-siebenten-kreis-der-demokratie-30458545.html

Lacy, Sarah (2008): Once you're lucky, twice you're good. The rebirth of Silicon Valley and the Rise of Web 2.0. New York.

Lakhani, Karuim R./Eric von Hippel (2002): How open source software works: „free" user-to-user assistance. In: Research Policy, Jg. 32, S. 923-943.

Lamb, Roberta/Rob Kling (2003): Reconceptualizing users as social actors in information systems research. In: MIS Quarterly, Jg. 27, Nr. 2, 2003, S. 197-235.

Lampe, Chris/Nicole Ellison/Charles Steinfield (2006) : A Face(book) in the crowd: Social searching vs. social browsing. In: Proceedings of the 2006 20th Anniversary Conference on Computer Supported Cooperative Work. 4.-8.11.2006, Banff, Alberta. New York. S. 167-170.

Lanier, Jaron (2006): Digital Maoism: The Hazards of the New Online Collectivism. In: Edge, 30.5.2006. Online-Publikation: http://www.edge.org/3rd_culture/lanier06/lanier06_index.html.

Lazarsfeld, Paul F./Bernard Berelson/Hazel Gaudet (1944): The people's choice: how the voter makes up his mind in a presidential campaign. New York/London.

Leistert, Oliver/Theo Röhle (Hrsg.) (2011): Generation Facebook. Über das Leben im Social Net. Bielefeld.

Lenhart, Amanda (2009): Adults and social network sites. Pew Internet Project Data Memo, 14.1.2009. Washington. Online verfügbar: http://www.pewinternet.org/Reports/2009/Adults-and-Social-Network-Websites.aspx.

Lenhart, Amanda/Susannah Fox (2006): Bloggers. A portrait of the internet's new storytellers. Washington. http://www.pewinternet.org/~/media/Files/Reports/2006/PIP%20Bloggers%20Report%20July%2019%202006.pdf.pdf.

Lerman, Kristina (2007): Social Networks and Social Information Filtering on Digg. In: Proceedings of the International Conference on Weblogs and Social Media, 26.-28.3.2007, Boulder. Online verfügbar: http://arxiv.org/PS_cache/cs/pdf/0612/0612046v1.pdf.

Lerman, Kristina/Laurie Jones (2006): Social Browsing on Flickr. In: Proceedings of the International Conference on Weblogs and Social Media, 26.-28.3.2007, Boulder. Online verfügbar: http://arxiv.org/PS_cache/cs/pdf/0612/0612047v1.pdf.

Lessig, Lawrence (2006): Code and other laws of cyberspace, Version 2.0. New York.

Lewis, Kevin/Jason Kaufman/Nicholas Christakis (2008): The Taste for Privacy: An Analysis of College Student Privacy Settings in an Online Social Network. In: Journal of Computer-Mediated Communication, Jg. 14, Nr. 1, S. 79-100. Online verfügbar: http://www3.interscience.wiley.com/cgi-bin/fulltext/121527993/PDFSTART.

Lietsala, Katri/Esa Sirkkunen (2008): Social Media. Introduction to the tools and processes of participatory economy. Hypermedia Laboratory Net Series, Nr. 17. Tampere. Online verfügbar: http://tampub.uta.fi/tup/978-951-44-7320-3.pdf.

Lin, Nan (2001): Social Capital. A theory of social structure and action. Cambridge.

Lischka, Konrad (2007a): Studentennetz StudiVZ verzichtet auf Schnüffel-Passus. In: Spiegel Online, 15.12.2007. Online-Publikation: http://www.spiegel.de/netzwelt/web/0,1518,523564,00.html

Lischka, Konrad (2007b): Verglühte Netzsternchen. In: Spiegel Online, 24.7.2007. Online-Publikation: http://www.spiegel.de/netzwelt/web/0,1518,496118,00.html.

Liu, Hugo/Pattie Maes/Glorianna Davenport (2006): Unraveling the Taste Fabric of Social Networks. In: International Journal on Semantic Web and Information Systems, Jg. 2, Nr. 1, S. 42-71.

Livingstone, Sonia (2008): Taking Risky opportunities in Youthful Content Creation: Teenagers' Use of Social Networking Sites for Intimacy, Privacy and Self-Expression. In: New Media and Society, Jg.10, Nr. 3, S. 393-411.

Livingstone, Sonia/Kjartan Ólafsson/Elisabeth Staksrud (2011): Social Networking, Age and Privacy. London. Online vefügbar: http://www2.lse.ac.uk/media@lse/research/EUKidsOnline/ShortSNS.pdf.

Livingstone, Sonia/Leslie Haddon/Anke Görzig/Kjartan Ólafsson (2011): Risks and Safety on the Internet. The perspective of European children. London. Online verfügbar: http://www2.lse.ac.uk/media@lse/research/EUKidsOnline/EUKidsII%20(2009-11)/EUKidsOnlineIIReports/D4FullFindings.pdf.

Lueg, Christopher/Danyel Fisher (Hrsg.) (2003): From Usenet to CoWebs. Interacting with Social Information Spaces. London.

Macgregor, George/Emma McCulloch (2006): Collaborative tagging as a knowledge organisation and resource discovery tool. In: Library Review, Nr. 5, Jg. 55, S. 291-300.

Machill, Marcel/Dirk Lewandowski/Stefan Karzauninkat (2005): Journalistische Aktualität im Internet. Ein Experiment mit den News-Suchfunktionen von Suchmaschinen. In: Marcel Machill/Norbert Schneider (Hrsg.): Suchmaschinen: Herausforderung für die Medienpolitik. Berlin. S. 105-164.

Machill, Marcel/Markus Beiler (2008): Die Bedeutung des Internets für die journalistische Recherche. In: Media Perspektiven, Nr. 10, 2008, S. 516-531.

Machill, Marcel/Markus Beiler/Martin Zenker (2007): Suchmaschinenforschung. Überblick und Systematisierung eines interdisziplinären Forschungsfeldes. In: Markus Beiler/Marcel Machill (Hrsg.): Die Macht der Suchmaschinen/The power of search engines. Köln. S. 7-43.

Macias, Wendy/Karen Hilyard/Vicki Freimuth (2009): Blog Functions as Risk and Crisis Communication During Hurricane Katrina. In: Journal of Computer-Mediated Communication, Jg. 15, Nr. 1. Online verfügbar: http://onlinelibrary.wiley.com/doi/10.1111/j.1083-6101.2009.01490.x/pdf.

Madden, Mary/Aaron Smith (2010): Reputation Management and Social Media. How people monitor their identity and search for others online. Washington. Online verfügbar: http://pewinternet.org/Reports/2010/Reputation-Management.aspx.

Maier, Michaela/Karin Stengel/Joachim Marschall (2010): Nachrichtenwerrttheorie. Baden-Baden.

Maireder, Axel (2011): Links auf Twitter. Wie verweisen deutschsprachige Tweets auf Medieninhalte? Wien. Online verfügbar: http://phaidra.univie.ac.at/o:63984.

Mallard, Alexandre (2005): Following the emergence of unpredictable uses? New stakes and tasks for a social scientific understanding of ICT uses. In: Leslie Haddon/Enid Mante/Leopoldina Fortunati/Bartolomeo Sapio/Annevi Kant/Kari-Hans Kommonen (Hrsg.): Everyday Innovators. Researching the role of users in shaping ICTs. Dordrecht. S. 39-53.

Manders-Huits, Noëmi/Michael Zimmer (2009): Values and pragmatic action: The challenges of introducing ethical intelligence in technical design communities. In: International Review of Information Ethics, Jg. 10, Nr. 2, S. 37-44. Online verfügbar: http://www.i-r-i-e.net/inhalt/010/010-full.pdf.

Marlow, Cameron/Mor Naaman/danah boyd/Marc Davis (2006): HT06, Tagging Paper, Taxonomy, Flickr, Academic Article, ToRead. In: Proceedings of Hypertext 2006, New York. Online verfügbar: http://alumni.media.mit.edu/~cameron/cv/pubs/2006-ht06-tagging-paper.

Martens, Dirk/Rolf Amann (2007): Podcast: Wear-out oder Habitualisierung? Paneluntersuchung zur Podcastnutzung. In: Media Perspektiven, Nr. 11, 2007. S. 538-551. Online verfügbar: http://www.media-perspektiven.de/uploads/tx_mppublications/11-2007_Martens.pdf.

Marwick, Alice (2008): To catch a predator? The MySpace moral panic. In: First Monday, Jg. 13, Nr. 6, Juni 2008. Online-Publikation: http://firstmonday.org/htbin/cgiwrap/bin/ojs/index.php/fm/article/view/2152/1966.

Marwick, Alice/danah boyd (2011): To see and Be Seen: Celebrity Practice on Twitter. In: Convergence, Jg. 17, Nr. 2, S. 139-158.

Matthäus, Carsten (2008): Zwischern müsste man können. In: Sueddeutsche.de, 26.8.2008. Online-Publikation: http://www.sueddeutsche.de/politik/924/307874/text.

Matzat, Uwe (2003): Cooperation and Community on the Internet. Past Issues and Present Perspectives for theoretical-empirical research. In: Analyse & Kritik, Jg. 26, Nr. 1. S. 63-90. Online verfügbar: http://umatzat.net/AK_Matzat_2004.pdf.

Maurer, Tina/Paul Alpar/Patrick Noll (2008): Nutzertypen junger Erwachsener in sozialen Online-Netzwerken in Deutschland. In: Paul Alpar/Steffen Blaschke (Hrsg.): Web 2.0 – Eine empirische Bestandsaufnahme. Wiesbaden. S. 207-232.

Mayer, Florian L./Dennis Schoeneborn (2008): WikiWebs in der Organisationskommunikation. In: Raabe, Johannes/Rudolf Stöber/Anna M. Theis-Berglmair/Kristina Wied (Hrsg.): Medien und Kommunikation in der Wissensgesellschaft. Konstanz. S. 159-172.

Mayer, Florian L./Gabriele Mehling/Johannes Raabe/Jan Schmidt/Kristina Wied (2008): Watchblogs aus der Sicht der Nutzer. Befunde einer Onlinebefragung zur Nutzung und Bewertung von Bildblog. In: Media Perspektiven, Nr. 11, 2008, S. 589-594. Online verfügbar: http://www.media-perspektiven.de/uploads/tx_mppublications/Mayer.pdf.

Meier, Michael (2004): Bourdieus Theorie der Praxis – eine ‚Theorie sozialer Praktiken'? In: Karl H. Hörning/Julia Reuter (Hrsg.): Doing Culture. Neue Positionen zum Verhältnis von Kultur und sozialer Praxis. Bielefeld. S. 55-69.

Mellins, Maria (2007): Dressing up as Vampires: Virtual vamps – negotiating female identity in cyberspace. In: Networking Knowledge: Journal of the MeCCSA Postgraduate Network, Jg. 1, Nr. 2, 2007. Online-Publikation: http://journalhosting.org/meccsa-pgn/index.php/netknow/article/view/28.

Menduni, Enrico (2007): Four steps in innovative radio broadcasting: From QuickTime to podcasting. In. The radio journal – International Studies in Broadcast and Audio Media. Jg. 5, Nr. 1, S. 9-18.

Messner, Dirk (1995): Die Netzwerkgesellschaft. Wirtschaftliche Entwicklung und internationale Wettbewerbsfähigkeit als Probleme gesellschaftlicher Steuerung. Köln.

Messner, Marcus/Marcia Watson DiStaso (2008): The Source Cycle. How traditional media and weblogs use each other as sources. In: Journalism Studies, Jg. 9, Nr. 3, 2008. S. 447-463.

Meyen, Michael (2009): Medialisierung. In: Medien & Kommunikationswissenschaft, Jg. 57, Nr. 1, 2009, S. 23-38.

Meyer-Lucht, Robin (2008): Habermas, die Medien, das Internet. In: Perlentaucher.de, 4.6.2008. Online-Publikation: http://www.perlentaucher.de/artikel/4686.html.

Michelis, Daniel/Thomas Schildhauer (2010): Social Media Handbuch. Theorien, Methoden, Modelle. Baden-Baden.

Millen, David/Jonathan Feinberg/Bernard Kerr (2005): Social Bookmarking in the Enterprise. In: Queue, Nr. 3, S. 28-35.

Mislove, Alan/Hema Swetha Koppula/Krishna P. Gummadi/Peter Druschel/Bobby Bhattacharjee (2008): Growth of the Flickr social network. In: Proceedings of the 1st Workshop on Online Social Networks. Seattle. S. 25-30. Online verfügbar: http://www.mpi-sws.org/~gummadi/papers/Growth-WOSN.pdf.

Misoch, Sabina (2004): Identitäten im Internet. Selbstdarstellung auf privaten Homepages. Konstanz.

Mittendorfer, Kristina (Hrsg.) (2006): Mindestens haltbar. Buch für Meinungen. Norderstedt.

Mocigemba, Dennis (2007): Sechs Podcast-Sendetypen und ihre theoretische Verortung. In: Simone Kimpeler/Michael Mangold/Wolfgang Schweiger (Hrsg.): Die digitale Herausforderung. Zehn Jahre Forschung zur computervermittelten Kommunikation. S. 61-73.

Möller, Erik (2005): Die heimliche Medienrevolution. Wie Weblogs, Wikis und freie Software die Welt verändern. Hannover.

Moorstedt, Tobias (2008): Jeffersons Erben. Wie die digitalen Medien die Politik verändern. Frankfurt am Main.

MPFS (2010): JIM-Studie 2010. Jugend, Information, (Multi-)Media. Stuttgart. Online verfügbar: http://www.mpfs.de/fileadmin/JIM-pdf10/JIM2010.pdf.

MPFS (2011): KIM-Studie 2010. Kinder und Medien, Computer und Internet. Stuttgart. Online verfügbar: http://www.mpfs.de/fileadmin/KIM-pdf10/KIM2010.pdf.

Mrazek, Thomas (2008): Deckname Moser. In: journalist, Nr. 6, 2008. Online verfügbar: http://www.onlinejournalismus.de/2008/08/18/deckname-moser.

Müller, Daniel (2008): Lunatic Fringe Goes Mainstream? Keine Gatekeeping-Macht für Niemand, dafür Hate Speech für Alle – zum Islamhasser-Blog Politically Incorrect. In: Annegret März/Daniel Müller (Hrsg.): Internet: Öffentlichkeit(en) im Umbruch. Navigationen. Zeitschrift für Medien- und Kulturwissenschaften, Jg. 8, Nr. 2, 2008. S. 109-126.

Münch, Richard (1995): Dynamik der Kommunikationsgesellschaft. Frankfurt am Main.

Münker, Stefan (2009): Emergenz digitaler Öffentlichkeiten. Die Sozialen Medien im Web 2.0. Frankfurt am Main.

Munz, Sebastian/Julia Soergel (2007): Agile Produktentwicklung im Web 2.0. Boizenburg.

Naaman, Mor/Jeffrey Boase/Chih-Hui Lai (2010). Is it really about me? Message content in social awareness streams. In: Proceedings of the 2010 ACM conference on Computer supported cooperative work, 6.-10.2.2010, New York, S. 189-192.

Nagenborg, Michael (2009): Privacy im Social Semantic Web. In: Andreas Blumauer/Tassilo Pellegrini (Hrsg.), Social Semantic Web. Web 2.0 – Was nun? Berlin/Heidelberg. S. 485-506.

Narayanan, Arvind/Vitaly Shmatikov (2009): De-Anonymizing Social Networks. In: Proceedings of the 2009 30th IEEE Symposium on Security and Privacy, 17.-20.5.2009, Oakland, S. 173-187. Online verfügbar: http://www.cs.utexas.edu/~shmat/shmat_oak09.pdf.

Näser, Torsten (2008): Authentizität 2.0 – Kulturanthropologische Überlegungen zur Suche nach „Echtheit" im Videoportal YouTube. In: kommunikation@gesellschaft, Jg. 9, Beitrag 2. Online-Publikation: http://nbn-resolving.de/urn:nbn:de:0228-200809030.

Neidhardt, Friedhelm (1994): Öffentlichkeit, öffentliche Meinung, soziale Bewegungen. In: Ders. (Hrsg.): Öffentlichkeit, öffentliche Meinung, soziale Bewegungen. Opladen. S. 7-41.

Neuberger, Christoph (2004): Google, Blogs & Newsbots. Neue Vielfalt, neue Fragen: Mediatoren der Internet-Öffentlichkeit. In: Funkkorrespondenz. H. 8/9 (Extra), 10.02.2004, S. 20-28.

Neuberger, Christoph (2009): Internet, Journalismus und Öffentlichkeit. Analyse des Medienumbruchs. In: Christoph Neuberger/Christian Nürnbergk/Melanie Rischke (Hrsg.): Journalismus im Internet: Profession – Partizipation – Technisierung. Wiesbaden. S. 19-105.

Neuberger, Christoph/Christian Nuernbergk/Melanie Rischke (2007): Weblogs und Journalismus: Konkurrenz, Ergänzung oder Integration? In: Media Perspektiven, Nr. 2, 2007. S. 96-112.

Neuberger, Christoph/Christian Nuernbergk/Melanie Rischke (2009a): Eine Frage des Blickwinkels? Die Fremd- und Selbstdarstellungen von Bloggern und Journalisten im öffentlichen Metadiskurs. In: Dies. (Hrsg.): Journalismus im Internet. Profession – Partizipation – Technisierung. Wiesbaden. S. 129-169.

Neuberger, Christoph/Christian Nuernbergk/Melanie Rischke (2009b): Journalismus im Internet. Zwischen Profession, Partizipation und Technik. In: Media Perspektiven, Nr. 4, 2009, S. 174-188. Online verfügbar: http://www.mediaperspektiven.de/uploads/tx_mppublications/04-2009_Neuberger.pdf.

Neuberger, Christoph/Volker Gehrau (Hrsg.) (2011): StudiVZ. Diffusion, Nutzung und Wirkung eines sozialen Netzwerks im Internet. Wiesbaden.

Nielsen (2011): Deutsche Top-Marken im Internet und Onlinenutzerprofil: Juni 2011. Pressemitteilung, 18.7.2011. Online verfügbar: http://de.nielsen.com/ news/NielsenPressemeldung-DeutscheTop-MarkenimInternetundOnlinenutzerprofilJuni2011.shtml

Nielsen, Jakob (2006): Participation Inequality: Encouraging more users to contribute. In: Alertbox, 9.10.2006. Online-Publikation: http://www.useit.com/alertbox/ participation_inequality.html.

Niggemeier, Stefan (2008): Schlechter Online. Vortrag beim DJV-Kongress „Besser Online", 18.10.2008, Hamburg. Online verfügbar: http://www.stefan-niggemeier.de/blog/schlechter-online.

Nissenbaum, Helen (2004): Privacy as contextual integrity. In: Washington Law Review, Jg. 79, Nr. 1, Februar 2004. S. 119-158.

Noruzi, Alireza (2006): Folksonomies: (Un)controlled vocabulary? In: Knowledge Organization, Nr. 33, S. 199-203.

O'Reilly, Tim (2005): What is Web 2.0. Design patterns and business models for the next generation of software. In: O'Reilly Blog, 30.9.2005. Online-Publikation: http://www.oreilly.com/pub/a/oreilly/tim/news/2005/09/30/what-is-web-20.html.

OECD (2007): Participative Web and User-Created Content. Web 2.0, Wikis and Social Networking. Paris. Online verfügbar: http://www.biac.org/members/ iccp/mtg/2008-06-seoul-min/9307031E.pdf.

Oerter, Rolf (1995): Kultur, Ökologie und Entwicklung. In: Rolf Oerter/Leo Montada (Hrsg.): Entwicklungspsychologie. Ein Lehrbuch. 3. korrigierte Aufl. Weinheim. S. 84-127.

Oetting, Martin (2006): Wie Web 2.0 das Marketing revolutioniert. In: Torsten Schwarz/Gabriele Braun (Hrsg.): Leitfaden Integrierte Kommunikation. Waghäusel. S. 173-199.

Ofcom (2008): Social Networking. A quantitative and qualitative report into attitudes, behaviours and use. London. Online verfügbar: http://stakeholders.ofcom.org.uk/binaries/research/media-literacy/report1.pdf.

Olmstead, Kenny/Amy Mitchell/Tom Rosenstiel (2011): Navigating News Online: Where people go, how they get there and what lures them away. Pew Research Center's Project for Excellence in Journalism. Washington. Online verfügbar: http://www.journalism.org/sites/journalism.org/files/NIELSEN%20STUDY.pdf.

Panke, Stefanie (2007): Unterwegs im Web 2.0: Charakteristiken und Potenziale. Tübingen. Onlinepublikation: http://www.e-teaching.org/didaktik/theorie/informelleslernen/Web2.pdf.

Papacharissi, Zizi (2010). A private sphere. Democracy in a digital age. Cambridge.

Papier, Hans-Jürgen (2011): Verfassungsrechtliche Grundlegung des Datenschutzes. In: Jan-Hinrik Schmidt/Thilo Weichert (Hrsg.): Datenschutz. Schriftenreihe der Bundeszentrale für Politische Bildung. Bonn.

Pariser, Eli (2011): Filter Bubble. What the Internet is hiding from you. London.

Pascoe, CJ (2010): Intimacy. In: Mizuko Ito et al. (Hrsg.): Hanging Out, Messing Around, Geeking Out: Living and Learning with New Media. Cambridge. S. 117-148. Online verfügbar: http://mitpress.mit.edu/books/full_pdfs/Hanging_Out.pdf.

Passoth, Jan-Hendrik (2007): Technik und Gesellschaft. Sozialwissenschaftliche Techniktheorien und die Transformation der Moderne. Wiesbaden.

Patalong, Frank (2009): „Da ist ein Flugzeug im Hudson River. Verrückt." Airbus-Unglück auf Twitter. In: Spiegel Online, 16.1.2009. Online-Publikation: http://www.spiegel.de/netzwelt/web/0,1518,601588,00.html.

Paterson, Chris/David Domingo (Hrsg.) (2008): Making Online News. The ethnography of New Media Production. New York.

Paus-Haase, Ingrid/Uwe Hasebrink/Uwe Mattusch/Susanne Keuneke/Friedrich Krotz (1999): Talkshows im Alltag von Jugendlichen. Der tägliche Balanceakt zwischen Orientierung, Amüsement und Ablehnung. Opladen.

Paus-Hasebrink, Ingrid/Christine Wijnen/Thomas Brüssel (2009): Social Web im Alltag von Jugendlichen und jungen Erwachsenen: Soziale Kontexte und Handlungstypen. In: Jan Schmidt/Ingrid Paus-Hasebrink/Uwe Hasebrink (Hrsg.): Heranwachsen mit dem Social Web. Zur Rolle von Web 2.0-Angeboten im Alltag von Jugendlichen und jungen Erwachsenen. Berlin. S. 101-206.

Paus-Hasebrink, Ingrid/Jan Schmidt/Uwe Hasebrink (2009): Zur Erforschung der Rolle des Social Web im Alltag von Heranwachsenden. In: Jan Schmidt/Ingrid Paus-Hasebrink/Uwe Hasebrink (Hrsg.): Heranwachsen mit dem Social Web. Zur Rolle von Web 2.0-Angeboten im Alltag von Jugendlichen und jungen Erwachsenen. Berlin. S. 13-40.

Pedersen, Dahrl M. (1997): Psychological functions of privacy. In: Journal of Environmental Psychology, Jg. 17, Nr. 2, S. 147-156.

Pentzold, Christian (2007): Wikipedia. Diskussionsraum und Informationsspeicher im neuen Netz. München.

Pentzold, Christian/Sebastian Seidenglanz/Claudia Fraas/Peter Ohler (2007): Wikis – Bestandsaufnahme eines Forschungsfeldes und Skizzierung eines integrativen Analyserahmens. In: Medien & Kommunikationswissenschaft, Nr. 1, 2007, S. 61-79.

Perez, Sarah (2008): The Future of Blogging Revealed. In: ReadWriteWeb, 4.8.2008. Online-Publikation: http://www.readwriteweb.com/archives/the_future_of_blogging_reveale.php.

Peters, Isabella/Wolfgang G. Stock (2008): Folksonomies in Wissensrepräsentation und Information Retrieval. In: Information, Nr. 2, Jg. 59, S. 77-91. Online verfügbar: http://www.phil-fak.uni-duesseldorf.de/fileadmin/Redaktion/Institute/Informationswissenschaft/1204545101folksonomi.pdf.

Petersen, Søren (2008): Loser Generated Content: From Participation to Exploitation. In: First Monday, Jg. 13, Nr. 3. Online-Publikation: http://www.uic.edu/htbin/cgiwrap/bin/ojs/index.php/fm/article/view/2141/1948.

Polke-Majewski, Karsten (2008): 237 Gründe, Sex zu haben. In: Die Zeit, 11/2008. Online verfügbar: http://www.zeit.de/2008/11/Internet-Klicks.

Poole, Marshall Scott/Gerardine DeSanctis (1992): Microlevel Structuration in Computer-Supported Group Decision Making. In: Human Communication Research, Jg. 19, Nr.1, S. 5-49.

Poor, Nathaniel (2005): Mechanisms of an Online Public Sphere: The Website Slashdot. In: Journal of Computer-Mediated Communication, Nr. 2, Jg. 10, Artikel 4. Online-Publikation: http://jcmc.indiana.edu/vol10/issue2/poor.html.

Pörksen, Bernhard/Wolfgang Krischke (Hrsg.) (2010): Die Casting-Gesellschaft. Die Sucht nach Aufmerksamkeit und das Tribunal der Medien. Köln.

Postmes, Tom/Russell Spears/Martin Lea (2000): The Formation of Group Norms in Computer-Mediated Communication. In: Human Communication Research, Jg. 26, Nr. 3, Juli 2000. S. 341-371.

Prinz, Wolfgang (2001): Awareness. In: Gerhard Schwabe/Norbert Streitz/Rainer Unland (Hrsg.): CSCW-Kompendium. Lehr- und Handbuch zum computergestützten kooperativen Arbeiten. Berlin u.a. S. 335-350.

Pscheida, Daniela (2010): Das Wikipedia-Universum. Wie das Internet unsere Wissenskultur verändert. Bielefeld.

Quintarelli, Emanuele (2005): Folksonomies: power to the people. Vortrag beim „ISKO Italy-UniMIB meeting", 24.6.2005, Mailand. Online verfügbar: http://www.iskoi.org/doc/folksonomies.htm.

Raabe, Johannes (2007): Journalismus als kulturelle Praxis: Zum Nutzen von Milieu- und Lebensstilkonzepten in der Journalismusforschung. In: Klaus-Dieter Altmeppen/Thomas Hanitzsch/Carsten Schlüter (Hrsg.): Journalismustheorie: Next Generation. Soziologische Grundlegung und theoretische Innovation. Wiesbaden. S. 189-212.

Raabe, Johannes (2008): Kommunikation und soziale Praxis: Chancen einer praxistheoretischen Perspektive für Kommunikationstheorie und -forschung. In: Carsten Winter/Andreas Hepp/Friedrich Krotz (Hrsg.): Theorien der Kommunikations- und Medienwissenschaft. Grundlegende Diskussionen, Forschungsfelder und Theorieentwicklungen. Wiesbaden. S. 363-381.

Radway, Janice (1984): Reading the Romance. Chapel Hill.

Range, Steffen/Roland Schweins (2007): Klicks, Quoten, Reizwörter: Nachrichten-Sites im Internet. Wie das Web den Journalismus verändert. Berlin. Online verfügbar: http://library.fes.de/pdf-files/stabsabteilung/04417.pdf.

Reckwitz, Andreas (1997): Struktur. Zur sozialwissenschaftlichen Analyse von Regeln und Regelmässigkeiten. Opladen.

Reckwitz, Andreas (2003): Grundelemente einer Theorie sozialer Praktiken: Eine sozialtheoretische Perspektive. In: Zeitschrift für Soziologie, Jg. 32, Nr. 4, S. 282-301.

Reese, Stephen/Lou Rutigliano/Kideuk Hyun/Jaekwan Jeong (2007): Mapping the blogosphere. Professional and citizen-based media in the global news arena. In: Journalism, Jg. 8, Nr. 3. S. 235–261.

Reichwald, Ralf/Frank Piller (2006): Interaktive Wertschöpfung. Open Innovation, Individualisierung und neue Formen der Arbeitsteilung. Wiesbaden.

Reinecke, Leonard/Sabine Trepte (2008): Privatsphäre 2.0: Konzepte von Privatheit, Intimsphäre und Werten im Umgang mit „user-generated content". In: Ansgar Zerfaß/Martin Welker/Jan Schmidt (Hrsg.): Kommunikation, Partizipation und Wirkungen im Social Web. Band 1. Köln. S. 205-228.

Renner, Karl-Heinz/Bernd Marcus/Franz Machilek/Astrid Schütz (2005): Selbstdarstellung und Persönlichkeit auf privaten Homepages. In: Karl-Heinz Renner/Astrid Schütz/Franz Machilek (Hrsg.): Internet und Persönlichkeit. Differentiell-psychologische und diagnostische Aspekte der Internetnutzung. Göttingen u. a. S. 189-204.

Renz, Florian (2007): Praktiken des Social Networking. Eine kommunikations-soziologische Studie zum online-basierten Netzwerken am Beispiel von openBC (XING). Boizenburg.

Rheingold, Howard (1994): Virtuelle Gemeinschaft. Soziale Beziehungen im Zeitalter des Computers. Bonn.

Richter, Alexander/Alexander Warta (2008): Medienvielfalt als Barriere für den erfolgreichen Einsatz von Wikis im Unternehmen: Fallbeispiel Bosch. In: Ansgar Zerfaß/Martin Welker/Jan Schmidt (Hrsg.): Kommunikation, Partizipation und Wirkungen im Social Web. Band 2. Köln. S. 427-443.

Richter, Alexander/Michael Koch (2008): Funktionen von Social-Networking-Diensten. In: Bichler, Martin et al. (Hrsg.): Multikonferenz Wirtschaftsinformatik 2008. Berlin. S. 1239-1250. Online verfügbar: http://ibis.in.tum.de/mkwi08/18_Kooperationssysteme/04_Richter.pdf.

Ritzer, George (1988): Contemporary Sociological Theory. 2. Auflage. New York.

Roessing, Thomas (2008): Propaganda, POV und Pöbeleien – die Dynamik politischer Auseinandersetzungen in Wikipedia. Vortrag bei der Jahrestagung der Fachgruppe Computervermittelte Kommunikation der DGPuK, 7./8.11.2008, Ilmenau.

Roggenkamp, Jan (2008): Rechtliche Verantwortlichkeit im Social Web. In: Ansgar Zerfaß/Martin Welker/Jan Schmidt (Hrsg.): Kommunikation, Partizipation und Wirkungen im Social Web. Band 1. Köln. S. 78-93.

Rölver, Markus/Paul Alpar (2008): Social News, die neue Form der Nachrichtenverteilung? In: Paul Alpar/Steffen Blaschke (Hrsg.): Web 2.0 – Eine empirische Bestandsaufnahme. Wiesbaden. S. 259-330.

Rosen, Jay (2006): The People Formerly Known as the Audience. In: PressThink, 27.6.2006. Online verfügbar: http://journalism.nyu.edu/pubzone/weblogs/pressthink/2006/06/27/ppl_frmr.html.

Rössler, Beate (2003): Der Wert des Privaten. In: Ralf Grötker (Hrsg): Privat! Kontrollierte Freiheit in einer vernetzten Welt. Hannover: Heise. S. 15-32.

Rössler, Patrick (1997): Agenda Setting. Theoretische Annahmen und empirische Evidenzen einer Medienwirkungshypothese. Opladen.

Rössler, Patrick (2001): Between online heaven and cyberhell. The framing of 'the internet' by traditional media coverage in Germany. In: New Media & Society, Jg. 3, Nr. 1, S. 49-66.

Royal Academy of Engineering (2007): Dilemmas of privacy and surveillance: Challenges of technological change. London. Online verfügbar: http://www.raeng.org.uk/news/publications/list/reports/dilemmas_of_privacy_and_surveillance_report.pdf.

Rühl, Manfred (1979): Die Zeitungsredaktion als organisiertes soziales System. 2. Auflage. Fribourg.

Rushkoff, Douglas (2003): Open Source Democracy. London.

Sack, Harald (2007): Kollaboratives Indexieren und die Emergenz neuer sozialer Netzwerke. In: Döbler, Thomas (Hrsg.): Social Software in Unternehmen. Stuttgart. S. 61-71.

Sanderson, Jimmy (2008): The Blog is Serving Its Purpose: Self-Presentation Strategies on 38pitches.com. In: Journal of Computer-Mediated Communication, Jg. 13, Nr. 4, S. 912-936. Online-Publikation: http://www3.interscience.wiley.com/cgi-bin/fulltext/121394418/PDFSTART.

Sanger, Larry (2005): The early history of Nupedia and Wikipedia: A Memoir. In: Slashdot, 18.4.2005. Online-Publikation: http://features.slashdot.org/article.pl?sid=05/04/18/164213.

Sanger, Larry (2007): Masse im Dilemma. In: Sueddeutsche.de, 23.7.2007. Online-Publikation: http://www.sueddeutsche.de/computer/426/322294/text.

Scheddin, Monika (2009): Erfolgsstrategie Networking. 3. Auflage. München.

Schenk, Michael (1995): Soziale Netzwerke und Massenmedien. Tübingen.

Schirrmacher, Frank (2009): Payback. Warum wir im Informationszeitalter gezwungen sind zu tun, was wir nicht tun wollen, und wie wir die Kontrolle über unser Denken zurückgewinnen. München.

Schmidt, Holger (2009a): Facebook übernimmt Führung auf dem deutschen Markt. In: Netzökonom [Weblog], 25.8.2009. Online verfügbar: http://faz-community.faz.net/blogs/netzkonom/archive/2009/08/25/facebook-uebernimmt-fuehrung-auf-dem-deutschen-markt.aspx

Schmidt, Holger (2011): Trafficlieferanten der Medien: Facebook gewinnt, Google verliert. In: Netzökonom [Weblog], 29.3.2011. Online verfügbar: http://faz-community.faz.net/blogs/netzkonom/archive/2011/03/29/trafficlieferanten-der-medien-facebook-gewinnt-google-verliert.aspx.

Schmidt, Jan (2005): Der virtuelle lokale Raum. Zur Institutionalisierung lokalbezogener Online-Nutzungsepisoden. München.

Schmidt, Jan (2006): Weblogs. Eine kommunikationssoziologische Studie. Konstanz.

Schmidt, Jan (2008a): Geschlechtsunterschiede in der deutschsprachigen Blogo-sphäre. In: Paul Alpar/Steffen Blaschke (Hrsg.): Web 2.0 – Eine empirische Bestandsaufnahme. Göttingen. S. 75-86.

Schmidt, Jan (2008b): Was ist neu am Social Web? Soziologische und kommunika-tionswissenschaftliche Grundlagen. In: Ansgar Zerfaß/Martin Welker/Jan Schmidt (Hrsg.): Kommunikation, Partizipation und Wirkungen im Social Web. Band 1. Köln. S. 18-40.

Schmidt, Jan (2008c): Zu Form und Bestimmungsfaktoren weblogbasierter Netz-werke. Das Beispiel twoday.net. In: Christian Stegbauer/Michael Jäckel (Hrsg.): Social Software. Formen der Kooperation in computerbasierten Netzwerken. Wiesbaden. S. 71-93.

Schmidt, Jan (2009b): Braucht das Web 2.0 eine eigene Forschungsethik? In: Zeitschrift für Kommunikationsökologie und Medienethik, Nr. 1/2009, S. 40-44.

Schmidt, Jan (2009c): How do Blogs Comment on Mainstream Media Content? Re-sults from a Link Analysis. Vortrag bei der „General Online Research Conferen-ce", 8.4.2009, Wien. Online verfügbar: http://www.slideshare.net/JanSchmidt/schmidt-jan-how-do-blogs-comment-on-msm.

Schmidt, Jan/Beate Frees/Martin Fisch (2009): Themenscan im Web 2.0. Neue Öf-fentlichkeiten in Weblogs und Social-News-Plattformen. In: Media Perspektiven, Nr. 2, 2009, S. 50-59. Online verfügbar: http://www.media-perspektiven.de/uploads/tx_mppublications/02-2009_Schmidt.pdf.

Schmidt, Jan/Ingrid Paus-Hasebrink/Uwe Hasebrink (Hrsg.) (2009): Heranwachsen mit dem Social Web. Zur Rolle von Web 2.0-Angeboten im Alltag von Jugend-lichen und jungen Erwachsenen. Berlin.

Schmidt, Jan/Martin Wilbers (2006): Wie ich blogge?! Erste Ergebnisse der Weblog-befragung 2005. Berichte der Forschungsstelle „Neue Kommunikationsmedien", Nr. 06-01. Bamberg. Online verfügbar: http://nbn-resolving.de/urn:nbn:de:0168-ssoar-9874.

Schmidt, Jan/Matthias Paetzolt/Martin Wilbers (2006): Stabilität und Dynamik von Weblog-Praktiken? Ergebnisse der Nachbefragung zur „Wie ich blogge?!"-Umfrage. Berichte der Forschungsstelle „Neue Kommunikationsmedien", Nr. 06-03. Bamberg. Online verfügbar: http://nbn-resolving.de/urn:nbn:de:0168-ssoar-9910.

Schmidt, Jan/Tassilo Pellegrini (2009): Das Social Semantic Web aus kommunika-tionssoziologischer Perspektive. In: Andreas Blumauer/Tassilo Pellegrini (Hrsg.), Social Semantic Web. Web 2.0 - Was nun?. Berlin/Heidelberg. S. 453-468.

Schmidt, Jan/Thilo Weichert (Hrsg.) (In Vorb.): Datenschutz. Schriftenreihe der Bundeszentrale für Politische Bildung. Bonn.

Schmiedekampf, Katrin (2008): Die ganze Welt liest mit. In: Spiegel Online, 29.1.2008. Online-Publikation: http://www.spiegel.de/schulspiegel/leben/ 0,1518,531569,00.html.

Scholz, Trebor (2008): Market Ideology and the Myths of Web 2.0. In: First Monday, Jg. 13, Nr.3. Online-Publikation: http://firstmonday.org/htbin/cgiwrap/bin/ojs/index.php/fm/article/view/2138/1945.

Schönberger, Klaus (2000): Internet und Netzkommunikation im sozialen Nahbereich. Anmerkungen zum langen Arm des ›real life‹. In: forum medien-ethik 2/2000: Netzwelten, Menschenwelten, Lebenswelten. Kommunikationskultur im Zeichen von Multimedia, S. 33-42. Online verfügbar: http://www.fatk.uni-tuebingen.de/files/ethik.pdf.

Schönherr, Katja (2008): Medienwatchblogs als Form journalistischer Qualitätskontrolle. In: Ansgar Zerfaß/Martin Welker/Jan Schmidt (Hrsg.): Kommunikation, Partizipation und Wirkungen im Social Web. Band 2. Köln. S. 116-133.

Schorb, Bernd/Maren Würfel/Matthias Kießling/Jan Keilhauer (2009): Youtube und Co. – neue Medienräume Jugendlicher. Medienkonvergenz Monitoring Videoplattformen-Report 2009. Leipzig. Online verfügbar: http://www.uni-leipzig.de/mepaed/sites/default/files/MeMo_VP09.pdf.

Schorb, Bernd/Matthias Kießling/Maren Würfel/Jan Keilhauer (2010): Medienkonvergenz Monitoring. Soziale Online-Netzwerke-Report 2010. Leipzig. Online verfügbar: http://www.uni-leipzig.de/mepaed/sites/default/files/MeMo_SON10.pdf.

Schramm, Julia (2011): „Privatsphäre ist sowas von Eighties". In: Spiegel Online, 10.3.2011. Online verfügbar: http://www.spiegel.de/netzwelt/netzpolitik/0,1518,749831,00.html.

Schroer, Joachim (2008): Wikipedia: auslösende und aufrechterhaltende Faktoren der freiwilligen Mitarbeit an einem Web-2.0-Projekt. Berlin.

Schroer, Markus (2000): Negative, positive und ambivalente Individualisierung – erwartbare und überraschende Allianzen. In: Thomas Kron (Hrsg.): Individualisierung und soziologische Theorie. Opladen. S. 13-42.

Schroer, Markus (2006): Selbstthematisierung. Von der (Er-)Findung des Selbst und der Suche nach Aufmerksamkeit. In: Günter Burkart (Hrsg.): Die Ausweitung der Bekenntniskultur – neue Formen der Selbstthematisierung? Wiesbaden. S. 41-72.

Schuller, Tom/Stephen Baron/John Field (2000): Social Capital: A Review and Critique. In: Stephen Baron/John Field/Tom Schuller (Hrsg.): Social Capital. Critical Perspectives. Oxford. S. 1-38.

Schulz, Sebastian/Gunnar Mau/Stella Löffler (2007): Motive und Wirkungen im viralen Marketing. In: Berthold Hass/Gianfranco Walsh/Thomas Kilian (Hrsg.): Web 2.0. Neue Perspektiven für Marketing und Medien. Berlin/Heidelberg. S. 249-270.

Schulz, Winfried (1997): Neue Medien – Chancen und Risiken. Tendenzen der Medienentwicklung und ihre Folgen. In: Aus Politik und Zeitgeschichte, B42, 1997, S. 1-12.

Schulze, Gerhard (2003): Die zeitliche Dimension sozialer Phänomene. In: Baur, Nina (Hrsg.): Quantitative Analyse zeitlicher Veränderungen. Band 1: Überblick und theoretische Grundlagen. Bamberger Beiträge zur empirischen Sozialforschung, Nr. 19-1. Bamberg. S. 8-27.

Schulzki-Haddouti, Christiane (2007): 30+ Tools für Social Bookmarks. In: KoopTech [Weblog], 12.11.2007. Online-Publikation: http://blog.kooptech.de/2007/11/30-tools-fuer-social-bookmarks.

Schulzki-Haddouti, Christiane (Hrsg.) (2003): Bürgerrechte im Netz. Bonn.

Schulzki-Haddouti, Christiane (unter Mitwirkung von Lorenz Lorenz-Meyer) (2008): Kooperative Technologien in Arbeit, Ausbildung und Zivilgesellschaft. Analyse für die Innovations- und Technikanalyse (ITA) im Bundesministerium für Bildung und Forschung (BMBF). Berlin. Online verfügbar: http://blog.kooptech.de/KoopTech.pdf.

Schulz-Schaeffer, Ingo (2000): Sozialtheorie der Technik. Frankfurt/New York.

Schweiger, Wolfgang (2004): Mythen der Internetnutzung - Ursachen und Folgen. In: Uwe Hasebrink/Lothar Mikos/Elisabeth Prommer (Hrsg.): Mediennutzung in konvergierenden Medienumgebungen. München. S. 89-113.

Schweiger, Wolfgang/Oliver Quiring (2006): User-Generated Content auf massenmedialen Websites – eine Systematik. In: Mike Friedrichsen/Wolfgang Mühl-Benninghaus/Wolfgang Schweiger (Hrsg.): Neue Technik, neue Medien, neue Gesellschaft? Ökonomische Herausforderungen der Onlinekommunikation. München. S. 97-120.

Schweitzer, Eva Johanna (2007): Innovation oder Konvergenz im Online-Wahlkampf? Deutsche Partei-Websites zu den Bundestagswahlen 2002 und 2005. In: Simone Kimpeler/Michael Mangold/ Wolfgang Schweiger (Hrsg.): Die digitale Herausforderung. Zehn Jahre Forschung zur computervermittelten Kommunikation. Wiesbaden. S. 229-238.

Schweitzer, Eva Johanna/Steffen Albrecht (Hrsg.) (2011): Das Internet im Wahlkampf. Analysen zur Bundestagswahl 2009. Wiesbaden.

Seubert, Sandra/Peter Niesen (Hrsg.) (2010): Die Grenzen des Privaten. Schriftenreihe der Sektion „Politische Theorien und Ideengeschichte" in der Deutschen Vereinigung für Politische Wissenschaft. Baden-Baden.

Siegert, Michael/Michael Chapman (1987): Identitätstransformationen im Erwachsenenalter. In: Hans-Peter Frey/Karl Haußer (Hrsg.): Identität. Entwicklungen psychologischer und soziologischer Forschung. Stuttgart. S. 139-150.

Siegert, Svenja (2011): Revolution – Tagesschau, ARD und Social Media. In: Journalist, 6/2011. Online verfügbar: http://www.journalist.de/aktuelles/ meldungen/revolution-tagesschau-ard-und-social-media.html

Simmel, Georg (1908/1999): Soziologie. Untersuchungen über Formen der Vergesellschaftung. Bd. 11 der Gesamtausgabe (Hrsg. von Otthein Rammstedt), 3. Auflage. Frankfurt.

Sinclair, James/Cardew-Hall, Michael (2008): The folksonomy tag cloud: when is it useful? In: Journal of Information Science, Nr. 1, Jg. 34, S. 15-29.

Smith, Gene (2008): Tagging. People-Powered Metadata for the Social Web. Berkeley.

Stabe, Martin (2007): Media critics look at online Virginia Tech coverage. In: Fleet Street 2.0, 18.4.2007. Online-Publikation: http://blogs.pressgazette.co.uk/ fleetstreet/2007/04/18/media-critics-look-at-online-virginia-tech-coverage.

Staksrud, Elisabeth/Bojana Lobe (2010): Evaluation of the implementation of the Safer Social Networking Principles for the EU Part I: General Report. Luxemburg. Online verfügbar: http://ec.europa.eu/information_society/ activities/social_networking/docs/final_report/first_part.pdf.

Stegbauer, Christian (2006): Wikipedia: Die Erstellung einer Online-Enzyklopädie als Herausforderung für die Erklärung von Kooperation. In: Christian Stegbauer/Alexander Rausch (Hrsg.): Strukturalistische Internetforschung. Netzwerkanalysen internetbasierter Kommunikationsräume. Wiesbaden. S. 221-244.

Stegbauer, Christian (2008a): Die Bedeutung des Positionalen. Netzwerk und Beteiligung am Beispiel von Wikipedia. In: Ders. (Hrsg.): Netzwerkanalyse und Netzwerktheorie. Ein neues Paradigma in den Sozialwissenschaften. Wiesbaden. S. 191-200.

Stegbauer, Christian (2009): Das Rätsel der Kooperation. Eine Untersuchung am Beispiel der Wikipedia. Wiesbaden.

Stegbauer, Christian (Hrsg.) (2008b): Netzwerkanalyse und Netzwerktheorie. Ein neues Paradigma in den Sozialwissenschaften. Wiesbaden.

Stegbauer, Christian/Elisabeth Bauer (2008): Nutzerkarrieren in Wikipedia. In: Ansgar Zerfaß/Martin Welker/Jan Schmidt (Hrsg.): Kommunikation, Partizipation und Wirkungen im Social Web. Band 1. Köln. S. 186-204.

Stegbauer, Christian/Roger Häußling (Hrsg.) (2010): Handbuch Netzwerkforschung. Wiesbaden.

Stock, Wolfgang G. (2007): Themenentdeckung und -verfolgung und ihr Einsatz bei Informationsdiensten für Nachrichten. In: Information, Nr. 1, Jg. 58, S. 41-47. Online verfügbar: http://wwwalt.philfak.uni-duesseldorf.de/infowiss/admin/public_dateien/files/1/1170319193tdt_206_pd.pdf.

Stocker, Alexander/Klaus Tochtermann (2009): Anwendungen und Technologien des Web 2.0: Ein Überblick. In: Andreas Blumauer/Tassilo Pellegrini (Hrsg.): Social Semantic Web. Web 2.0 – Was nun? Berlin/Heidelberg. S. 63-82.

Stöcker, Christian (2009): Propagandakrieg um Twitter. In: Spiegel Online, 16.6.2009. Online-Publikation: http://www.spiegel.de/netzwelt/web/0,1518,630845,00.html.

Stuhr, Mathias (2010): Mythos New Economy. Die Arbeit an der Geschichte der Informationsgesellschaft. Bielefeld.

Sunstein, Cass (2004): Democracy and Filtering. In: Communications of the ACM, Dezember 2004, Jg. 47, Nr. 12. S. 57-59.

Süss, Daniel (2004): Mediensozialisation von Heranwachsenden. Dimensionen – Konstanten – Wandel. Wiesbaden.

Talbot, David (2008): How Obama Really Did it. In: Technology Review, September/October 2008. Online verfügbar: https://www.technologyreview.com/web/21222.

Tanz, Jason (2008): Internet Famous: Julia Allison and the secrets of self-promotion. In: Wired Magazine, Jg. 16, Nr. 8. Online verfügbar: http://www.wired.com/culture/lifestyle/magazine/16-08/howto_allison.

Tapscott, Don/Anthony Williams (2007): Wikinomics. Die Revolution im Netz. München.

Tepe, Daniel/Andreas Hepp (2008): Digitale Produktionsgemeinschaften. Die Open-Source-Bewegung zwischen kooperativer Softwareherstellung und deterritorialer politischer Vergemeinschaftung. In: Christian Stegbauer/Michael Jäckel (Hrsg.): Social Software. Formen der Kooperation in computerbasierten Netzwerken. Wiesbaden. S. 27-47.

Thelwall, Mike/David Stuart (2007): RUOK? Blogging communication technologies during crises. In: Journal of Computer-Mediated Communication, Jg. 12, Nr. 2, Artikel 9. Online-Publikation: http://jcmc.indiana.edu/vol12/issue2/thelwall.html.

Thompson, Clive (2008): I'm so totally, digitally close to you. Brave New World of Digital Intimacy. In: New York Times, 7.9.2008, S. MM42. Online verfügbar: http://www.nytimes.com/2008/09/07/magazine/07awareness-t.html.

Thurman, Neil (2008): Forums for citizen journalism? Adoption of user generated content initiatives by online news media. In: New Media & Society, Jg. 10, Nr. 1, 2008. S. 139-157.

Tom Tong, Stephanie/Brandon Van Der Heide/Lindsey Langwell/Joseph Walther (2008): Too Much of a Good Thing? The Relationship Between Number of Friends and Interpersonal Impressions on Facebook. In: Journal of Computer-Mediated Communication, Jg. 13, Nr. 3, S. 531–549. Online verfügbar: http://www3.interscience.wiley.com/cgi-bin/fulltext/119414155/PDFSTART.

Tomlinson, John (1999): Globalization and Culture. Cambridge.

Tönnies, Ferdinand (1887/1991): Gemeinschaft und Gesellschaft: Grundbegriffe der reinen Soziologie. Darmstadt.

Trammell, Kaye/Alek Tarkowski/Justyna Hofmokl/Amanda Sapp (2006): Rzeczpospolita blogów [Republic of Blog]: Examining Polish bloggers through content analysis. In: Journal of Computer-Mediated Communication, Jg. 11, Nr. 3, Artikel 2. Online-Publikation: http://jcmc.indiana.edu/vol11/issue3/trammell.html.

Tremayne, Mark/Nan Zheng/Jae Kook Lee/Jaekwan Jeong (2006): Issue publics on the web: Applying network theory to the war blogosphere. In: Journal of Computer-Mediated Communication, Jg. 12, Nr. 1, Artikel 15. Online-Publikation: http://jcmc.indiana.edu/vol12/issue1/tremayne.html.

Trepte, Sabine/Leonard Reinecke (Hrsg.) (2011): Privacy online. Perspectives on Privacy and Self-Disclosure in the Social Web. Berlin/Heidelberg.

Tsagarousianou, Roza/Damian Tambini/Cathy Bryan (Hrsg) (1998): Cyberdemocracy. Technology, cities and civic networks. London/New York.

Tscherteu, Gernot/Christian Langreiter (2009): Explorative Netzwerkanalyse im Living Web. In: Andreas Blumauer/Tassilo Pellegrini (Hrsg.), Social Semantic Web. Web 2.0 - Was nun?. Berlin/Heidelberg. S. 313-335.

Tufekci, Zeynep (2008): Can You See Me Now? Audience and Disclosure Regulation in Online Social Network Sites. In: Bulletin of Science, Technology and Society, Jg. 28, Nr. 1, Februar 2008. S. 20-36. Online verfügbar: http://userpages.umbc.edu/~zeynep/papers/ZeynepCanYouSeeMeNowBSTS.pdf.

Turkle, Sherry (1998): Leben im Netz. Identität im Zeitalter des Internet. Reinbek bei Hamburg.

Turner, Fred (2006): From Counterculture to Cyberculture. Stewart Brand, the Whole Earth Network, and the Rise of Digital Utopianism. Chicago.

ULD (2011): Datenschutzrechtliche Bewertung der Reichweitenanalyse durch Facebook. Kiel. https://www.datenschutzzentrum.de/facebook/facebook-ap-20110819.pdf.

Ulken, Eric (2005): Non-traditional sources cloud Google News results. In: Online Journalism Review, 19.05.2005. Online-Publikation: http://www.ojr.org/ojr/stories/050519ulken.

UNESCO (2007): Ethical Implications of Emerging Technologies: A Survey. Paris. Online verfügbar: http://unesdoc.unesco.org/images/0014/001499/149992E.pdf.

Valkenburg, Patti/Alexander Schouten/Jochen Peter (2005): Adolescents' identity experiments on the internet. In: New Media & Society, Jg. 7, Nr. 3, S. 383-402.

Van Couvering, Elizabeth (2008): The history of the internet search engine: Navigational media and the traffic commodity. In: Amanda Spink/Michael Zimmer (Hrsg.): Web Search. Multidisciplinary Perspectives. Berlin/Heidelberg. S. 177-206.

van der Loo, Hans/Wilem van Reijen (1992): Modernisierung. Projekt und Paradox. München.

Van Dijck, José (2009): Users like you? Theorizing agency in user-generated content. In: Media, Culture & Society, Jg. 31, Nr. 1, S. 41-58.

Van Eimeren, Birgit/Beate Frees (2011): Drei von vier Deutschen im Netz – ein Ende des digitalen Grabens in Sicht? Ergebnisse der ARD/ZDF-Onlinestudie 2011. In: Media Perspektiven, Nr. 7-8, 2011, S. 334-349. Online verfügbar: http://www.media-perspektiven.de/uploads/tx_mppublications/0708-2011_Eimeren_Frees.pdf.

Van Gelder, Lindsy (1996). The strange case of the electronic lover: A real-life story of deception, seduction, and technology. In Rob Kling (Hrsg.), Computerization and Controversy: Value Conflicts and Social Choices. 2. Auflage. San Diego, CA. S. 533-546.

Vander Wal, Thomas (2007): Folksonomy Coinage and Definition. 2.2.2007. Online-Publikation: http://vanderwal.net/folksonomy.html.

Viégas, Fernanda B. (2005): Bloggers' Expectations of Privacy and Accountability. An Initial Survey. In: Journal of Computer-Mediated Communication, Jg. 10, Nr. 3, Artikel 12. Online-Publikation: http://jcmc.indiana.edu/vol10/issue3/viegas.html.

Viégas, Fernanda/Martin Wattenberg/Kushal Dave (2004): Studying Cooperation and Conflict Between Authors with History Flow Visualization. In: Proceedings of CHI 2004 Vienna, Jg. 6, Nr. 1, S. 575-582. Online verfügbar: http://alumni.media.mit.edu/~fviegas/papers/history_flow.pdf.

Vogel, Andreas (2008): Online-Geschäftsfelder der Pressewirtschaft. In: Media Perspektiven, Nr. 5, 2008, S. 236-246. Online verfügbar: http://www.media-perspektiven.de/uploads/tx_mppublications/05-2008_Vogel.pdf.

Vogl, Gerlinde (2008): Selbstständige Medienschaffende in der Netzwerkgesellschaft. Boizenburg.

Volkery, Carsten (2008): Twittern im Obama-Rausch. In: Spiegel Online, 26.8.2008. Online-Publikation: http://www.spiegel.de/politik/deutschland/0,1518,574521,00.html.

Voss, Kathrin (2008): Nichtregierungsorganisationen und das Social Web: Mittel der Zukunft oder Bedrohung? In: Ansgar Zerfaß/Martin Welker/Jan Schmidt (Hrsg.): Kommunikation, Partizipation und Wirkungen im Social Web. Band 2. Köln. S. 231-247.

Waechter, Natalie/Katrin Triebswetter/Bernhard Jäger (2011): Vernetzte Jugend online: Social Network Sites und ihre Nutzung in Österreich. In: Neumann-Braun, Klaus/Ulla Autenrieth (Hrsg.): Freundschaft und Gemeinschaft im Social Web. Bildbezogenes Handeln und Peergroup-Kommunikation auf Facebook & Co. Baden-Baden. S. 55-77.

Wagner, Ulrike/Niels Brüggen/Christa Gebel (2009): Web 2.0 als Rahmen für Selbstdarstellung und Vernetzung Jugendlicher. München. Online verfügbar: http://www.jff.de/dateien/Bericht_Web_2.0_Selbstdarstellungen_JFF_2009.pdf.

Walejko, Gina/Tom Ksiazek (2010): Blogging from the Niches: The Sourcing Patterns of Political and Science Bloggers. In: Journalism Studies, Jg. 11, Nr. 3, 2010. S. 412-427.

Walker Rettberg, Jill (2008): Blogging. Cambridge.

Walker, Jill (2006): Blogging from Inside the Ivory Tower. In: Bruns, Axel / Joanne Jacobs (Hrsg.): Uses of Blogs. New York. S. 127-138.

Walther, Joseph (1992): Interpersonal Effects in Computer-Mediated Interaction. A Relational Perspective. In: Communication Research, Jg. 19, Nr. 1, S. 52-90.

Walther, Joseph/Brandon Van der Heide/Sang-Yeon Kim/David Westerman/Stephanie Tom Tong (2008): The Role of Friends' Appearance and Behavior on Evaluations of Individuals on Facebook: Are we Known by the Company We Keep? In: Human Communication Research, Jg. 34, Nr. 1, S. 28-49.

Walther, Joseph/Malcolm Parks (2002): Cues filtered out, cues filtered in: Computer-mediated communication relationships. In: Mark L. Knapp/John A. Daly/Gerald Miller (Hrsg.), Handbook of interpersonal communication. Thousand Oaks, CA. S. 529-563.

Wei, Carolyn (2004): Formation of Norms in a Blog Community. In: Laura Gurak et al. (Hrsg.): Into the Blogosphere; Rhetoric, Community and Culture of Weblogs. Online-Publikation: http://blog.lib.umn.edu/blogosphere/formation_of_norms.html.

Weinberger, David (2002): Small Pieces Loosely Joined. A unified theory of the web. New York.

Weinberger, David (2007): Everything is Miscellaneous. The Power of the New Digital Disorder. New York.

Weintraub, Jeff (1997): The theory and politics of the Public/Private Distinction. In: Jeff Weintraub/Krishan Kumar (Hrsg.): Public and Private in Thought and Practise. Perspectives on a Grand Dichotomy. Chicago/London. S. 1-42.

Weiß, Ralph (2000): „Praktischer Sinn", soziale Identität und Fern-Sehen. Ein Konzept für die Analyse der Einbettung kulturellen Handelns in die Alltagswelt. In: Medien & Kommunikationswissenschaft, 1/2000, S. 42-62.

Weiß, Ralph (2001): Fern-Sehen im Alltag. Zur Sozialpsychologie der Medienrezeption. Wiesbaden.

Weiß, Ralph (2002): Vom gewandelten Sinn für das Private. In: Ralph Weiß/Jo Groebel (Hrsg.): Privatheit im öffentlichen Raum. Medienhandeln zwischen Individualisierung und Entgrenzung. Schriftenreihe Medienforschung der Landesanstalt für Rundfunk Nordrhein-Westfalen, Band 43. Opladen. S. 27-87.

Welker, Martin (2006): Medienschaffende als Weblognutzer. Wer sie sind, was sie denken. Eine explorative Analyse. In: Harald Rau (Hrsg.): Zur Zukunft des Journalismus. Frankfurt am Main. S. 95-116.

Welker, Martin (2007): Journalisten als Blognutzer: Verderber journalistischer Standards? Eine Untersuchung zur Erklärung von Blognutzung und -wirkung im Journalismus. In: Thorsten Quandt/Wolfgang Schweiger (Hrsg.): Journalismus online: Partizipation oder Profession? Wiesbaden. S. 207-226.

Welker, Martin/Andreas Werner/Joachim Scholz (2005): Online-Research. Markt- und Sozialforschung mit dem Internet. Heidelberg.

Wellman, Barry (2001): Physical Place and Cyberplace: The Rise of Personalized Networking. In: International Journal of Urban and Regional Research. Jg. 25, Nr. 2, Juni 2001, S. 227-252.

Wellman, Barry/Anabel Quan-Haase/Jeffrey Boase/Wenhong Chen/Keith Hampton/Isabel Isla de Diaz/Kakuko Miyata (2003): The social affordances of the Internet for networked individualism. In: Journal of computer-mediated communication, Jg. 8, Nr. 3, 2003. Online-Publikation: http://jcmc.indiana.edu/vol8/issue3/wellman.html.

Wersig, Gernot (2000): Informations- und Kommunikationstechnologien. Eine Einführung in Geschichte, Grundlagen und Zusammenhänge. Konstanz.

Westin, Alan (1967). Privacy and freedom. New York.

Wied, Kristina/Jan Schmidt (2008): Weblogs und Qualitätssicherung. Zu Potenzialen weblogbasierter Kritik im Journalismus. In: Thorsten Quandt/Wolfgang Schweiger (Hrsg.): Journalismus online: Partizipation oder Profession? Wiesbaden. S. 173-192.

Willis, Chris/Shayne Bowman (2003): We Media. How audiences are shaping the future of news and information. Reston. Online verfügbar: http://www.hypergene.net/wemedia/download/we_media.pdf.

Wittel, Andreas (2006): Auf dem Weg zu einer Netzwerk-Sozialität. In: Andreas Hepp/Friedrich Krotz/Shaun Moores/Carsten Winter (Hrsg.): Konnektivität, Netzwerk und Fluss. Konzepte gegenwärtiger Medien-, Kommunikations- und Kulturtheorie. Wiesbaden. S. 163-188.

Wolling, Jens/Markus Seifert/Martin Emmer (Hrsg.) (2010): Politik 2.0? Die Wirkung computervermittelter Kommunikation auf den politischen Prozess. Baden-Baden.

Wolling, Jens/Martin Emmer (2008): Was wir schon immer (lieber nicht) über die Informationswege und -quellen unserer Studierenden wissen wollten... In: Johannes Raabe/Rudolf Stöber/Anna M. Theis-Berglmair/Kristina Wied (Hrsg.): Medien und Kommunikation in der Wissensgesellschaft. Konstanz. S. 340-355.

Wu, Shaomei/Jake Hofman/Winter A. Mason/Duncan Watts (2011): Who says what to whom on Twitter? In: Proceedings of the WWW 2011 Conference, 28.3.-1.4.2011, Hyderabad. Online verfügbar: http://research.yahoo.com/files/twitter-flow.pdf.

Yao, Mike/Ronald Rice/Kier Wallis (2007): Predicting User Concerns about Online Privacy. In: Journal of the American Society for Information Science and Technology, Jg. 58, Nr. 5, 2007. S. 710-722.

York, Jillian C. (2010): Policing Content in the Quasi-Public Sphere. OpenNet Initiative Bulletin. Toronto. Online verfügbar: http://opennet.net/sites/opennet.net/files/PolicingContent.pdf.

Zajac, Jan/Arkadiusz Kustra/Piotr S.M. Janczewski/Teresa Wierzbowska (2008): Motivations, Behaviours and Views of Bloggers and Blog Readers. Warschau. Online verfügbar: http://bi.gazeta.pl/im/4/5020/m5020604.pdf.

Zerdick, Axel et al. (2001): Die Internet-Ökonomie. Strategien für die digitale Wirtschaft. Berlin.

Zimmer, Michael (2008): The Externalities of Search 2.0: The Emerging Privacy Threats when the Drive for the Perfect Search Engine meets Web 2.0. In: First Monday, Jg. 13, Nr. 3. Online-Publikation: http://www.uic.edu/htbin/cgiwrap/bin/ojs/index.php/fm/article/view/2136/1944.

Zittrain, Jonathan (2008): The Future of the Internet. And how to stop it. New Haven/London.

UVK:Weiterlesen

Internet & Social Web